Ralf Schmitz

Schmitz' Mama

Andere haben Probleme, ich hab' Familie

Fischer Taschenbuch Verlag

3. Auflage: Oktober 2011

Originalausgabe
Veröffentlicht im Fischer Taschenbuch Verlag,
einem Unternehmen der S. Fischer Verlag GmbH,
Frankfurt am Main, Oktober 2011

© S. Fischer Verlag GmbH, Frankfurt am Main 2011
Autor: Ralf Schmitz
Kontakt: www.hpr.de
Mitarbeit: Melanie Fahnert
Fotografien: Ralf Schmitz, Boris Breuer
Satz: Fotosatz Amann, Aichstetten
Druck und Bindung: GGP Media GmbH, Pößneck
Printed in Germany

ISBN 978-3-596-19110-9

INHALT

Kleines Vorwort

Herzlichen Glückwunsch!

Der erste Schritt ist getan. Sie haben dieses Buch gekauft, geklaut, geliehen, gewonnen, gefunden, ersteigert, sich schenken lassen oder stehen gerade noch am Bücherregal, lesen diese ersten Zeilen durch und werden es AUF JEDEN FALL gleich mitnehmen. Nun wird alles gut.

Als Erstes: Trösten Sie sich! Wir alle sind hin und wieder ein wenig überfordert von dem teils obskuren Verhalten unserer lieben Frau Mama, unseres Papas oder auch von dem ganz besonderer Exemplare unserer eigenen Familie. Dieses Buch soll Ihnen vermitteln, dass Sie nicht alleine sind. Glauben Sie mir, wir sind eine unendlich große Gruppe Familienbetroffener, die gemeinsam auf der Couch des Lebens liegen und deren Therapie wahrscheinlich niemals enden wird.

Sie sind nicht die oder der Einzige, die oder der im endlos weiten, teils etwas luftleeren Verwandtschafts-Universum mit seinen sich manchmal um sich selbst drehenden Planeten, diversen Supernovas, Asteroiden auf Kollisionskurs, dunkler Antimaterie, aber natürlich auch diversen schwarzen Löchern unterwegs ist und den Weg zur ausgeglichenen, chilligen, coolen Erde sucht.

Also, wie wär's? Reisen wir doch gemeinsam!

Denken Sie immer daran: Familie ist auch etwas herrlich Spannendes! Allen anderen Menschen kann man mehr oder weniger aus dem Weg gehen, in eine Familie wird man unwiderruflich hineingeboren und muss sie so nehmen, wie sie eben ist. Und ist es nicht toll, dass wir das noch nicht kontrollieren können? Wäre die Welt nicht furchtbar langweilig, wenn wir tatsächlich irgendwann in ferner Zukunft alle Verwandten aus der Retorte züchten könnten, so wie wir sie haben wollen? Worüber sollen wir uns denn dann aufregen? Worüber sollen wir uns wundern? Ganze Generationen von alten Tanten beim Friseur würden an Frustration und Langeweile zugrunde gehen. Der komplette Berufszweig der Psychiater wäre von heute auf morgen arbeitslos. Die phantastilliarden Nachmittags-Familien-Dokus müssten sofort eingestellt werden ... – okay, das wäre der einzige Vorteil.

Ich jedenfalls finde es toll, dass die Natur die Welt vollgestopft hat mit liebenswert durchgeknallten Onkels, mit bis zum Hals mit erdrückender Liebe und Atombusen ausgestatteten Tanten und Omas, die sogar die Staubtücher bügeln. Die Welt ist bunt!

Dieses Buch soll Ihnen klarmachen, dass man das Ganze aus dem Blickwinkel des Humors betrachten sollte. Glauben Sie mir, das meiste ist lange nicht so schlimm, wie es zuerst erscheint. Es ist noch viel schlimmer!

Sehen Sie, im besten Fall hat der erste Versuch schon geklappt. Sie haben geschmunzelt. Und genau darauf kommt es an. Nehmen Sie die vielleicht streitsüchtige Tante, den griesgrämigen Opa oder die nervende Cousine nicht so ernst. Es ist Ihre Familie. Freuen Sie sich darüber, denn Sie werden keine andere bekommen. Und das ist auch gut so! Manche HABEN noch nicht mal eine Familie. Die haben es gu... die hätten gerne eine!

Akzeptieren Sie sie so, wie sie ist. Es lohnt sich. Denn mit der richtigen Einstellung kann Verwandtschaft unglaublich großen Spaß machen.

Falls Sie noch ein wenig zweifeln und es Ihnen hilft: Die ach so zufriedenen anderen tun auch nur so. Die haben die gleiche Familie. Da sehen nur alle anders aus.

Und falls Sie jetzt einer von denen sind, die die ganze Zeit denken: »Was soll das? Bei mir ist doch alles in bester Ordnung. Ich habe die tollste, liebevollste, verständnisvollste Verwandtschaft der Welt! Alle sind immer total freundlich und wir haben nie, aber auch niemals Streit!«, dann ist das entweder gelogen, Sie sind der Meister im Verdrängen oder Sie kommen vom Mars. Auf jeden Fall sollten Sie dieses Buch dann aber nicht lesen. Sie würden es nicht verstehen. Schenken Sie es besser Ihrem Nachbarn, dem armen Würstchen mit einer RICHTIGEN Familie, der kann es brauchen.

Eine Sache noch zum Schluss, die, bevor Sie anfangen zu lesen, unbedingt gesagt werden muss: **Ich liebe meine Mutter.**

Ich erwähne das nur, weil Sie im weiteren Verlauf der folgenden Geschichten und Erlebnisberichte der dritten Art hin und wieder daran zweifeln könnten, und auch damit ich es dann nicht ständig wiederholen muss.

Mama ist eben eine Mama wie jede andere auch. Sie kann nicht aus ihrer Haut und so muss es wohl auch sein. Und wenn es anders wäre, worüber hätte ich dann schreiben sollen?

Verstehen Sie, liebe Leserin, lieber Leser, dieses Buch bitte als Liebeserklä-

rung an eine Spezies, die Gott sei Dank niemals aussterben wird! Bei allen Beinahe-Nervenzusammenbrüchen, Kurz-vor-der-Klappe-Problemen und endlosen Was-soll-denn-das-jetzt-wieder?- Diskussionen, auf die ich zahlreich und in allen Einzelheiten eingehen werde, bin ich mittlerweile zu dem Schluss gekommen, dass Mama zwar hin und wieder nervt, so dass ich in den nächsten Stahlträger beißen könnte, aber eben nur Mütter so lieben können wie Mütter. Und dass diese Liebe etwas ganz Besonderes ist!

Und falls Sie meiner Mutter mal begegnen sollten, dann habe ich das nie gesagt.

TIPP: Legen Sie sich mit Ihrem nächsten Besuch bei Mama nie fest. Sagen Sie immer, dass Sie zwischen Mai und November noch mal reinschauen.

So! Nun, aber los …

Am Anfang war ein Schmitz ...

Liebe Leserin, lieber Leser,
fangen wir ganz am Anfang an.

Als ich noch ganz klein war ... wurde ich geboren. Von meiner Mutter. Was, um spätere Verwechslungen und deren schreckliche Auswirkungen auf die Psyche eines Kindes zu vermeiden, ungemein praktisch war.

Meine Mutter lag drei Tage mit mir in den Wehen. Was wir an Weihnachten immer aufs Neue von ihr erzählt bekommen, als hätten wir es noch nie gehört. Ich vermute, dass meine Mutter auch wirklich glaubt, dass sie uns das noch nie erzählt hat. Nein, keine Sorge, sie leidet nicht an Alzheimer oder Demenz – das würde natürlich vieles erklären –, sie ist eben einfach nur eine Mutter und ich glaube, dass alle Mütter einen Knall haben. Einen liebenswerten, fürsorglichen, warmherzigen, nervenzerfetzenden und bisweilen in den Wahnsinn treibenden Knall.

Und meine hat's erfunden.

Ich wollte nicht raus aus dem Bauch. Mama hat sich ganz schön abrackern müssen, bis ich mich dann endlich dazu bequemte, aus der Luxussuite mit Wasserbett und permanentem Zimmerservice auszuchecken. Nun ja, ehrlich gesagt habe ich manchmal immer noch das Gefühl, an der Rezeption zu stehen und auf die Rechnung zu starren.

Nun wird ein Arzt auf die Frage, warum das denn so lange gedauert hat, immer mit einer Floskel antworten à la »Das ist jedes Mal anders. Da steckt man nicht drin.« Herzlichen Dank für das kleine Wortspiel.

Ich persönlich glaube aber, dass ich damals tatsächlich und ganz bewusst nicht aus dem Bauch heraus wollte. Warum? Na, ich kannte doch schon meine ganze Familie! Es stimmt nämlich: Man kriegt da drinnen schon eine Menge von draußen mit. Wenn es sich auch noch anhört, als würden alle durch einen Schnorchel sprechen und die Gesichter verschwommenen Lichterscheinungen ähneln. Obwohl das eigentlich auch reicht. Glauben Sie mir. Der eine oder andere hat hinterher live und in Farbe nicht wirklich dazugewonnen. Manchmal sogar im Gegenteil.

Ich war der Letzte. So viel war mir schon unter Wasser klar. Meine gesamte Familie war bereits da und wartete auf mich. Dieses Prinzip haben wir übrigens bis heute beibehalten. Aber das tut an dieser Stelle noch nichts zur Sache.

Bevor wir zu meinen ersten Kontakten mit meiner Familie kommen, möchte ich aber kurz etwas weiter ausholen und noch einen Schritt weiter zurückgehen. Ich glaube nämlich, dass ich mir meine Mutter ausgesucht habe.

Ja, ich wollte genau die Mutter haben, die ich bekommen habe ... äh, die mich bekommen hat. Ich kann es ja selbst nicht fassen!!! Aber ich bin mir sicher, dass es keine bessere auf der Welt gibt. Für mich. Schließlich wächst der Mensch mit seinen Aufgaben. Und ich habe mir ganz schön was vorgenommen.

Gehen wir also noch einen kleinen Moment weiter zurück ... zum Augenblick, als meine Eltern ... äh ... als sie sich furchtbar lieb hatten und ... nun ... seien wir mal ehrlich: Niemand stellt sich doch gerne vor, wie die eigenen Eltern miteinander ... also ... oh Mann, was ist eigentlich aus der schönen, alten Klapperstorch-Geschichte geworden?

Ich versuche es mal anders …

Ich war als kleines weißes Ding ohne Arme und Beine – trotzdem sehr glücklich – munter unterwegs, pfiff ein Liedchen und drehte zufrieden meine Runden, als alle plötzlich durcheinanderbrüllten, dass es losging. WAS um Himmels Willen losging, konnte mir keiner sagen, aber alle waren unglaublich aufgeregt. Ich traute dem Braten nicht.

Alle wollten mich überreden, doch mitzukommen, obwohl sie nicht wussten, wohin, und auch das kam mir merkwürdig vor. Wie auf Knopfdruck und von jetzt auf gleich flitzten alle los. Völlig kopflos, total hysterisch und unüberlegt. Aber nicht mit mir. Und heute noch bin ich froh, dass ich damals so weise entschieden habe. Aus den anderen ist nämlich nichts geworden. Da draußen wartete nichts und niemand auf sie. Grausames Schicksal.

Ich aber wartete fest entschlossen auf die Richtige. Nichts konnte mich davon abhalten, so lange Ausschau zu halten, bis die perfekteste, warmherzigste, liebevollste und mütterlichste Frau um die Ecke kam, die es nur gab. Und dann, nach langem, langem bangem Hoffen, war sie endlich da … Leider hat mein Vater nicht mit ihr geschlafen.

Zum Glück! Denn dann kam eine noch viel bessere potentielle Mama um die Ecke und tatsächlich, hier ging alles ganz schnell. Meine arme Mutter.

Jedenfalls fand ich meinen Weg, dockte an, teilte mich, teilte mich und teilte mich und schließlich wuchs ich so langsam und gemütlich vor mich hin.

Während dieser Zeit in meinem Zimmer ohne Balkon – ungerecht, die Kängurus haben einen – lernte ich jeden Menschen aus meiner Familie bereits kennen. Ich wusste also schon im Alter von minus vier Monaten, dass ich eine Schwester habe, die sich zwar ein bisschen auf ihren Bruder freut, aber eigentlich lieber ein Fahrrad gehabt hätte.

Außerdem gab's da noch meinen grobmotorischen Onkel

Lutz und Tante Hannelore mit den verrückten Haaren, Onkel Erwin: »*Hicks* – im wievielten Monat bist du denn? Im 12.? Das müssen wir feiern!« und die böse Tante Brigitte: »Na, du bist ja wohl der dickste Walfisch im Ozean, oder!?«

Das ist aber noch lange nicht alles. Dazu kommen noch mein Schwager, mein Neffe, meine liebenswerte, aber vergessliche Oma, endlos viele andere Tanten, Onkel, Cousins und Cousinen, diverse Stiefväter, Stiefmütter, deren mitgebrachte Familien und so weiter und so weiter …

Sie sehen also, liebe Leserin, lieber Leser, Material für dieses Buch hatte ich genug. Ich musste nur noch zugreifen und mich für die eine oder andere Geschichte entscheiden. Was gar nicht so leicht war!

Was wollen Sie lieber hören? Die peinliche Geschichte von Romeo in blauen Woll-Strumpfhosen oder die Seniorenfassung von »Highway to Hell« auf der A4 bei Köln? Den Science-Fiction-Reisebericht über ferne Handy-Galaxien, die Captain Mama noch nie zuvor gesehen hat, oder die Horrorstory von Gräfin Hildegard und dem Kuss des Todes? Gar nicht so leicht, oder? Keine Sorge, ich konnte mich auch nicht entscheiden. Deswegen sind alle diese Geschichten fein säuberlich in diesem Buch aufgeschrieben und warten nur darauf gelesen zu werden.

Apropos nur darauf warten: Es wurde nun langsam Zeit für mich, endlich das Licht der Welt zu erblicken. Nachdem ich kurz noch mal alles durchgegangen war (Mama aussuchen: erledigt! Den Aufenthalt so lange ausreizen wie es geht: jap! Groß genug werden: na ja …), wurde es plötzlich so hell, dass ich am liebsten die Hände vor die Augen gehalten hätte. Nur leider konnte ich das ja noch nicht.

Kurz nach der Geburt

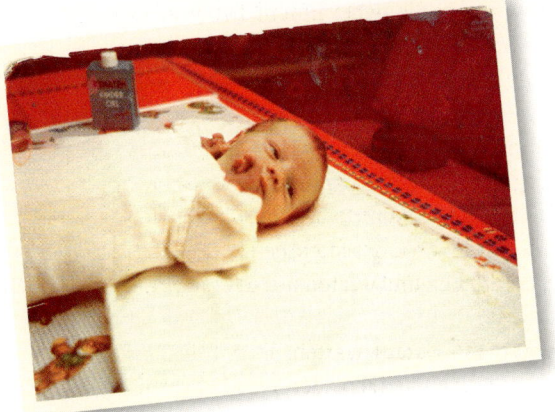

Baby Ralf – süß, ne !?!

Die erste Geschichte meines Lebens, also die Geschichte, an die sich meine Mutter liebevollst und immer als Erstes erinnert, dieses romantische Stückchen Kindheitserinnerung … handelt von Pickeln.

Ja, so ist es, von kleinen Bläschen, die angeblich über meinen ganzen schrumpeligen Babykörper verteilt waren. Und wie soll es anders sein, so wird meine Mutter BIS HEUTE auch nicht müde, diese Geschichte in jeder Runde zu erzählen. Ob es sich dabei um die weltgewandten und weitgereisten Kollegen handelt, die fast von einer Beziehung überzeugte Freundin in spe oder meine zum Geburtstag eingeladenen Kumpels (das sagte man damals noch so).

Diese peinliche Geschichte klebt also an mir wie die Pest am Bein und verfolgt mich seit nunmehr über dreißig Jahren. (Es gibt noch eine andere, aber zu der komme ich erst, wenn Sie, liebe Leserin, lieber Leser, die erste erfolgreich verkraftet haben.) Ich hasse es, wenn meine Mutter immer und immer wieder damit ankommt, und ich würde meinen ersten Strampelanzug dafür hergeben, wenn niemand diese »nette Anekdote« jemals wieder hören würde. Sie geht so …

»Hier bringe ich Ihnen Ihr kleines Primelchen!« Das schrie Schwester Margarethe wohl immer, wenn sie ins Krankenhauszimmer kam. Und meine Mutter macht die schrille Stimme der Schwester BIS HEUTE perfekt nach. In allen Frequenzen. Stellen Sie sich einfach ein Stück Kreide vor, das langsam über die Tafel gezogen wird. Oder Sie erinnern sich ohnehin bereits, wenn Sie schon mal im Krankenhaus nächtigen durften, an diese pummelige, unglaublich gutgelaunte Fleisch gewordene Heimsuchung, die es anscheinend in JEDER Klinik gibt. Tür auf, Licht an: »Haben wir heute denn schon Stuhlgang gehabt?« Und genau DIESE Schwester mit dem Charme einer Alarmanlage arbeitete bei meiner Geburt auf der Entbindungsstation.

Wie kommt nun eine sicher ansonsten liebenswerte und sich aufopfernde Krankenschwester auf solch einen Kosenamen? »Primelchen.«

Primeln, für die noch unkundigen Leser kurz erklärt, sind Blumen, die bei Wikipedia folgendermaßen charakterisiert werden:

Die **Primeln** (Primula) sind eine Pflanzengattung aus der Familie der Primelgewächse (Primulaceae). Wilde Primeln sind auf der gesamten Nordhalbkugel verbreitet, etwa die Hälfte aller Arten ist in **China** beheimatet.

Liebe Leserin, lieber Leser, meine Augen waren und sind weder geschlitzt, noch habe ich eine gelbliche Hautfarbe. Ich habe mich als drei Stunden alter Säugling weder tief verbeugen können, noch im Kreißsaal gleich Ente süß-sauer bestellt. Daran kann es also nicht gelegen haben.

Weiter heißt es …

Primeln im Flachland blühen durchwegs gelb, alpine Primeln (mit Ausnahme der gelben Aurikel) rosa, rotviolett bis blau. Dieser Umstand kann dadurch erklärt werden, dass im Flachland eher Bienen und im Gebirge eher Falter die Bestäubung übernehmen.

Ich wurde nicht bestäubt, dafür hatte ja wohl hinsichtlich meiner Mutterblume mein Vater nebst Stempel schon gesorgt.

Und dann …

Die Pflanzen können behaart oder unbehaart sein. Die einfachen Laubblätter stehen in einer Rosette.

Das geht aber jetzt wirklich zu weit. Ich war doch erst *acht Minuten* alt.

Der Fruchtknoten ist oberständig. Die Kapselfrüchte enthalten viele Samen.

Stimmt alles auffallend! Ich bezweifle aber, dass Arnold Schwarzenschwester die Fachtermini zur Gattung *Primula* kannte.

Warum aber bekam ich dann den Kosenamen »Primelchen«? Und woher kamen die Pickelchen?

Letzteres ist schnell erklärt. Meine Mutter erzählte mir irgendwann – völlig zusammenhangslos übrigens, als wir in der Eisdiele saßen (Sie: »Amarenabecher, nur Nusseis«. Ich: »Spaghettieis«) –, dass ich wohl »zu lange in ihrem Fruchtwasser« geschwommen wäre. Mal abgesehen davon, dass man als Sohn im Alter von ungefähr elf Jahren selbst die Worte Wurzelvereiterung oder »Mathetest, Hefte raus!« lieber hören würde als »Mamas Fruchtwasser«, schilderte sie in allen absolut NICHT erfragten Einzelheiten, wie das bei meiner Geburt abgelaufen war. Dass ich ganz schlimm ausgesehen hätte, total verschrumpelt und verklebt mit ... und überall rotes ... Das will man doch nicht hören! Und ich hatte auch noch ein Spaghettieis. Sie wissen schon, mit ganz ... viel ....
Erdbeerso ... .….. Ich hör jetzt auf.

Entschuldigen Sie, ich habe das Ende der Geschichte selbst nicht kommen sehen. Sollten Sie gerade bei einem leckeren Stück Kirschtorte völlig ahnungslos dieses Buch aufgeschlagen haben, dann wollte ich Ihnen um Himmels Willen nicht den Appetit verderben. Verschieben wir die tatsächliche Ergründung der Namensfindung besser auf ein andermal ...

Viel Spaß nun mit dem Buch!

TIPP: Kaufen Sie sich beim Hörgeräteakustiker zwei topmoderne Modelle. Behaupten Sie beim nächsten Besuch bei oder von Mama, dass man das jetzt so trägt, und drehen Sie die erforderlichen Frequenzen raus.

Die ersten Male

Es gibt als Kind unendlich viele erste Male. Das erste Mal ohne Windel, das erste Mal ohne Stützräder fahren, das erste Mal in die Hose machen, weil man vergessen hat, dass man keine Windel mehr trägt. Eine herrliche Zeit.

Damit Sie eine bessere bildliche Vorstellung davon haben, wie ich damals ausgesehen habe. Und damit die vielen schönen Frauen, die dieses Buch lesen, sofort schreien: »Wie süß!!! DAS werden aber hübsche Babys. Ich will auch so eins!«

Ein paar von diesen ersten Malen möchte ich an dieser Stelle herausgreifen, weil der ein oder andere Familienmensch mich natürlich auch dabei begleitet hat.

Der erste Schultag

Oma war dem Herzinfarkt nahe, mein Stiefvater reparierte noch schnell den Fotoapparat, Mama fand die Schultüte nicht und Onkel Pit kam nicht vom Klo runter. So soll es sein: Die ganze Familie vermittelt dir Souveränität und Zuversicht, damit du deine eigene Nervosität besser ertragen kannst.

Warum kann nicht EINMAL alles glatt laufen in meiner Familie? Bei anderen klappt es doch auch. Warum muss bei uns immer das Chaos ausbrechen?

Weil es mehr Spaß macht und man weiß, dass man noch nicht tot ist. Ganz einfach.

Ich hatte eine tolle Schultüte, mit Max und Moritz drauf. Eigentlich. Ich weiß auch nicht, wie man eine ganze große, für einen Erstklässler allerheiligste und einzige Schultüte verlieren kann, aber so sah's aus. Meine Mutter hatte Tränen in den Augen. Sie hatte sogar Oma im Verdacht, die Tüte weggeräumt und dann vergessen zu haben, wohin. Oma vergaß viel, aber das verbat sie sich auf das Entschiedenste.

Doch dann erinnerte sich meine Mutter plötzlich, dass sie sie im Auto deponiert hatte. Die Tüte, nicht die Oma. Ich sollte sie vorher ja nicht zu Gesicht bekommen und deshalb hatte sie sie schlauerweise im Kofferraum gelassen. Todsicheres Versteck.

Stimmte auffallend, hatte prima funktioniert.

Wir standen dann doch irgendwann alle fertig geschniegelt und gestriegelt in einer Reihe an der Tür – Onkel Pit, durch die Rache des Herrn Montezuma eher etwas verkniffen – Mama zupfte noch mal an allen herum und schon machten wir uns auf den Weg.

Die Fahrt zur Schule war okay, auch wenn ich alle zwei Sekunden auf meine neue Delphin-Uhr gespickt habe, um mich zu vergewissern, dass wir auch auf keinen Fall zu spät kamen. Das war eine tolle Uhr, bei der Flipper immer auf und ab sprang, um mit dem Wasserball zu spielen. Wenn man an einem der Knöpfe drehte, dann … – zurück zum Thema.

An der Schule angekommen, ging alles drunter und drüber. Ich war wahnsinnig aufgeregt. Hunderte von Kindern rannten durcheinander und brüllten, lachten oder weinten. Mitten in diesem Orkan, quasi im windstillen Auge des Sturms, stand Winnie, den ich sofort in mein Herz schloss und der von da an auf ewig mein Freund bleiben sollte.

Winnie, eigentlich Winfried – die Eltern müssen einen sarkastischen Anfall gehabt haben, als sie den Namen aussuchten –, stand mit weit aufgerissenen Augen und seiner Fix-&-Foxi-Schultüte im Arm mitten auf dem Schulhof und bewegte sich keinen Millimeter. Sicher ist sicher.

Meine Eltern hatten mich schon seit Monaten mit dem langweiligen Kram vollgequatscht, dass nun ein neuer Abschnitt in meinem Leben beginnen würde, dass das ein weiterer großer Schritt zum Erwachsenwerden sei und dass ich diese herrlichen Jahre genießen solle, weil sie viel zu schnell vorbeigehen würden. Das sahen ich und vor allem Winnie definitiv nicht so. Man sah ihm an, dass er am liebsten sofort wieder schreiend abgehauen wäre und auch ohne Rechnen, Schreiben, Lesen prima in einem Baumhaus hätte leben können. Aber er hatte keine Wahl.

»Ich heiße Ralf. Wie heißt du denn?«

»Winnie.«

»Lustiger Name. Bist du allein?«

»Meine Oma ist auf dem Klo.«

»Und deine Eltern?«

»Mit meinem Bruder beim Arzt. Hat sich beim Klettern 'nen Finger abgerissen. Die nähen ihn aber wieder an.«

»Cool. Willst du mein Freund sein?«

»Ja, ist okay.«

Fertig.

So einfach geht das. Warum die Leute ums Freundefinden immer so einen Bohei machen, ist mir bis heute schleierhaft.

Danach wurden wir alle freundlich begrüßt und in die Turnhalle gebeten, weil die Direktorin, Frau Popella, eine Rede halten wollte. Raten Sie mal, was für einen Spitznamen Winnie und ich uns sofort, als wir nebeneinander auf den kleinen Stühlen saßen, für sie ausgedacht hatten? Richtig: Frau Propeller.

NEIN, natürlich nicht. Kinder denken nun mal so, wie es sich die Erwachsenen nicht trauen oder was sie furchtbar albern finden würden. NATÜRLICH nannten wir sie heimlich »Frau Popel«. Und originell wie wir waren, waren wir auch ganz sicher die Einzigen. Genau so, wie wir ein Jahr später übrigens eine Höhle im Wald entdeckt hatten und jedermann nur dann Zutritt erhielt, wenn er das Codewort unserer »A-Bande« (geklaut beim A-Team) wusste. Das Codewort war »A-Bande«. Todsicher. Da würde niemals jemand drauf kommen.

Frau Popel erzählte den zu erwartenden Kram, dass wir alle nun ins Leben einstiegen bla bla, dass wir uns freuen sollten bla bla bla und dass dieser erst bla bla bla bla und später bla bla bla bis bla. Aber das kannte ich ja schon von meinen Eltern. Man verstand auch nicht so gut, was sie sagte, weil die Halle tierisch hallte. Wodurch klar sein dürfte, wie dieser Gebäudeteil zu seinem Namen gekommen ist. Die ganze Rede hörte sich so an, als ob Frau Popel alles ganz schnell dreimal hintereinander ins Mikrofon gesprochen hätte, und Oma fragte ständig: »Was hat sie gesagt? Und wieso wiederholt sie alles Herrgott noch mal?«

Onkel Pit – wir saßen da alle in einer Reihe – bekam mit der Zeit einen deutlich gequälten Gesichtsausdruck. Irgendwann hielt er es nicht mehr aus und wühlte sich unter unaufhörlichem »Entschuldigen Sie!« durch die Reihe – er saß leider genau in der Mitte – und verschwand für ein paar Minuten. Als er wieder zurückkam, fragte Oma, wo er denn schon wieder gewesen wäre, er würde ja alles verpassen. Und er versuchte ihr durch die Blume zu erklären, dass er … also, dass er leider … dass er mal gemusst hat. Die anderen Menschen in unserer Reihe kriegten das natürlich überhaupt nicht mit, weil Oma so angemessen leise sprach. Genau, und der Papst fährt mit dem Fahrrad zur Arbeit.

»DU MUSST MAL? WARUM BIST DU DENN NICHT ZU HAUSE GEGANGEN?«

»Das bin ich doch. Dreißigmal«, zischte er.

»UND DU MUSST IMMER NOCH? NA, DEINE VERDAUUNG MÖCHTE ICH HABEN.«

»Möchtest du nicht. Ich … ich kann es nicht kontrollieren.«

»DAS KENNE ICH. DAS MIT DEM SCHLIESSMUSKEL IST IM ALTER SO EINE SACHE. WENN …«

DAS wollte nun wirklich keiner hören. Selbst Winnie und ich nicht. Mama schon gar nicht, die sich so hinsetzte, als ob sie mit uns nichts zu tun hätte. Die Großmutter von Winnie, die leider sehr schlecht hörte, interessierte das Thema aber umso mehr. Sie brüllte zu meiner Oma rüber: »DER SCHLIESSMUSKEL FUNKTIONIERT NICHT MEHR RICHTIG? DAS KENNE ICH AUCH. FRAU TAPPE VON GEGENÜBER RUTSCHT SOGAR IMMER EIN STÜCK DER DARM RAUS. FURCHTBAR UNANGENEHM MUSS DAS SEIN.«

Tja, wie das Schicksal so spielt hatte Frau Direktor Popel unmittelbar vorher eine theatralische Kunstpause gemacht. Und die Turnhalle – Sie erinnern sich – hallte wie der Petersdom.

Ich glaube nicht, dass *alle* gehört haben, welche Probleme Frau Tappe mit ihrem Rektum hatte. Aber *fast* alle. Die Direktorin zumindest bekam nur mit, dass da jemand nicht aufpasste, und bedauerte es sichtlich zutiefst, dass man unaufmerksame Eltern nicht ins Klassenbuch eintragen konnte.

Meine und Winnies Großmutter gingen einfach zur Tagesordnung über – wenn sie blufften, dann verdammt gut –, Winnie schämte sich schon wieder zu Tode und bewegte sich keinen Millimeter (als ob das etwas genützt hätte), Onkel Pit machte sich mal wieder auf den Weg und ich … ich fand es großartig. Ich war sicher, dass mich Frau Popel nicht gesehen hatte, geschweige denn später wiedererkennen würde – was nebenbei gesagt leider eine falsche Annahme war –, und hatte großen Spaß an meinem ersten Schultag.

Ach so, interessiert es Sie noch, wie es weiterging? Okay, im Zeitraffer, sonst dauert das hier zu lange:

– Klassenbesichtigung mit über Bauklötzchen in der Spielecke fallende Omas.

– Kennenlernen der eigenen Klassenlehrerin, die sehr nett war, aber keine Augen hatte. Nicht, weil sie die verloren hatte, sondern weil sie sie beim Grinsen so eng zusammenpresste, dass man sie nicht mehr sehen konnte. Die Augen, nicht die ganze Lehrerin. Und sie grinste eigentlich die ganze Zeit.

– Große Verabschiedung, bei der mich Frau Direktor Popel so wissend ansah. Was mich damals schon hätte stutzig machen sollen.

– Fahrt nach Hause mit mehrmaligem Anhalten, damit Onkel Pit in einem Chinarestaurant, dann in einem Kiosk, kurze Zeit später fast in einer öffentlichen Toilette – die aber leider kaputt war – und schließlich hinter einem Baum austreten konnte.

– Endlich wieder zu Hause: Kaffee und Kuchen. Mama nervt tierisch, weil ich alles noch mal erzählen muss, obwohl sie ja dabei gewesen ist. Totaler Blödsinn.

Oma fand das Theaterstück – sie hatte da wohl was falsch verstanden – ziemlich mittelmäßig, die Hauptdarstellerin wäre unglaublich schlecht gewesen. Die hätte so genuschelt.

Am nächsten Tag: Schulbeginn!
Leider ohne mich, weil ich krank war.

Ich hatte Schließmuskel.

Also, ich finde, man sieht mir die Strapazen an.

Der erste Schluckauf

Ein Teil der Familie war mal wieder bei meiner Mutter versammelt. Es war Silvester! Anwesend waren Mama, Stiefvater, Onkel Lutz und Tante Hannelore, Onkel Erwin und Tante Brigitte. Onkel Knochenbrecher Lutz drückte mich zur Begrüßung wie immer fast zu Tode, Tante Brigitte fand die Dekoration bescheiden und Onkel Erwin hatte schon einen im Tee.

»Woran erkennt man, dass eine Frau und kein Mann in den Schnee gepinkelt hat?« Der Abend sollte spannend werden. Vor allem für einen Sechsjährigen.

Es gab Chili. Und meine Mutter hatte es zum ersten Mal ausprobiert.

Eigentlich könnte ich jetzt schon aufhören zu schreiben, wenn Sie das Kapitel »In Teufels Küche« bereits gelesen hätten. Dann könnten Sie sich nämlich bildhaft vorstellen, was damals passiert ist. Da diese Geschichte aber erst etwas später auftaucht, berichte ich weiter.

Kochrezepte sind was für Penetranten, äh, Akribisten, nein, Penibalen – ach, *Pedanten!* DAS war das Wort, auf das Mama nicht kam. »Ja, nur Pedanten halten sich genau und kleinlich an die Vorgaben und sind nicht in der Lage, auch selbst ein wenig kreativ zu sein oder auch mal etwas zu wagen.« Hört, hört! So viel zur heroischen Theorie meiner Mutter.

Leider gehört zu aller Kreativität aber auch eine Spur Talent in der jeweiligen Sparte. Und damit haperte es dann schon wieder ein bisschen mehr.

Nachdem der Abend immer feuchtfröhlicher wurde, Tante Hannelore beim Bleigießen das Zeug nicht in die Wasserschüssel, sondern in den Drink von Onkel Erwin kippte, Tante Brigitte das unerhört fand, er aber gar nichts merkte, austrank und den nächsten diesmal OHNE Eis bestellte, kam das Essen.

Mama hatte in der Küche lange herumgewerkelt – das ließ nichts Gutes ahnen – und servierte in einer großen weißen Porzellanschüssel den sensationellen Hauptgang des Abends, der leider aussah, als hätte man ihn schon mal gegessen. Da alle außer mir bereits diverse Spirituosen verköstigt hatten, war das aber egal und der Hunger groß. Alle griffen beherzt zu, häuften sich große Portionen auf den Teller und begannen zu essen.

Onkel Lutz war der Erste, der innehielt. Dann Tante Brigitte. Nach und nach hörten wir alle auf zu essen. Nur meine Mutter machte tapfer weiter, wobei ihre Halsschlagader immer weiter hervortrat und sie eine SEHR gesunde Gesichtsfarbe bekam. Ich nehme an, sie versuchte das Unvermeidliche so lange wie möglich hinauszuzögern und gab sich der Illusion hin, dass, wenn *sie* einfach weiteressen würde, keiner etwas merken würde. Selbst wenn wir das gewollt hätten, wir hätten es gar nicht gekonnt.

Mama hatte das Rezept, wie bereits angedeutet, nicht so richtig ernst genommen und mit künstlerischer Freiheit nicht *drei* Chilischoten verarbeitet, sondern dreißig. DREISSIG!

»Die waren doch so klein!«

Ich hatte erst einen halben Löffel gegessen, aber mein Mund brannte bereits, als ob ich mir eine von Onkel Erwins Zigarren angezündet hätte. Nur ohne Zigarre.

Wissen Sie, was zu viel Schärfe auslösen kann? Waren Sie schon mal beim Inder oder Chinesen und haben von der Karte großspurig das Gericht mit den fünf Chilischoten bestellt? Dann wissen Sie ja, was jetzt kommt.

Keiner sprach ein Wort. Stille. Die Ruhe vor dem Sturm.

Mit Mama fing es an. Sie schaute zum ersten Mal von ihrem Teller auf, war krebsrot, hatte Schweißperlen auf der Stirn und Tränen in den Augen. Und dann hickste sie. Laut, schrill und unkontrollierbar.

Es klang lustig. Onkel Erwin wollte gerade darüber lachen, kam aber nicht mehr dazu, weil er selbst hickste. Noch lauter, noch schriller, noch viel unkontrollierbarer. Gleich darauf wieder Mama.

Es folgten Tante Hannelore, die in ihre Serviette hickste, was nicht im mindesten zur Lautstärkenunterdrückung taugte, Tante Brigitte, die dabei merkwürdigerweise klang wie ein Elch in der Brunft, mein Stiefvater, dem dabei das Essen wieder hochkam, Onkel Lutz, der es als Einziger nahezu tonlos schaffte, und schließlich natürlich ich mit dem feinsten Sopran-Hickser, den die Oper je gesehen hat. Beziehungsweise gehört.

Niemanden, wirklich niemanden hatte der Chili-Gott verschont. Wir alle saßen am Tisch, sprachen kein Wort mehr, weil die Schärfe des Salzsäuren-Chilis unsere Geschmacksnerven und Schleimhäute dahingerafft hatte, und hatten Schluckauf. Das Unglaubliche daran war, dass sich in der Zeit, in der wir alle darauf warteten, dass es endlich vorbeiging, so etwas wie eine Melodie aus Hicksern entwickelte. Wirklich wahr, kein Schmuh, keine Übertreibung. Es war nicht die Fünfte von Beethoven und sie war eher kurz, aber es war eine Melodie.

Stellen Sie sich dieses Häuflein Elend aus sechseinhalb Personen bildlich vor. Schweigend um den Tisch versammelt, rote Gesichter, Schweiß auf der Stirn, der Verzweiflung nahe. Abwechselnd hickst es links, dann wieder rechts, dann in der Mitte. Hoch, tief, dunkel, hell. Und selbst die feine Tante Brigitte, der Bass in der Runde, konnte nichts dagegen tun.

Falls Sie es mal nachhicksen wollen: Ich habe die Melodie aufgeschrieben und will sie Ihnen nicht vorenthalten. Schauen Sie sich die Noten in aller Ruhe an. Und wenn Sie Lust auf einen abwechslungsreichen Abend haben, dann laden Sie Ihre Freunde ein, kochen das Überraschungs-Chili meiner Mutter, verteilen die hier abgedruckten Noten und verraten bis zum ersten Bissen kein Wort.

Wünsche musikalische Unterhaltung!

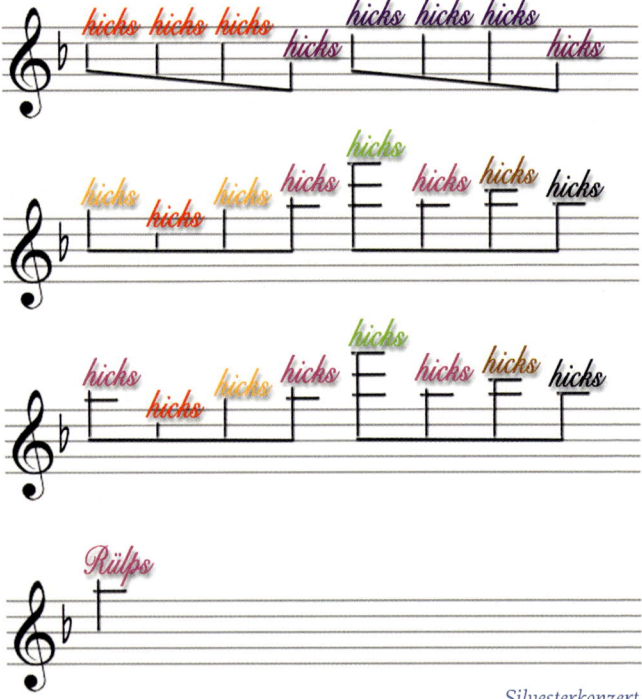

Die erste Katze

Also hören Sie mal. Wenn Sie DAS noch nicht mitbekommen haben, dann kann ich Ihnen auch nicht mehr helfen.

Das erste Mal woanders schlafen

Was für ein Abenteuer! Endlich in die Welt hinaus!!

Ich durfte mit fünf Jahren zum ersten Mal ganze zwei Straßen entfernt von zu Hause bei Oma übernachten. Wow! Und ich freute mich darauf wie Bambi sich auf den ersten Schnee.

Ich und mein kleiner roter Koffer waren bereit, und schon waren wir auf dem Weg zu meiner Großmutter. Ich hatte alles Wichtige eingepackt: den gelben Kran, meinen Lieblingshasen und die Benjamin-Blümchen-Zahnbürste. Gut, Mama hatte noch ein paar völlig überflüssige Dinge hinzugefügt, aber damit konnte ich leben. Oma hatte mir das Bett von Opa hergerichtet.

»Den hat der liebe Gott schon zu sich geholt, weil er ihn so gern mag«, sagte sie immer. Wenn ich im Nebenzimmer spielte und sie mit jemand anderem sprach, dann war Opa im Himmel, weil er so gerne Schweinerippchen gegessen hat.

Zu Omas Zeiten schlief man übrigens noch getrennt. Auch wenn alle noch am Leben waren.

Das Bett war himmlisch, denn nur Omas können Betten machen wie Omas. Es müssen mindestens zwanzig Schichten aus Laken, Oberbetten, Plümos und Biberbettwäsche gewesen sein. Mindestens!

Und es war ein toller Abend. Mama war schnell wieder gegangen, zu ihrem Kegelclub »Die Pudelköniginnen«, und so saßen Oma und ich zusammen am Tisch und aßen »Abendbrot«. Ja, so hieß das damals noch. Das nannte man so, weil es abends nicht

Pommes von McDonald's oder Döner vom Imbiss um die Ecke gab, sondern tatsächlich Brot mit Wurst, Käse und Gürkchen.

Ich fand es herrlich. Nachdem wir fürstlichst gespeist hatten, gab's noch das Sandmännchen und dann musste ich schon ins Bett. Was ich irgendwie merkwürdig fand, denn Oma hatte mir versprochen, dass ich heute ausnahmsweise bis neun Uhr aufbleiben durfte. Aufregend! Was Oma aber nicht wusste, war, dass ich dummerweise wenige Tage zuvor angefangen hatte, Uhrlesen zu lernen. Und so flog bereits um acht Uhr auf, dass meine kriminelle Großmutter mich heimtückisch und verschlagen hintergehen wollte. Aber nicht mit mir! HA!

Fünf Minuten später lag ich mit frisch geputzten Zähnen und unter bis zur Zimmerdecke gestapelten Decken-Schichten im Bett. Dass man mich übrigens am nächsten Tag überhaupt wiedergefunden hat, grenzt an ein kleines Wunder.

Ich hatte natürlich den felsenfesten Entschluss gefasst, *mindestens* bis Mitternacht wach zu bleiben. Und schlief nach zwei Minuten ein. Allerdings wurde ich tatsächlich mitten in der Nacht durch ein lautes Geräusch wieder wach. Tiefe dunkle Nacht umgab mich. Himmel war das gruselig. Klasse!

Ich lauschte … und hörte den großen, bösen Wolf, der sehr laut schnarchend Rotkäppchen verdaute. Er hatte sich die Sachen von Großmutter angezogen und schlief in ihrem Bett. Große Ohren, große Augen und eine riesengroße Nase hatte er auch. Alles wahr. Das Märchen stimmte.

Aber … wenn ich jetzt schon mal wach war, … konnte ich die Zeit doch auch sinnvoll nutzen. Ich suchte gefühlte Stunden den Ausgang aus meinem Decken-Labyrinth, kletterte dann langsam aus dem Bett und machte mich auf den Weg zur Erkundung des neuen Territoriums. Sicher, es war dieselbe Oma-Wohnung wie noch vor wenigen Stunden, aber es war NACHT! Und nachts, da sind wir uns doch alle einig, da kann man Sachen machen, die tagsüber nicht erlaubt sind. Nicht zuletzt, weil Oma es nicht merkt.

Es ging also los: Zuerst erforschte ich die unglaublich geheime Schublade, an die ich eigentlich nicht dran durfte, weil darin »UNGEHEUER wichtige Papiere« aufbewahrt wurden. Ich platzte fast. Was mochte da nur drin sein? War Oma vielleicht eine russische Geheimagentin und niemand durfte davon erfahren? Sie sprach manchmal schon ein wenig komisch … War sie in Wahrheit gar nicht meine Oma, sondern eine fremde Frau wie alle anderen Mitglieder meiner Familie auch, und ich war nur adoptiert? Wurde ich von königlichen Häschern verfolgt, vor denen sie mich beschützten, bevor ich als rechtmäßiger Thronfolger auf mein Schloss in Österreich zurückkehren konnte? (Ich hatte gerade mit Oma den Film »Sissi« geguckt.) Oder war sie sogar eine gute Hexe, die dort nur ihre Zaubersprüche aufbewahrte? (… und den »Zauberer von Oz«.) Ich würde es erfahren. Heute. Jetzt. In dieser Nacht. Ich kletterte auf die vorstehende, kniehohe Stufe des Schranks, öffnete die Schublade so leise, wie ich das auf Zehenspitzen konnte, und schaute hinein. Es war unglaublich. ICH HATTE RECHT GEHABT. Dort lagen tatsächlich zwei phänomenal wichtige Dokumente.

Leider konnte ich noch nicht lesen.

So, dieses Abenteuer war also bestanden. Als Nächstes ging es ins Badezimmer. Ach, hätte ich es doch gelassen.

Meine Augen hatten sich mittlerweile perfekt an die nächtliche Dunkelheit gewöhnt, wodurch ich mich katzengleich zurechtfand. Und sogleich im Flur an den doofen Messingschirmständer stieß. Da aber das Sägewerk im Schlafzimmer die Produktion weiter steigerte, war alles in bester Ordnung.

Ich kam ins Badezimmer und checkte erstmal die Lage. Alles wie immer. Langweilig. Die Ersatz-Klorolle unter der Häkelmütze mit Bommel? Kannte ich schon. Die Badehaube mit rosa Gummiblumen? Schon diverse Male heimlich anprobiert. Aber dann … Was war das? Ich blieb wie vom Donner gerührt stehen. Am Boden festgeschraubt starrte ich auf ein kleines, unscheinbares, mit Wasser gefülltes Glas auf der Ablage unter dem Alibert-Schränkchen. Unaussprechlicher Horror kribbelte in meinen Adern. Ich war etwas ganz Großem auf der Spur ... Dort, in diesem Wasserglas, das waren Zähne! Was für ein Schock! Oma war ein Vampir.

Ein Vampir, der seine Mordinstrumente nur dann anzog, wenn er sie brauchte. Was für ein genialer Trick. So *konnte* man Vampire auf der Straße ja nicht erkennen.

Nee, konnte doch nicht sein. Die Dinger waren nicht spitz genug.

War sie vielleicht die Zahnfee und hatte vergessen, die Ernte des Tages wegzuräumen?

Auch nicht. Dafür waren es zu wenige.

Dann der nächste Erkenntnisschock. Es waren ihre! Ja genau. Oma hatte sie verloren. Oh, mein Gott. Die Arme wollte sicher nur noch schnell einen Schluck Wasser trinken, und dabei sind sie ihr aus Versehen aus dem Mund gerutscht. Flutsch ins Glas, und sie hat nichts davon gemerkt.

DAS war möglich? Sofort wackelte ich an meinen eigenen Zähnen. Na ja, ich hatte noch die Milchzähne, aber Oma doch nicht mehr, oder?

Der nächste Schock. JETZT hatte ich es aber: Keine ganzen Reihen, sondern ja nur ein paar einzelne Zähne klebten da nämlich aneinander und waren mit glitzerndem Metall verbunden. Oh Gott, Oma war der Beißer aus dem James-Bond-Film.

Nein verdammt, das konnte auch nicht sein. Sie schnitt doch immer das Schwarzbrot klein, damit sie es besser essen konnte. Schwarzbrot wäre für Beißer doch kein Problem gewesen. Jetzt fiel mir nichts mehr ein.

Doch dann war es mir plötzlich klar. Wie gruselig ...

...das waren MEINE Zähne und Oma hob sie nur für mich auf. Genau! Das waren MEINE späteren Erwachsenenzähne und alle hatten mich angelogen. Die Schweine! Ja, man verlor zwar seine Milchzähne, aber es wuchsen keine neuen nach.

Man bekam neue GEMACHT. Und weil ich noch ein wenig Zeit hatte bevor ich sie brauchen würde, waren sie auch noch nicht fertig.

Ich probierte sie an. Natürlich waren sie noch zu groß – ich war ja nicht doof –, aber ich wollte halt schon mal sehen, wie sie mir stehen würden.

Ging so. Und sie schmeckten komisch, so nach Zahnpasta mit Brause, weshalb ich auch wieder vom Waschbecken herunterklettern und die Dinger zurücklegen wollte.

Leider rutschte ich mit dem Knie ab und knallte mit dem Bauch auf den Beckenrand, wodurch ich meine späteren Zähne aus dem Mund ins Waschbecken torpedierte. Was keine so gute Sache war, denn einer der Zähne sprang ab und verschwand auf Nimmerwiedersehen im Ausguss.

Ach, du Scheiße. Jetzt musste ich wohl den Rest meines Lebens mit 'ner fiesen Zahnlücke durch die Gegend laufen. Schnell ließ ich den Rest der Zähne in das Glas zurückplumpsen, rannte durch den Flur zurück ins Schlafzimmer – wobei ich mich diesmal mit voller Wucht um den doofen Messingschirmständer wickelte –, zog die Hundertmillionen Decken über den Kopf und hoffte, dass Oma am nächsten Tag nichts davon merken würde.

So war's dann auch. Sie hat nie etwas erwähnt, nur zwei Tage lang so komisch nach innen gesprochen. Mit zusammengepressten Lippen.

Vielleicht war sie doch sauer.

Das erste Mal allein beim Zahnarzt

Ich hatte als kleiner Junge eigentlich ganz gute Zähne, wodurch ich auch keine so große Angst vor dem Zahnarzt zu haben brauchte wie zum Beispiel meine Freundin Sabine damals. Die hatte dafür panische und ihrem Doc sogar mal in die Finger gebissen. Keine Sorge, er kann den Zeigefinger wieder vollständig bewegen. Meistens jedenfalls.

Es kam der Tag, an dem auch ich meinen ersten Termin hatte und ich zwar nicht ängstlich, aber aufgeregt war. Ich war immer noch fünf. Sabine hatte mir schon die schrecklichsten Horrorgeschichten erzählt und ich wollte doch jetzt endlich auch mal eine erleben. Vielleicht nicht unbedingt am eigenen Leib erfahren, aber wenigstens aus dem Nebenzimmer mitbekommen. Toll! Vielleicht würde ich ja sehen, wie jemandem ein fetter Backenzahn gezogen werden würde. Oder ich könnte beobachten, wie ein Arzt sich aus Versehen in den Finger bohrte. Oder ich war vielleicht sogar dabei, wenn jemand ohnmächtig vom Stuhl fallen würde! Boah!

All das hatte ich von Sabine. Sie hatte schon so viel gesehen von der Welt. Sie hatte ja auch 'ne Klammer.

Nicht dass Sie jetzt denken, ich wäre ein sadistisches Kind gewesen, alles andere als das. Ich hatte nur heimlich schon »Die Vögel« von Hitchcock gesehen – danach übrigens drei Nächte nicht geschlafen –, dazu kam die in diesem Alter in absolut ausreichender Menge vorhandene kindliche Neugier und zack, saßen wir beim Horror-Metzger-Zahnarzt von Leverkusen-Opladen. Ich glaube, das stand auch so an seinem Klingelschild.

Da ich damals noch zu klein war, um allein zum Arzt zu gehen, begleitete mich Sabines Opa, der ja durch seine Enkelin schon genügend Übung darin hatte. Nein, meine Mutter war nicht so herzlos, mich bei meinem ersten Zahnarztbesuch allein zu lassen. Vielmehr hatte Sabines Opa – der übrigens Johann hieß und den sensationell lustigen Spitznamen »Joghurt« mit sich herumschleppte – selbst einen Termin, ich wollte UN-BE-DINGT mit und alle anderen konnten sich so kurzfristig nicht freimachen. Ich fand es großartig!

Wir saßen also im Wartezimmer. Und warteten. Und warteten. Verdammt schlaue Bezeichnung für so ein Zimmer, dachte ich. Und schon wurde mir langweilig. Sabines Opa nickte ein und war der coolste Joghurt überhaupt.

Nach der schlechten Erfahrung mit meinem nächtlichen Ausflug bei Oma und »meinen zukünftigen Zähnen« wollte ich es diesmal ein wenig langsamer angehen lassen. Ich schaute mich um.

Da war eine Fensterbank, vollgestellt mit verwelkten Pflanzen: uninteressant. Daneben stand ein Aquarium mit verwelkten Fischen, sie waren zumindest mangels regelmäßiger Wasserreinigung kurz vorm Exitus: auch uninteressant. In der Ecke stand eine Spielzeugkiste mit Bauklötzchen: noch viel uninteressanter. Das hatte ich schon weit hinter mir gelassen. Dann aber fiel mein Blick auf die anderen Wartenden.

Da saß eine dicke Frau, eine SEHR dicke Frau mir genau gegenüber und grinste mich an. Dabei nickte sie immer so mit dem Kopf, als ob jemand etwas gesagt hätte und sie zustimmte. Ich grinste zurück. Sie grinste noch mehr. Ach, das war ein Wettkampf? Klasse! Ich grinste, so breit ich konnte. Die dicke Dame war entzückt und lachte jetzt mit offenem Mund. (Die musste DRINGEND zum Zahnarzt.) Aber *so* einfach wollte ich sie nicht gewinnen lassen. Ich riss meinen Mund auf und lachte ohne Ton mit dem größten Schlund, den man nur zeigen konnte. Dachte ich. Aber der Feind hatte verstanden. Sie riss nun ihren Mund so weit auf wie sie konnte, lachte dabei aus vollem Halse und wippte dabei in ihrem Stuhl vor Freude weit nach hinten. Was keine gute Idee gewesen war. Sie knallte mit dem Kopf gegen das Aquarium, zuckte dadurch instinktiv zur Seite und rammte sich am Fenster einen fetten Kaktusstachel hinters Ohr. Sie schrie wie am Spieß, Opa Joghurt fiel fast vom Stuhl und die Schwester meldete durch die Sprechanlage: »Der Nächste, bitte!« Das waren wir.

Zuerst war der Opa dran. Er saß auf dem Behandlungsstuhl, ich auf einem normalen neben dem Waschbecken an der Wand. Die Sprechstundenhilfe hatte Opa Joghurt schon so ein Lätzchen umgehängt, weiße Watteröllchen in den Mund gestopft und war wieder verschwunden. Ich fragte ihn, wie die denn schmeckten und er sagte: »Doff iff ffffffum unffferffffuuuuchn.« Sehr lustig! Ich wollte auch solche.

Der Arzt kam rein, ein sportlicher, junger Mann im weißen Kittel, und setzte sich gleich neben seinen Patienten auf so einen kleinen, drehbaren Hocker. Er wirbelte zu mir herum und versicherte mir, dass ich keine Angst zu haben brauchte. Ich wäre ja auch gleich dran. Ich wollte noch entgegnen, dass ich überhaupt keine Angst hätte, aber er war schon wieder weggewirbelt. Opa Joghurt erklärte dem Doktor, warum er gekommen war.

»Alffffffooo, reffffftch untä fffutff äächh ähh ännn ann draaafffdrügggt.«

Klare Sache. Alf hatte auf ihn draufgefurzt.

Der Zahnarzt war anderer Meinung, als ich ihm versuchte, den Satz zu übersetzen, und nickte dem Opa nur zu. Bitteschön! Als der Herr Supersimultanübersetzer gerade so eine komische silberne Gabel mit nur einem Zinken in Opas Mund stecken wollte, klopfte es wie verrückt an der Milchglastür zum Behandlungsraum. Sie sprang auf und dort stand mit bösem Blick die dicke Frau aus dem Wartezimmer. Mit Lätzchen auf ihrem gigantischen Dekolleté und Wattebäuschchen im Mund.

»Ffffffeem Ffffffffie gloooon, däffff iffffff ir affff efffallln afffe, annnn aenn Ffffie ffifff aer eirrr! Iffff ae eien Acchhhl in eien Koffff un aaaate ffffffon Chchchchtunden.«

»Aun Ffffie ack. Iffff in rannnn«, gab Joghurt zurück.

»Ffffiie aen ir arnichchc u agn. Ffffiie önn a ochhc iffff al aufff Ihrn Änkchl aaafpaffffn!«

Es war herrlich absurd. Wir Außenstehende verstanden nur bruchstückhaft, aber die beiden Streitenden anscheinend jedes

Wort. Der Arzt versuchte die offensichtlich erboste Patientin zu beruhigen und Opa Joghurt daran zu hindern, aufzustehen, um noch vehementer in die entstandene, nennen wir es »Diskussion« einsteigen zu können.

Ich möchte an dieser Stelle einmal betonen, dass sich diese Geschichte genau so abgespielt hat. Falls Sie Zweifel haben, melden Sie sich, ich gebe Ihnen jederzeit gerne die Adresse des Zahnarztes.

Nun kam auch noch die Sprechstundenhilfe dazu und versuchte ihrerseits zu schlichten, indem sie die korpulente Dame sanft zurückziehen wollte. Was natürlich nicht gelang. Nicht, weil die Frau dafür zu schwer war, nein … eher wegen ihrer Handtasche, die sie achtlos auf den Boden hatte fallen lassen. Plötzlich war die dicke Frau nämlich weg. So sah es zumindest von meinem Stuhl neben dem Waschbecken aus. Sie war rückwärts über ihre doofe Tasche gefallen und aus meiner Perspektive hinter dem Becken verschwunden. Sehr komisch war das! Und sehr still, für einen kurzen Moment.

Was danach kam, ist ja klar. Riesiges Gezeter, angedrohte Verklagung auf Schmerzensgeld, »Rumerzählen von entsetzlichen Zuständen«. Und das alles mit zwei weißen Wattebäuschchen im Mund. Die dicke Dame hatte, wie Sie ja sicher gemerkt haben, im Eifer des Gefechts vergessen, dass sie die Dinger noch im Mund hatte.

Aus mir heute unerfindlichen Gründen wollte ich die Situation damals ein wenig auflockern. Ich sprang auf, stellte mich direkt vor die tobsüchtige Patientin und machte logischerweise da weiter, wo wir eben aufgehört hatten … ich grinste so breit ich nur konnte.

Sie starrte mich an, machte auf dem Absatz kehrt und verließ in rauschendem Abgang die Praxis. *Mit* Lätzchen und Wattebäuschchen.

Opa Joghurt lachte und nuschelte: »Reffft fffo! Fffffflaaaaaag ffffie it Fffffrreundlifffffkaiiiit!«

Ich verstand zwar nicht, was er damit meinte, aber eines wusste ich:

Ich hatte den Wettkampf im Grinsen gewonnen!

Der erste feuchte Traum

»Mach dir keine Sorgen. Das ist völlig normal.«

Und damit war das Thema schon durch.

Meine Freundin hatte eben viel Verständnis.

Das war EIN SCHERZ!

Das erste Mal allein im Urlaub

Man kann mit mir als Scheidungskind Mitleid haben. Natürlich. Man kann es aber auch lassen. Denn nicht alles ist furchtbar und schlimm. Es hat durchaus auch Vorteile: Zwei Familien. Zweimal Geschenke. Zweimal Urlaub! Oder sogar NOCH mehr Urlaub. Nämlich dann, wenn man mit seiner besten Freundin und deren Familie zum ersten Mal ohne Mama oder Papa wegfahren darf.

Hurra, ich durfte mit Sabine, ihren Eltern, Opa Joghurt und dem Wellensittich Rolf nach Südfrankreich in den Campingurlaub fahren. Mit ihrem silbernen Fiat 132, dem Wohnwagen hinten dran und einer Durchschnittsgeschwindigkeit von 80 Stundenkilometern mussten wir nur schlappe 1.300 Kilometer zurücklegen, und schon wären wir da. Ein Klacks.

Die Vorbereitungen waren natürlich extrem aufregend – TKKG-Kassetten, genügend Fix-&-Foxi-Comics, Ahoj-Brause … – und an Schlaf schon Monate vorher nicht zu denken. Aber dann, wie aus dem Nichts, war der Tag der Abreise gekommen. Mama heulte, warum auch immer, Oma winkte mit ihrem Stofftaschentuch in die falsche Richtung und meine Schwester war nicht da. Es konnte losgehen!

Vorne saßen, wie sich das damals so gehörte, Papa Henke am Steuer – so hießen die nämlich mit Nachnamen – und daneben auf dem Beifahrersitz Mama Henke, geborene Schulze. »Rrrrichtick. Eine durrrrrch und durrrrch DOOOOITSCHE Famöölie.«

Hinten saßen Sabine mit Zahnspange, Ralf mit Latzhose und Opa Joghurt mit künstlichem Darmausgang. Kein Witz. Was beim Zahnarzt noch nicht rausgekommen war – so habe ich das nicht gemeint –, war nun nicht mehr rücksichtsvoll zu verheimlichen gewesen. Papa Henke hatte mir vor der Fahrt erklärt, dass der Opa im Krankenhaus gewesen ist und nun nicht mehr auf Toilette gehen muss. »Ist das nicht toll?« Er hätte jetzt so einen Beutel an der Seite, der nur hin und wieder gewechselt werden müsste. Das sei nicht schlimm – ich würde es wahrscheinlich sowieso im Urlaub irgendwann mitbekommen –, sondern sogar sehr praktisch.

Spätestens als ich vor lauter Begeisterung fragte, ob ich denn auch mal so etwas bekommen könnte und warum diese ungemein praktische Modifizierung nicht alle machen ließen, wurde Papa Henke klar, dass er das Thema wohl doch ein wenig *zu* positiv verpackt hatte. Aber für Änderungen war es jetzt schon zu spät.

Noch weiter hinten auf der Hutablage saß in seinem klassischen, goldenen Käfig Wellensittich Rolf, der nicht etwa fröhlich vor sich hin pfeifend aus dem Rückfenster schaute, sondern vielmehr tiefdepressiv auf seiner Stange hockte und in regelmäßigen Abständen wie ein Irrer an seinem Knabberring rüttelte.

Und so waren wir Gefährten also komplett und bildeten *die Gemeinschaft des Ringes.*

Euphorisch waren wir in Köln gestartet und Sabine und ich machten Pläne, was wir alles auf der Fahrt spielen wollten … kurz hinter Aachen war sie eingepennt. Mama Henke drehte sich um und wollte wissen, ob wir denn Hunger hätten. Sie öffnete ihre große Tasche und hatte in einer kleinen Plastiktüte Mirabellen, eine weitere Plastiktüte für die Kerne, in einer dritten einen angefeuchteten Waschlappen für die Hände und ein kleines Handtuch zum Abtrocknen. Was hatte sie denn noch alles da drin? Einen Kühlschrank für ein Eis zwischendurch und 'ne Stehlampe, wenn's dunkel wird? So was kannte ich nicht. Ich wollte nichts essen, war aber fasziniert von der perfekten Planung des »Unterrrnähmens Urrrrlaup«. Opa Joghurt, der hinten links saß, wollte sehr gerne etwas, griff über die schlafende Sabine rüber und stopfte sich gleich zwei Früchte in den Mund. Bei der Aktion hatte ich natürlich versucht, einen Blick auf den Beutel zu werfen – nicht auf den mit den Mirabellen, sondern auf den für das, was davon übrig blieb –, der ja irgendwo herumbaumeln musste. Aber Fehlanzeige. Meine Neugier kriegte der alte Mann natürlich mit. Und da er mich nach der Aktion beim Zahnarzt in sein Herz geschlossen hatte, wollte er mir wohl eine Show-Einlage bieten. Den Beutel zeigte er mir nicht, das kann ich mittlerweile auch verstehen, aber er versicherte sich mit einem Blick nach vorne, dass Sohn und Schwiegertochter nicht zusahen, kniff ein Verschwörungsauge zusammen und griff in seinen Mund. Obwohl er nur an den Seiten anfasste, lösten sich plötzlich überall verschiedene Zähne entlang der oberen Reihe, die mit glitzerndem Metall verbunden waren und mit denen er jetzt auf und ab wackelte. DA waren Omas Zähne. Vielmehr meine! Vielmehr die aus dem Wasserglas … wieso kannte Sabines Opa meine Oma? Wieso hob meine Großmutter Joghurts Zähne auf?

Da ich mit allem, nur nicht damit gerechnet hatte, war die Überraschung groß. *So* groß, dass, nun ja … ich schrie. Nur kurz und vor Schreck. Aber es reichte. Sabine wurde schlagartig wach und zuckte mit dem Kopf nach oben, der auf Opas Schoß gesunken war. Dabei knallte sie an seinen Ellenbogen, wodurch er sich selbst einen Kinnhaken verpasste und seine Zähne durch den Wagen flogen. Mama Henke schleuderte auf ihrem Sitz zu uns herum und Joghurts Zähne in entgegengesetzter Richtung an ihr vorbei. Dabei verlor sie den Waschlappen, mit dem sie sich gerade die Hände abgeputzt hatte. Dieser landete im Fußraum der Fahrerseite, wodurch jetzt Papa Henke in Panik geriet. Wenn das Ding sich an den Pedalen verheddern sollte – das hatte er mal in einem Fernsehbeitrag gesehen – dann wär' alles zu spät. Dann würden wir in voller Fahrt über die nächste Klippe rauschen und er könnte nichts mehr dagegen tun.

Dadurch in NOCH größerer Panik – obwohl keine einzige Klippe weit und breit zu erkennen – versuchte Mama Henke sofort, des Lappens wieder habhaft zu werden. Sie machte einen Köpper auf die andere Seite des Wagens und fischte nach dem so ungemein gefährlichen, potentiellen Engelmacher. Die allgemeine Aufregung spürend rappelte Rolf die ganze Zeit am Knabberring, schließlich sogar am ganzen Käfig. Was für ein kleiner, süßer Drecksack. In dem kleinen silbernen Fiat war die Hölle los und ein gewaltiger Krach. Mitten in diesen Lärm fragte Sabine: »Spielen wir ›Ich sehe was, was du nicht siehst‹?« Alle hielten inne. Ich sagte: »Ich sehe was, was du nicht siehst … und das ist rosa mit Punkten drauf.«

»Der Schlübffffer meiner Ffffwiegerdochder.«

»Richtig!«

Die hintere Reihe applaudierte, der vorderen, der einen Hälfte zumindest, war es wahnsinnig peinlich. Mama Henke hatte sich nämlich so weit in den Fußraum vorgearbeitet, dass ihr Rock hochgerutscht war. Wir lachten laut, sie schimpfte von unten nach oben – was man nicht verstand – und versuchte nun, gleichzeitig den Waschlappen zu erwischen und ihren Saum herunterzuzerren. Es gelang ihr, und das rosa gepunktete U-Boot tauchte wieder auf. Mit Schlagseite und viel Blut im Kopf.

»Ich sehe was, was du nicht siehst … und das ist rot.«

Alle wussten es, keiner sagte was.

Mama Henke keifte: »Ich sehe was, was du nicht siehst … und das sitzt gleich im Zug und fährt wieder nach Hause.« Damit war Joghurt gemeint. Was ungerecht war. ICH hatte geschrien und Sabine mit dem Ich-sehe-was-was-du-nicht-siehst-Spiel angefangen. Er hatte nur mitgemacht, aber das nahm sie ihm als Erwachsenen übel. Er untergrub angeblich ihre Autorität. So ein Blödsinn, das schaffte schon ihre Unterhose.

Papa Henke meldete sich und meinte, dass doch alles gar nicht so schlimm wäre und dass wir ja gerade erst losgefahren wären. »Wo ist denn die gute Laune plötzlich hin?«

Die war weg. Wohin auch immer. Mama Henke schaffte es irgendwie, die Temperatur im Wagen in Bruchteilen von Sekunden um zwanzig Grad zu senken. Und die Klimaanlage hatte sie noch nicht mal angefasst.

Es war wieder still. Diesmal war es aber nicht die Sorte Stille, bei der man innerlich zufrieden vor sich hinsummt und sich seines Lebens freut. Diesmal war es die Sorte Stille, bei der man sich nicht traut, sich auch nur einen Millimeter zu bewegen, weil das Rascheln sofort die Alarmanlage auslösen würde. Und mitten in diese Stille hinein brüllte Rolf ein gewaltiges Zwitschern. Das Eis war gebrochen. Die Sirene ging los. Mama Henke fing augenblicklich an zu flennen.

»Ich habe alles so schön geplant, mir solche Mühe gegeben, wir rauschen fast in den Tod und ihr macht noch Witze über meinen Schlüpfer. Und DU … fahr jetzt endlich mal ran und halt' an. Ich will mich von dem Schreck erholen und mal auf die Toilette. Muss sonst noch jemand?«

»Ich müsste mal die Dichtungen checken und 'nen Ölwechsel machen«, meinte nicht etwa Papa Henke, sondern Opa Joghurt. »Und meine Zähne suchen.«

»Das geht jetzt nicht. Wir sind doch gerade erst losgefahren.

Ich will wenigstens aus der Gegend hier raus, sonst geraten wir noch in die Rushhour.«

Der Klassiker. Es war zehn Uhr an einem Samstagmorgen. Rushhour? Wo sollte die denn jetzt so plötzlich herkommen? Sabine rollte mit den Augen, weil sie das, was jetzt kam, schon kannte.

Die Alarmanlage legte noch einen Zahn zu, musste sich laut die Nase putzen und Rolf kümmerte sich schon wieder aufopferungsvoll um seinen Knabberring.

»Du fährst jetzt sofort auf den nächsten Parkplatz, sonst mach ich dir ins Auto!«

»Mach doch! Ich wollte die Sitze sowieso neu polstern lassen. Und ICH muss die restlichen 1.258 Kilometer ja nicht da sitzen.«

Holla, die Waldfee! DAS kannte ich aber auch noch nicht. Okay, meine Eltern hatten sich scheiden lassen, aber die waren echt human miteinander umgegangen. DAS hier hatte eine völlig neue Qualität.

»Ich kurble das Fenster herunter und schreie ›Vergewaltigung‹!«

»Das glaubt dir eh keiner.«

Ich wusste zwar nicht, was *Vergewaltigung* war, aber was Papa Henke gesagt hatte, musste das ganze noch VIEL SCHLIMMER gemacht haben, denn Mama Henke wurde NOCH röter, als ich es jemals für möglich gehalten hätte. Wenn sie jetzt platzt, dachte ich, dann gibt das aber 'ne ganz schöne Schweinerei hier im Auto.

»Ich sehe was, was du nicht siehst … und das wird vergewaltigt«, versuchte Sabine die Stimmung aufzulockern. Das ging schief.

Wie der gerade vom Himmel auf die Erde herabgestiegene Racheengel persönlich fuhr ihre Mutter herum und schallerte meiner besten Freundin dermaßen eine auf die linke Wange, dass Rolf vor Schreck von seiner Stange flog. Opa Joghurt versuchte seine Schwiegertochter zu beruhigen und lachte auffällig künstlich über den vermeintlich tollen Witz seiner Enkelin.

Sabine kämpfte mit den Tränen und verlor. Sie brüllte drauflos. Mama Henke brüllte Papa Henke an, der brüllte Mama Henke an. Joghurt brüllte beide an. Und Rolf hatte sich aus seinem Käfig befreit. Während alle außer mir durch die Gegend brüllten, zog der Miniadler seine Kreise. Immer rund durch den kleinen Fiat drehte Rolf seine Bahnen und ballerte hin und wieder vor eine der Scheiben, weil er sicher dachte, dass man dem Trubel hier so entkommen könnte. Das kriegten die anderen aber nicht mehr mit.

Plötzlich schrie Papa Henke, dass alle mal ruhig sein sollten. Vor uns winkte ein grüner Arm aus einem grünen Auto mit einer rot-weißen Kelle, auf der »Stop« stand.

Endlich Pause.

Wir waren keine fünfzig Kilometer weit gekommen, standen auf einem kleinen Rastplatz bei Kerpen, Papa Henke blies in ein Röhrchen und Rolf war weg. Der Glückliche.

Als wir anhielten, hatte nämlich der mittlerweile ganz schön nervöse Familienvater, entgegen meiner eifrig geäußerten Warnung, sein Fenster heruntergekurbelt und der Wellenadler seine Chance genutzt.

Es muss ein herrliches Bild für den Polizisten gewesen sein, als er sich zu uns herunterbeugte und die Papiere verlangte. ALLE knallrot, als hätten wir tagelang gesoffen, die Mädchen verheult, der Opa ohne Zähne.

»Ja, sachen Sie mal, Herr Henke, um Jottes Willllen. Wissen Sie eijentlisch, warum wir Sie anjehallten haben? Sie waren mit Ihrem Anhänger schon fast bei hundertzwanzisch Stundenkilometern. Haben Sie denn 'n Vochel?«

»Ja, aber der ist jetzt weg«, kreischte Sabine von hinten, die jetzt erst begriff, dass ihr Piepmatz auf und davon war.

Es wurde aber trotzdem noch ein schöner Urlaub. Es stellte sich natürlich heraus, dass Papa Henke keinen Tropfen Alkohol getrunken hatte, somit blieb es bei einer Verwarnung. Mama

Henke beruhigte sich wieder, hatte sie doch endlich ihre Pause, Opa Joghurt fand seine Zähne wieder und sogar Rolf war noch nicht auf und davon. Kaum in Freiheit und vor Ekstase anscheinend blind hatte ihn die nächste Laterne niedergestreckt. Benommen und fast freiwillig krabbelte er wieder in seinen Käfig zurück, wo er sofort zur Besinnung kam und vor lauter Frust den Knabberring tötete.

Alles in allem wurde also alles wieder gut.
Bis zur nächsten Raststätte.

TIPP: Kaufen Sie sich für zwanzig Euro Fototapeten, machen Sie alle zwei Wochen im Keller ein anderes Bild und schicken es mit faszinierten Kommentaren per MMS an Ihre Mutter. Die Weltreise dauert mindestens ein halbes Jahr. Bei Bedarf und nur fünfzig Euro Mehrinvestition sogar drei.

Mütter machen Dinge, die man nicht versteht

Der fremde Sohn

Jeder hat sich doch schon mal gefragt, ob er wirklich das Kind seiner Eltern ist, oder? Sei es nur, weil man mit zwölf Jahren nicht das gewünschte Fahrrad bekommen hat und sich plötzlich auch den Nachnamen Singh oder Kowalski gut vorstellen konnte. Oder weil man sich ernsthaft fragte, ob die Frau, die da gerade dem eigenen, streng katholischen Mathematiklehrer während des Elternsprechtags schmutzige Witze erzählt, *tatsächlich* die eigene Mutter sein *kann*.

In den allermeisten Fällen kommen wir dann aber Gott sei Dank – in einigen Fällen vielleicht auch leider – zu dem Ergebnis, dass am eigenen Schicksal nicht zu rütteln ist. Im Grunde ein schöner Moment, weil man dann endgültig im sicheren Schoß der Familie angekommen ist und sich mit den Gegebenheiten abfinden muss … KANN, kann wollte ich sagen.

Dennoch … ein kleiner Restzweifel bleibt.

Als ich das erste Mal alte Fotos aus meiner Kindheit in die Finger bekommen hatte, ist mir zuerst nichts aufgefallen. Dann aber sind mir seltsame Gemeinsamkeiten ins Auge gestochen. Aua. Und die haben mich sehr verunsichert.

Nein, nein, ähnlich sind meine Mutter und ich uns schon. Und ich finde auch, dass es so deutlich zu sehen ist, dass man es nicht verleugnen kann, selbst wenn man wollte. Und doch sah meine Mutter das früher anscheinend nicht so. Denn anders ist es einfach nicht zu erklären, dass sie ihren eigenen Sohn auf allen Bildern markiert hat.

Zuerst dachte ich, dass sie das gemacht hat, weil sie so stolz auf ihren Sprössling war und ihrer Zuneigung irgendwie physisch Ausdruck verleihen wollte a là »DA ist er!«. Aber mit der zunehmenden Zahl der entdeckten Kreuze und Pfeile musste ich diese Theorie wieder verwerfen.

Damit Sie überhaupt wissen, wovon ich rede, möchte ich Ihnen anhand von ein paar Beispielen verdeutlichen, was ich genau meine.

Im Kindergarten

Bei diesem ersten Bild kann ich es ja noch verstehen. Ich bin der kleine Knirps gleich vorne inmitten meiner Kindergartengruppe. Bei so vielen Kindern leicht zu übersehen. Sie finden mich am besten, wenn Sie – na, aufgepasst? – nach dem blauen Kugelschreiberkreuz suchen. Hier wollte sie vielleicht nur sichergehen, dass alle, die das Foto betrachten würden, auch gleich ihren kleinen Sonnenschein finden würden. Okay, nachvollziehbar. Warum man das allerdings mit einem nicht mehr entfernbaren Kugelschreiber macht, ist mir zwar bis heute schleierhaft, aber das soll ja jetzt nicht unser Thema sein.

Kommen wir zum nächsten Bild ...

Meine Klasse in der Grundschule. Nein, das kleine Mädchen in der rosa Latzhose links hatte kein kaputtes Gesicht. Der Eindruck entsteht, weil Mama dieses Foto an ihre Büro-Pinnwand gepiekst hatte. Und anscheinend wurde es oft umgehängt, wie man an den zahlreichen Löchern erkennen kann.

Warum wir hier alle so grimmig gucken, weiß ich nicht mehr. Vielleicht gab's gerade Zeugnisse. Was man aber unschwer erkennen kann ist, dass meine Mutter auch hier dafür gesorgt hat, dass der Betrachter und vielleicht sogar sie selbst sicher sein konnte, wer denn ich unter den ganzen Kindern war. Siehe Kreuz.

Ich verstehe das nicht. Sie MUSSTE doch Angst gehabt haben zu vergessen, wer ihr eigener Sohn war. Anders ist das doch nicht zu erklären. Oder wollte sie nur schon mal vorsorgen, dass sie, falls sie in ihrem Leben achtzig Kinder bekäme, sie auch noch alle wiederfinden würde? Und die beiden Bilder sind ja keine Einzelfälle. Auf JEDEM Kinder-Foto finden sich solche subtilen Hinweise.

Bitteschön, die erdrückende Beweislast …

Beweisstück A.
Noch mal der
Kindergarten,
diesmal aber ein Jahr
später. Kreuz!

Beweisstück B.
Im Kindergarten an Nikolaus.
Ich bin wieder der mit dem
Pfeil, nicht der mit der
komischen Mütze und dem
Stöckchen.

Beweisstück C.
Beim Schulsportfest –
der mit Pfeil, ne?

Beweisstück D.
Zur Abwechslung mal
wieder ein Kreuzchen.

Beweisstück E.
Man könnte eine ganz alte
Fotoschublade lang so
weitermachen …

Beweisstück F.
Sogar bei meiner
Kommunion!!!

Mal ehrlich: Mit wem hätte man mich auf dem Bild denn verwechseln sollen? Obwohl, wenn man es genau betrachtet … die Ähnlichkeit mit dem einzigen anderen Jungen auf dem Foto, der schwarze Haare hat, ein ganzes Stück größer ist als ich und wahrscheinlich portugiesische Eltern hat, ist schon verdammt verblüffend. Und auch bei den Mädchen in Weiß mit geflochtenen Zöpfen und Blumenkränzen im Haar … tja, da muss man schon zweimal hingucken.

Okay, räumen wir also ein, dass man bei großen Menschenansammlungen auf Fotografien nicht immer sicher sein kann, dass man den Gesuchten sofort ausmachen kann.

Unter diesem Blinkwinkel ist der zarte Hinweis auf dem nächsten Foto natürlich völlig verständlich …

In der Beton-Fußgänger-zone in Leverkusen im Mai 19… hab ich vergessen.

WAS für eine Menschenmasse. GOTT SEI DANK wird dem Betrachter hier geholfen, den kleinen Ralf schnell zu finden. Zugegeben, auch ich habe ein paar Minuten gebraucht, aber OHNE den Pfeil …? Ich bin mir nicht sicher, ob ich das Bild mit den zwei süßen Kindern nicht weggeschmissen hätte, weil ja keiner drauf ist, den ich kenne.

Auch auf dem folgenden Bild wäre man ohne Hinweis sicher völlig aufgeschmissen …

Auch in Lev…

Tausend Dank, liebe Mama, für die Hilfestellung. Ich hätte ja auch das Schaukelpferd sein können. Oder mein Kettcar. Oder der alte Mann, der hinten durchs Bild läuft. Da kann man sagen, was man will … ICH bin mittlerweile froh, dass meine Mutter so geistesgegenwärtig war, überall Hinweise einzufügen.

So wie hier …

Topmoderne Einrichtung!

Na, wer bin ich? Richtig, die Oma!

Nein, falsch geraten. Sie haben es immer noch nicht verstanden, oder? Warum, denken Sie, hat Mama sich denn die Mühe gemacht? Damit Sie es einfach ignorieren? Ich bin natürlich die braune Couch!

Und schon wieder falsch. Ich bin der kleine Wonneproppen. Der mit dem KREUZ! Mann, Mann, Mann.

Kommen wir nun aber zum kniffligsten Foto. Auf diesem letzten Bild müssen Sie schon unglaublich scharfe Augen haben und hohe Konzentration aufbringen. Wenn Sie mich dann doch finden, dann rufen Sie schnell an und erwischen eine der freien Leitungen … Ich aktiviere den Hot Button …

Am
Hochzeitsbuffet

Sie haben es gleich … nein, nicht die Wurst … auch nicht die Melone mit Schinken … Richtig!!! Das Kreuz hat Ihnen also doch geholfen. Mama sei Dank!

Übrigens … natürlich habe ich sie nach ihren Beweggründen zu dieser lustigen Marotte mit den Markierungen gefragt, aber sie konnte mir keine eindeutige Antwort darauf geben. Sie wusste es einfach nicht mehr.

Wenn also Sie, liebe Leserin, lieber Leser, auch solche Anwandlungen haben … wenn auch Sie ihre alten Fotos mit Kreuzen, Pfeilen, vielleicht sogar kleinen hübschen Zeichnungen versehen, dann schreiben Sie mir doch bitte. Lassen Sie mich nicht im Unklaren darüber, warum Menschen und wahrscheinlich im Wesentlichen Mütter so etwas tun.

So, und jetzt suche ich alle Bilder zusammen, die ich finden kann, schnappe mir einen Kugelschreiber und markiere ALLE Menschen, die ich darauf finde.

Sicher ist sicher.

Moment, Moment, ich habe noch ein Foto gefunden. Aber …
irgendwas stimmt hier nicht. Schauen Sie mal …

*Die Ähnlichkeit ist
aber auch
verblüffend.*

Der Daumen des Grauens

Warum zum Beispiel bekommt man immer, wenn man mal bei
Mama vorbeischaut, Essen ins Gesicht gedrückt?

Man sieht nicht total verhungert aus, man kriecht auch nicht
auf allen vieren um Nahrung winselnd durch den Flur, nichts
dergleichen. Und trotzdem … sobald man zur Tür reinkommt:
Zack! Teller Gemüsesuppe im Gesicht. Warum?

Das liegt meines Erachtens am Versorgungsdrang, den alle
Mütter dieser Welt von der Natur mitkommen haben. Sobald
Sie Mutter werden, wird dieses Versorgungs-Gen aktiviert und
dann können Sie auch nichts mehr dagegen machen. Dann laufen Sie auf Autopilot. Sie können vielleicht noch, wie ein Außenstehender, der durch ein Fenster schaut, beobachten, was Sie
selbst gerade so machen, aber ändern können Sie daran dann
schon lange nichts mehr. Permanent nerven Sie Ihre Kinder
dann mit nölenden Fragen, ob sie denn zufrieden sind, ob sie
nicht noch etwas essen wollen, ob sie denn WIRKLICH nichts

mehr essen wollen und so weiter. Endlos. Bis die Kinder endlich zustimmen und Sie sie mit Nahrungsaufnahme erlösen.

Wenn man ganz ehrlich ist, hat die Natur das aber eigentlich ziemlich praktisch eingerichtet. Durch besagtes Versorgungs-Gen ist die gesunde Nachkommenschaft gesichert. Ansonsten würden wir ja verhungern.

Gut, an dieser Stelle könnte man anführen, dass der Selbsterhaltungstrieb uns schon alle dazu bringen würde, eigenständig nach Nahrung zu suchen, bevor es mit uns zu Ende geht. Und genau das habe ich meiner Mutter auch immer wieder klar zu machen versucht. Aber es nützt nichts. Mutter Natur geht da wohl auf Nummer Sicher. Kein Wunder. Ist ja auch 'ne Mutter. Mutter Natur jetzt. Die ist parteiisch. Dumm gelaufen.

Blöd ist allerdings, dass sich dieser Versorgungstrieb nicht ausschließlich aufs Essen beschränkt. Im Laufe der Evolution ist es da wohl zu diversen Upgrades gekommen. Liegt ja auf der Hand: die Neuzeit stellte hohe Ansprüche an den Einzelnen, wodurch die genetische Programmierung immer wieder angepasst werden musste.

In der Steinzeit hat es vielleicht noch gereicht, einem Kind die Brust zu geben und ein paar Jahre später zu zeigen, wie man einem Mammut auf den Kopf haut. Aber heute? Undenkbar. Finden Sie heute mal ein Mammut.

Also hat die Natur sich flexibel den Veränderungen gestellt – wie sie das eben immer so macht, ist schließlich ihre Natur – und die Neuzeitmami mit einem permanenten, niemals wieder aufhörenden Versorgungssensor ausgestattet. Jetzt wird rund um die Uhr versorgt – und genervt. Da ist das sich ständig wiederholende Mantra »Hast du heute schon was gegessen?« das geringste Problem. Dazu kommen ja noch »Hast du 'ne frische Unterhose an?«, »Brauchst du Geld?« und »Warst du mit dem Pickel beim Arzt?«

Aber zurück zum Kernproblem, dem Versorgungsdrang die Nahrungsaufnahme betreffend. Die ganze Geschichte ging natürlich schon los, als ich noch klein war … (mir ist Ihre Reaktion, liebe Leserin, lieber Leser, nicht entgangen). Als Baby habe ich geschrien, wenn ich Hunger hatte. Geiler Trick, haben wir höchstwahrscheinlich alle so gemacht. Sofort ging bei meiner Mutter die eingebaute Alarmanlage los, schon kam sie angelaufen, flutsch, an die Brust angedockt, fertig.

Nee, Moment, das stimmt so nicht. Ich erinnere mich gerade, dass das bei meiner Mutter aus irgendwelchen Gründen nicht klappte. Die Ursache war nichts Schlimmes, aber diese natürliche Vorgehensweise leider nicht möglich. Also hat meine Mutter abgepumpt. Genau. Schmeckte ein bisschen nach Gummi, aber man gewöhnt sich daran.

So hat es angefangen und so hat es sich auch bis heute gehalten. Es ist heute noch exakt die gleiche Situation wie damals … also, jetzt nicht EXAKT die gleiche Situation! Das wär' … ganz schön eklig. (Oh Mann, die Bilder kriege ich nie wieder aus dem Kopf.)

Zurück zum Gemüsesuppenproblem. Sie kommen also ein paar Jahre später – Sie sind dem Teenageralter bereits entwachsen – sonntags auf einen Sprung bei Mama vorbei, weil sich das als anständiger Sohn so gehört. Und wie bereits erläutert, sieht Ihre Frau Mutter nicht Sie, sondern eigentlich noch den kleinen rotzfrechen Jungen vor sich sitzen – ihr Baby.

»Mein Sohn, schön, dass du mal wieder vorbeischaust. Hast du Hunger? Möchtest du einen Teller Gemüsesuppe?« Ohne Umwege das Ziel fest im Auge.

»Nein, Mama, vielen Dank. Ich habe schon gegessen.«

»Gut.«

– Pause –

»… ist aber lecker!«

»Ganz sicher, Mama, aber ich möchte nicht. Danke.«

– Pause –

»Einen halben Teller?«

»Nein, Mama, ich sagte doch … ich bin satt. Ich habe heute Mittag schon etwas gegessen. Ich möchte nichts. Danke!«

»Alles klar, verstanden. Ist ja schon gut …«

– Lange nachdenkliche, aber unruhige Pause –

»Pass mal auf! Ich stell dir den Teller da hin, du musst ja nicht essen.«

Eine Mutter kann eben nicht aus ihrer Haut. Da müssen wir als Kinder auch mal nachsichtig sein.

Jetzt sitzt man da, bei Mama auf der Couch, und denkt, also eher plant man, dass man ganz sicher und allerspätestens in einer halben Stunde dringend wieder los muss. Termin vergessen. Wie schade.

Aber daraus wird nichts. Man kommt nämlich nicht mehr weg. Unter fünf Stunden Besuchszeit läuft da gar nichts. Und warum? Die Antwort ist absolut naheliegend …

Sie sind nackt.

Überrascht Sie das? Erinnern Sie sich doch mal! Hat Ihre Mutter nie plötzlich bemerkt, dass an Ihrem Hemd ein Knopf lose ist und sie den schnell annähen könnte? Zack, weg ist das Hemd. Oder dass Ihre Hose ganz schmutzig ist und sie die im Handumdrehen kurz durchwaschen kann? Wutsch, schon zieht's unterrum. Oder dass über die Schuhe mal wieder »drübergebürstet« werden müsste? Rumms, freies Zehenwackeln.

Und? Gehen Sie so auf die Straße? Natürlich nicht! Jetzt sitzen Sie da, nackt wie Gott Sie schuf, bei Mama auf der Couch und kommen nicht mehr weg.

Ich verrate Ihnen ein Geheimnis. Eigentlich ist es top secret und ich müsste Sie zur Sicherheit danach alle umbringen, aber ich mache mal eine Ausnahme: Alle Mütter dieser Welt sind in einer Geheimorganisation. Ausnahmslos! Den Namen dieser Organisation haben Sie sicher schon mal irgendwo gehört:

Illumimutti!

Das ist natürlich, wie Dan Brown in seinen Büchern bereits aufgeklärt hat, ein Ambigramm – ein geheimnisvolles Wort, dass man vorwärts und rückwärts lesen kann und trotzdem immer den gleichen Sinn ergibt. Illumimutti rückwärts liest sich also Ittumimulli … äh … aber geheim ist es ganz sicher!

Weltweit tauschen Mütter also ihre Tipps und Tricks untereinander aus, wie man im vorliegenden Fall zum Beispiel den Sohn daran hindert, nach einer halben Stunde gleich wieder zu fahren. Oder wie man es hinbekommt, dass er *doch* den verdammten Teller Gemüsesuppe isst. Oder wie man ein vorwurfsvolles, tief enttäuschtes, herzzerfetzendes Gesicht authentisch und vor allem blitzschnell aufsetzen kann, damit er doch zur Geburtstagsparty mit Onkel Knochenbrecher Lutz und Tante Hannelore kommt.

Und wenn man dann da bei Mama auf der Couch sitzt, nackt, mit einem kalten Teller Gemüsesuppe im Bauch, im Fernsehen läuft »Golden Girls«, dann denkt man in solchen Momenten immer: Schlimmer kann es nicht kommen.

O doch, es kann!

Was Sie nämlich nicht bemerkt haben ist, dass ein kleiner Tropfen Gemüsesuppe rechts an Ihrem Mundwinkel eingetrocknet ist …

Und Mama hat ihn bemerkt.

Glauben Sie mir, jetzt zählt jede Sekunde. Wenn Sie jetzt nicht – selbst nackt – das Weite suchen, dann ist alles zu spät.

Mamas Daumen zuckt schon. Ihr Blick fixiert etwas an Ihrem Mund. Hektisch wischen Sie mit dem Handrücken über die betreffende Stelle, aber es ist zu spät. Schon viel zu spät! Mama hat sich schon auf den Weg gemacht … panisch suchen Sie in Ihrem Hirn nach einem Ausweg … nach den richtigen Worten, die Katastrophe doch noch abzuwehren …, aber DIE GIBT ES NICHT! Auf alle Argumente käme die Antwort »Ich bin doch deine Mutter. Ich habe dich gewickelt und sauber gemacht. Ich habe mich vor dir doch auch nicht geekelt.«

Hilflos und ohnmächtig fühlt sich Ihr Gehirn an. Alles ist zu Eis erstarrt. Jeder Gedanke fällt unendlich schwer. Und Mama ist schon fast da.

Ab jetzt geschieht alles in Zeitlupe, wie in diesen alten Western bei Duellen vor dem Saloon …

Mama the Kid kommt immer näher … ihre Ziehhand zuckt nervös und macht sich auf den Weg … zäh fließt sie in schier endlosen Stunden durch die Luft und den weiten Weg zu ihrem Mund, denn sie muss ihre Waffe noch laden … Dieser öffnet sich quälend langsam und dann kommt das Grauenvolle … mit zermürbender Selbstverständlichkeit streckt sie ihre Zunge heraus … Mehrfach reibt sie den Schlagbolzen nun über das weiche, nasse … Ich kann einfach nicht hinsehen.

Nur noch ein halber Schritt, dann ist ihre perfekte Position erreicht … Sie beugen sich so weit zurück, dass Ihnen eigentlich das Rückgrat brechen müsste, um der ausweglosen Situation vielleicht noch zu entfliehen, aber Sie wissen auch, dass das eigentlich keinen Sinn mehr macht … dass Sie Ihrem Schicksal nicht mehr entkommen können. Nach außen die männliche Fassade noch einigermaßen aufrecht haltend winden Sie sich innerlich verzweifelt, bevor es Sie schließlich trifft … Die Reiter der Apokalypse sind angekommen, das Tor zur Hölle aufgetan, das Ende der Welt ist da. Und Mamas nasser Daumen auf Ihrem Gesicht.

»NEEEEEEIIIIN!!!«

Es ist furchtbar. Jedes Mal.

Und der Daumen stinkt … nach Fleischwurst oder Zigaretten oder Harzer Roller. Das fand ich immer am ekligsten. Und das Übelste an der Sache ist, dass Sie ja immer mit Mama unterwegs sind, wenn das passiert. Das heißt, so wenig wie ein Wasserhahn zur Verfügung steht, um den vermeintlichen Fleck zu entfernen, so wenig ist er natürlich greifbar, um Mamas Spucke abzuwischen. Denn man hat das brennende Gefühl, dass sie sich ganz langsam durch die Wange frisst … Da können Sie danach so viel rubbeln, wie Sie wollen. Sie haben Angst, dass Sie es nie wieder wegkriegen.

Ich erwäge immer, mich bei »Wetten, dass..!?« anzumelden mit der Behauptung: »Ich kann meine Mutter am Geschmack erkennen.«

Lieber nicht! Wie viele Mütter müsste man denn da durchprobieren?

> **TIPP:** Wenn Sie bei Ihrer Mutter eine Suppe essen, tragen Sie vorher Lichtschutzfaktor 100 mit physikalischer Hautversiegelung auf. Sollte dann ein Tropfen Gemüsebrühe auf Ihrer Wange eintrocknen, können Sie dem weiteren Geschehen lässig seinen Lauf lassen.

Die andere peinliche Geschichte

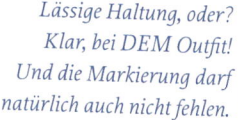

Lässige Haltung, oder?
Klar, bei DEM Outfit!
Und die Markierung darf
natürlich auch nicht fehlen.

Vielleicht denken Sie ja, liebe Leserin, lieber Leser: »So peinlich kann die Geschichte gar nicht sein, die er am Anfang des Buches erwähnt hat. Und außerdem sollte man mit zunehmendem Alter über solchen Dingen stehen.«

Absolut richtig. Und SIE haben keine Mutter.

Ist es nicht bezeichnend, dass man immer nur die *eigene* Mutter peinlich findet, besonders in der Pubertät, andere Mütter aber nie? Wenn die eines Freundes zum Beispiel ins Zimmer platzt, um ihrem »Hasen« zu sagen, dass in seinen Unterhosen wieder »Landkarten« (O-Ton) zu finden sind und dass er sich doch bitte besser den »Popo« – den POPO! – abwischen soll … und wenn sie sich dabei nicht daran stört, dass drei Kumpels und zwei total süße, frisch von frühmännlicher Reife beeindruckte Mädchen ebenfalls im Zimmer sind, dann ist das schon *sehr* lustig. Weil es die Mutter eines anderen ist und vor allem dem *anderen* passiert! UND: Weil man weiß, dass man das noch auf Jahrzehnte hinaus für den einen oder anderen Spaß gegen ihn verwenden kann.

Aber wehe, das widerfährt einem selbst. Dann ist Schicht im Schacht. Ende Gelände. Schluss mit lustig. (Um Sie in die richtige Stimmung zu versetzen, habe ich alte Ausdrücke aus meiner Jugendzeit benutzt. Für unkundige Leser kurz übersetzt: Dann ist das krass!) Dann sind Sie nämlich erledigt. Für immer!

Und jetzt nehmen Sie bitte diese gerade erzählte Geschichte mit der Landkarten-in-Unterhosen-und-damit-die-süßen-Mädchen-vergessen-können-Situation und potenzieren Sie sie. Um das Hundertfache! Dann, ja, DANN sind Sie noch nicht mal zur Hälfte bei dem, was die folgende Geschichte für ein Trauma an meiner unschuldigen Seele angerichtet hat.

Wissen Sie, warum die Herren Ritter im Mittelalter immer diese schwu… schweineengen Strumpfhosen trugen? Sicher, auch zur Zierde und gegen die Kälte. Aber vor allem zum Schutz ihrer … Sie wissen schon. Da bin ich mir sicher. Ich habe es am eigenen Leibe erfahren.

Wahrscheinlich, weil meine Mutter schon früh um diese ritterlichen Tugenden wusste, musste ich im Winter IMMER diese herrlich kratzenden, anmutig dunkelblauen Wollstrumpfhosen anziehen. Passend dazu gab es übrigens das todschicke Ensemble aus ebenso dunkelblauer Ganzkopfterroristenmütze und eleganten Handschellen-Handschuhen mit Verbindungsschnur. Der absolut letzte Angstschrei aus Nowosibirsk.

In dieser Geschichte hier diente die Strumpfhose wie gesagt dem Schutz … nun ja … meiner intimsten Stellen. Äußerst delikat, ich weiß, aber Moment … in dieser Geschichte hier gänzlich harmlos, denn ich war erst unschuldige fünf Jahre alt.

Jedenfalls gab es da diese Moni. Ja, sie hieß wirklich Moni, fragen Sie meine Mutter. – NEIN, besser nicht, sonst kriegen Sie die ganze Geschichte gleich noch mal erzählt.

Diese meine Sandkastenfreundin hatte ich jedenfalls zu mir nach Hause zum Spielen eingeladen. Das taten wir damals häufig. Verrückt, ich weiß, aber wir hatten halt noch kein Internet.

Moni war … tja, wie soll man das erklären … vielleicht ein wenig frühreif.

Wobei mich der Begriff »frühreif« immer an Obst erinnert. Das wird auch manchmal früher reif, als es soll. Wer mag wohl auf diesen Begriff gekommen sein? Die Formulierung klingt auf jeden Fall alt. Bäuerlich, um genau zu sein. Wahrscheinlich war es ein bayerischer Landwirt, der zu Beginn des letzten Jahrhunderts spontan in die Gegend posaunt hat: »Mei Madl, bei dir san die Melonen aber scho frühreif, ge!«

Der Herr Duden ging zufällig gerade vorbei und zack, aufgeschnappt und aufgeschrieben: »Wieder ein Wort mehr, bald habe ich den Schinken voll.«

Zudem hält der Obstvergleich, je länger ich darüber nachdenke, durchaus auch genauerer Einzelbetrachtung stand. Melonen können früh reif werden … Bananen, Birnen … und wenn sie überreif geworden sind, wenn sie also nicht mehr gepflückt werden, dann kriegen sie braune Flecken. Und die hat Oma doch auch. Sehen Sie! Stimmt soweit alles.

Und wenn Obst anfängt zu faulen, also so gar nicht mehr gut aussieht, dann kommt es auf den Kompost zu den anderen alten Sachen und wird wieder zu Erde. Auch wie die Oma.

Da hat der weise bayerische Bauer wohl doch weiter gedacht, als man ihm gemeinhin zutraut.

Aber zurück zum Thema …

Die frühreife Moni versuchte nun, mich von einem sensationellen Deal zu überzeugen: Wenn sie *meins* sehen dürfte, dann dürfte ich auch *ihres* sehen. So weit fair, nichts Kleingedrucktes zu erkennen, ich war einverstanden. Sie ahnen, worauf das hier hinausläuft? Genau, auf das gute, alte, durch Sigmund abgesegnete Doktorspielchen.

Ich zog meine blaue Strumpfhose kurz runter, danach sie ihre weiße. Und nachdem die erste, sagen wir, Überraschung sich gelegt hatte, hatte Moni plötzlich noch eine Idee. Jetzt wollte sie meines auch mal anfassen.

»AUF KEINEN FALL!!!« Das wollte ich jetzt aber nun wirklich überhaupt nicht mehr. Ich war noch total entsetzt über das, was ich gesehen hatte … oder besser: NICHT gesehen hatte! Offensichtlich hatte sie ihrs doch schon kaputtgemacht!

Moni war aber wild entschlossen. Sie redete ein wenig lispelnd und mit dem begrenzten Wortschatz einer Fünfjährigen auf mich ein. Rückblickend kann ich Monis Enthusiasmus natürlich verstehen. Dank Mamas vortrefflichem Modegeschmack hatte ich ja meine schicke dunkelblaue Killer-Kombination an, was sicherlich wahnsinnig anziehend auf das weibliche Geschlecht gewirkt haben muss. An der unbändigen Anziehungskraft dieser Modeaccessoires hat sich bis heute übrigens nichts geändert, ich habe das Outfit in der Vorbereitung auf dieses Kapitel noch einmal getestet. Durchschlagender Erfolg.

Nachdem ich mich also so lange gewehrt hatte wie ich konnte, weil ich der Sache einfach nicht traute, änderte Moni, schlau und gewitzt wie sie war, ihre Taktik. Wenn direktes Anfassen nicht ginge, dann könne ich die Strumpfhose ja an lassen und sie würde dafür einfach viel fester zugreifen. *Das* müsste doch wenigstens zu machen sein. Dieser absolut überzeugenden Logik hatte ich natürlich nichts entgegenzusetzen und willigte ein.

Warum ich dieser spontanen Änderung der ursprünglich eigentlich ungefährlicheren Idee zustimmte, weiß ich heute auch nicht mehr. Entweder fehlte mir schlichtweg die Erfahrung bezüglich der Schmerzunempfindlichkeit bestimmter Körperbereiche oder ich war einfach neugierig und schätzte das Risiko als überschaubar ein. Das sollte sich als Irrtum herausstellen.

Monis Bud-Spencer-Griff war eine Zehntelsekunde spannend. Dann nicht mehr. Ich kann Ihnen versichern, dass ich BIS HEUTE nie wieder solch riesige, in allen Farben schillernde blaue Flecken hatte wie damals. Schon gar nicht an dieser Stelle. Naja, bis auf dieses eine Mal nach dem Treffen mit der großen Blonden in Castrop-Rauxel, die … aber das gehört nicht hierhin.

Ich hoffe sehr für die grobmotorische Moni, dass sich ihre Fertigkeiten seit diesen frühen Gehversuchen ein wenig verbessert haben. Ansonsten ist sie ziemlich sicher noch allein. Oder hat zumindest sehr kurze Beziehungen. Oder kann einfach immer noch nicht mit Messer und Gabel umgehen. Woran haben SIE denn gedacht?

Sie fragen sich vielleicht, warum ich das alles noch so genau weiß.

Nun, zum einen gräbt sich solch eine spektakuläre Erinnerung automatisch tief ins Gedächtnis, zum anderen hatten meine und Monis Mutter das Ende der Szene damals mitbekommen. Sie standen bereits einige Augenblicke die Hand auf den Mund gepresst, gemeinsam lachend hinter der halb geöffneten Tür, weil sie während ihres Kaffeekränzchens mal nachsehen wollten, was wir so machten. Tja, und dummerweise hat Mama deshalb alles detailreich mitbekommen und bis heute nicht das kleinste Fitzelchen davon vergessen. Das ist ganz besonders praktisch in geselliger Runde, wenn mal der Gesprächsstoff ausgeht. Und DAS ist das eigentlich Traumatische an der ganzen Geschichte. Die Sache an sich ist kein Problem, aber dass Mama es sich anscheinend zum Ziel gesetzt hat, sie in immer unmöglicheren Situationen zum Besten zu geben – das ist eine echte Katastrophe.

Ein paar Beispiele …

Meine Schwester lag im Kreißsaal und bekam ihr Kind. Meine Mutter erzählte den Stationsschwestern draußen auf dem Gang derweil munter von Ralfs Doktorspielchen. ICH STAND ÜBRIGENS DIREKT DANEBEN!

Oder ich begleitete nach langer Zeit meine Mutter mal wieder beim Einkaufen, und wem erzählte sie die frühen amourösen Abenteuerlichkeiten ihres Sohnes? Ihrer Freundin Gertrud an der Kasse. Und weil Hilde, die Kollegin von Gertrud, zwar gerade

Feierabend, aber auch noch ein bisschen Zeit hatte, vergrößerte sich das Publikum eben und die Lautstärke wurde angepasst.

Oder ich saß mit ihr bei meinem neuen Direktor zum Vorstellungsgespräch beim Schulwechsel, da wurde doch noch schnell diese kleine, amüsante Anekdote erzählt. Was die Chancen, einen guten Abschluss zu machen, nicht unbedingt steigern muss.

Auch der groß gefeierte letzte, runde Geburtstag eignete sich hervorragend, um vor Freunden und Kollegen etwas von früher zu berichten. Was für ein Hallo!

Die Liste ist endlos …

Aber das ist noch nicht alles. Wir sind noch nicht am Ende aller Peinlichkeiten angelangt. Oh nein! Nicht nur meine Mutter wird seit über dreißig Jahren nicht müde, mich ausgerechnet mit dieser Episode frühkindlicher Erfahrungssammlung zu quälen. Nein, auch mein feines Fräulein Schwester hat nichts Eiligeres zu tun, als mich bei jeder sich bietenden Gelegenheit damit heimtückisch zu erpressen und meine stets eintretende Schockstarre auszunutzen. Auf jedem Fest, bei jeder Hochzeit oder Beerdigung, an Weihnachten, Geburtstagen, großfamiliären Neujahrsspaziergängen mit der Oma – meine Schwester kriegt, sofern andere Menschen dabei sind, dann immer, was sie will.

Wenn wir uns streiten und sie *offensichtlich* im Unrecht ist, es aber einfach nicht zugeben will, schaut sie mich mit großen Augen an und sagt in diesem für den Abstand zwischen uns *etwas* zu lauten Tonfall: »SAG MAL RALF, KANNST DU DICH EIGENTLICH NOCH AN DIE STRUMPFHOSENGESCHICHTE ERINNERN?« Und schon sage ich keinen Ton mehr.

Oder es ist schon spät und sie hat zu viel getrunken. »Ralf, könntest du mich fahren? Das wär' total lieb. – Sag mal, trägst du im Winter eigentlich immer noch diese schicken, warmen dunkelblauen Str…« Und schon sitzen wir im Auto.

Vielleicht sind wir auch nur mit mehreren Leuten in der Stadt und meine Schwester hat plötzlich Lust auf ein Eis: »Strumpfhose!« Pistazie oder Stracciatella?

Sagen Sie mal ehrlich: Kann man sich so etwas auf Dauer gefallen lassen? Darf man sich als Bruder und Sohn so zum Spielball der »Dunklen Seite der Macht«, verfolgt von Schwester Vader und der Imperateuse machen lassen? Nein. Damit muss endlich Schluss sein.

Aus diesem Grunde musste ich Sie, liebe Leserin, lieber Leser, als Komplizen einspannen, als Stellvertreter für die Öffentlichkeit. Denn indem ich diese Geschichte nun endlich offiziell gemacht habe, bin ich erlöst. Ich bin frei.

So, und jetzt fahre ich endlich zu meiner Schwester, erinnere mich zufällig an die Schwimmflügel-und-sonst-nichts-Geschichte und wir gehen ein monströses Eis essen.

Und ich weiß auch schon, wer zahlt.

Der Kuss des Todes

»Komm mal bei die Omma und gib ihr einen dicken Kuss!«

Haben Sie das auch immer wieder gehört? Natürlich nicht in rheinischem Dialekt wie ich, sondern eben in Ihrem hiesigen Sprachduktus. Aber sind Sie dann auch immer von Ihrer Verrätermutter zu Ihren Verwandten geschubst worden, so nah, dass Sie nicht mehr ausweichen konnten? Und hat es Sie dann auch kalt erwischt? Und NASS?

Warum wollen einen immer alle Tanten, Omas und Mamas küssen? AUF DEN MUND!? Woran liegt es, dass man früher immer Küsschen geben musste? Vielleicht hat man bis vor ein paar Jahren die Kinder noch mehr als persönliches Eigentum betrachtet, ähnlich wie einen Hund. Der musste Pfötchen geben und wir eben Küsschen. Und vielleicht waren früher die sozialen Kontakte auch einfach noch enger und irgendwie … analoger als in unserer heutigen, digital vernetzten, sauberen Welt.

Wenn ich Oma auch eine Küsschen-*E-Mail* schicken kann anstatt ihre extra angefeuchteten Lippen – mit dem dahinter lauernden und sicher schon zum Abschuss freigegebenen Gebiss – mit den meinen berühren zu müssen, dann erscheint mir erstere Variante um einiges attraktiver.

Die schlimmste Terror-Küsserin in unserer Familie war Tante Hildegard. Leider weilt sie nicht mehr unter uns. (Das »leider« war gelogen. Es mag kalt und undankbar klingen, aber … Gott sei Dank!)

Sie war die Schwester meiner Großmutter, wodurch die Bezeichnung »Tante« eigentlich nicht so ganz richtig war. Aber im Rheinland wird eben alles, was weiblich ist und zur Familie gehört, mit Tante angesprochen.

Auf JEDER Geburtstagsfeier, auf JEDER Silvesterparty und bei JEDEM Besuch zu Kaffee und Kuchen gab Tante Hildegard keine Ruhe, bis sie mir einen fetten, feuchten, fies miefenden Schmier-Schmatzer auf den Mund – AUF DEN MUND – gedrückt hatte.

SMACK!!!

Hier half es auch nicht, dass ich meine Lippen so fest ich nur konnte zusammenpresste und während der Attacke die Augen fest geschlossen hielt. All diese deutlichen Zeichen über meine Einstellung zu dieser Sache wurden ignoriert und halfen nicht im mindesten gegen den gemeinen Angriff der »Senioren-Killer-Küsser«. So nannte ich das damals. Das Unvermeidliche von der spielerischen Seite zu betrachten half mir wenigstens ein bisschen. Tante Hildegard war die Anführerin einer Spezies sabbernder, faltiger Außerirdischer, die einen unbedingt durch einen Kuss mit einem Sklavenvirus infizieren und so die Erde in ihre Gewalt bringen wollten. Manchmal hilft mir das heute noch.

Übrigens war es nicht mit einem »Begrüßungsküsschen« getan. Das wär ja noch locker zu ertragen gewesen. O nein! Tante Hildegard musste auch immer, wenn sie sich freute, dass ich so toll Fahrrad fahren oder turnen konnte oder auch einfach nur zur Tür hereinkam, unerbittlich zuschlagen. Und immer auf den Mund! Bei schlimmen Anfällen auch mehrfach!!! »Oh, ist der aber groß geworden. Komm mal her, du süßer, kleiner Knubbel!«

SMACK!!! SMACK!!! SMACK!!!

Ich habe mich gewehrt, ich habe gebettelt, ich habe meine Seele dem Teufel verkauft, um nicht schon wieder diese Lippen des Grauens auf mich zukommen sehen zu müssen, aber all das half nichts.

»Komm mal bei die Tante und gib ihr ein dickes Küsschen.« Und ihr hämisches, siegesgewisses Lachen zeigte mir, dass es niemals ein Entkommen geben würde.

Nicht zuletzt, weil sie auch noch sehr flink auf den Beinen war. Die gute Tante flitzte für ein Küsschen mit einer Geschwindigkeit durch die Wohnung, wich gekonnt verschiedenen Sesseln, dem Nierentisch und diversen Vasen aus, dass sich Schumi damals sicher noch eine Scheibe hätte abschneiden können. Der raste mit seiner Karre zwar nicht für einen Schmatzer über den Nürburgring … aber vielleicht vor einem weg?! Spitzen Training, so viel wär' mal sicher.

Tante Hildegard jedenfalls rannte des Öfteren wie der T-Rex hinter seinem fliehenden Opfer – also mir – her und schürzte dabei die Lippen. Und wir wissen ja, wie das in den allermeisten Fällen ausgeht. Wir haben alle Jurassic Park gesehen. – Richtig.

Der arme, friedliche pflanzenfressende Dino wird von diesem riesigen Maul erwischt und dann so lange geschüttelt, bis er aufgibt. Wie bei uns zu Hause.

Nun war Tante Hildegard aber – wie soll es auch anders sein – nicht die Einzige, die mich wie eine wild gewordene Verehrerin aus dem letzten Jahrhundert verfolgte. Da waren auch noch Tante Gertrud, Tante Irmgard und hin und wieder Onkel Josef. Der war aber nur verwirrt und machte wohl ab und zu in der allgemeinen Euphorie einfach mit. Hinzu kommen natürlich noch die restlichen Omas und Tanten, die in diesem Buch noch auftauchen werden. Und ALLE wollten immer »ein kleines Küsschen«.

Es war eine Tortur. Es war schrecklich. Und ich kann meine Schwester verstehen, wenn sie meinem Neffen beigebracht hat, dass er nicht küssen muss, wenn er nicht küssen will. Egal, ob Tante, Oma oder Schulfreundin.

Und eigentlich dachte auch ich, vielmehr hoffte ich inständig, dass sich mein Problem mit dem Erwachsenwerden endgültig erledigen würde. Aber … nö!

Während fast alle Kussterroristen mittlerweile von dieser Sitte Abstand genommen haben oder verstorben sind, was das Küssen verständlicherweise erheblich schwieriger macht, hat meine Mutter – ausgerechnet meine Mutter – immer noch nicht verstanden, dass der Zug schon lange abgefahren ist.

BIS ZUM HEUTIGEN TAG versucht sie immer wieder, mich zur Begrüßung oder zum Abschied zu küssen. Und BIS ZUM HEUTIGEN TAG habe ich mich nicht getraut, ihr zu sagen, dass ich das nicht möchte. Ich weiche immer aus. In letzter Sekunde.

Leider nimmt meine Mutter es sportlich. Sie versucht einfach schneller zu sein … in einem unvorbereiteten Moment zuzuschlagen, in dem ich Gesicht, Hals und Nackenmuskulatur noch nicht auf Flucht programmiert habe. Ich glaube, sie beobachtet ganz genau, ob ich mich schon gewappnet habe oder nicht. Manchmal verabschiedet sie sich so ungemein plötzlich, nur um den Kuss zu schaffen, dass man einfach nicht damit rechnen KANN.

»Möchtest du noch ein Stück Kuchen, Ralf? … Tschüss, mein Junge!«

SMACK!!!

»Okay, Mama, dann will ich mal los …«

»Ach, mein Sohn, was ich noch vergessen habe, dir zu sagen …«

SMACK!!!

»Wieso denn zwei?«

»Ich bin deine Mutter, da wird das doch wohl erlaubt sein? Deine Oma möchte dir auch noch etwas geben.«

»Ja, Oma?«

SMACK!!!

Ich muss mir wirklich langsam mal was überlegen …

TIPP: Besorgen Sie sich eine von diesen Sonnenfinsternis-Sonnenbrillen, mit denen man ansonsten absolut gar nichts erkennen kann. Falls Mama und Papa dann ihre zweiten Flitterwochen kriegen und sich mittlerweile ohne Scham sogar vor Ihnen AUF DEN MUND küssen: Sie sind vorbereitet!

Kleiner Ratgeber für Mütter

Dieses Buch ist natürlich in erster Linie für Söhne und Töchter, also die Menschen gedacht, die irgendwo eine Mama und eine Familie rumfliegen haben.

Aber damit mir nicht »einseitige Berichterstattung« vorgeworfen werden kann, habe ich mir gedacht: Wenigstens ein Kapitel sollte auch direkt an die Mütter gerichtet sein, falls sie dieses Buch mal in die Finger kriegen sollten, heimlich reinschauen oder es als zarten Wink mit dem Zaunpfahl geschenkt bekommen haben.

Hier also mein kleiner Ratgeber für Mütter, wie sie sich richtig verhalten, damit sie auch ganz sicher von allen sofort als solche erkannt werden.

1. Lassen Sie Ihren Sohn oder Ihre Tochter auf keinen Fall ausreden, obwohl Sie vorher eine Frage gestellt haben.

2. Rufen Sie Ihre Tochter oder Ihren Sohn sonntagmorgens um 7:00 Uhr an und fragen Sie, ob er noch geschlafen hat.

3. Kaufen Sie Ihren Kindern unbedingt lustige Porzellan-Design-Clowns und achten Sie bei jedem Besuch darauf, dass auch noch alle da sind. Sollte leider mal wieder einer heruntergefallen sein, schenken Sie so schnell wie möglich einen neuen. Jetzt aus mundgeblasenem Glas aus der Eifel.

4. Üben Sie jeden Tag zehn Minuten ein glaubhaftes, durch Vereinsamung zerknirschtes Gesicht.

5. Kommen Sie bei Besuchen IMMER mindestens eine halbe Stunde zu früh. Besser noch zwei.

6. Reden Sie manchmal so wirres Zeug, dass Ihnen keiner mehr folgen kann, und erklären Sie es dann mit den Wechseljahren.

7. Machen Sie sich das Kardinalsargument einer jeden Mutter zu eigen, welches sie anbringt, wenn nichts mehr geht: »Trotzdem.«

8. Auch wenn Sie Englisch bereits fließend beherrschen, brechen Sie sich auf jeden Fall schon beim – *th* – die Zunge. Das lässt ihre Kinder schier verzweifeln.

9. Machen Sie, was Sie wollen, und behaupten Sie einfach, das war so abgemacht. Sollte das nicht funktionieren – kein Problem – siehe Regel 6 oder 7.

10. Denken Sie auf keinen Fall logisch. Und wenn es Sie noch so reizt.

11. Sagen Sie Ihrem Sohn, dass Sie ihn lieb haben, immer unbedingt dann, wenn seine brandneue Freundin gerade daneben steht.

12. Versuchen Sie Ihren Sohn auf den Mund zu küssen, ebenfalls wenn seine brandneue Freundin gerade daneben steht.

13. Versuchen Sie, Hinweis 11 und 12 gleichzeitig auszuführen. Sollten Sie das schaffen, wird Ihnen der Orden »Mutter erster Peinlichkeit« verliehen und Sie gehören zur Elite.

14. Erzählen Sie bei jeder Gelegenheit die gleichen Geschichten. Jahrelang. Eigentlich für immer.

15. Ziehen Sie Ihrem Nachwuchs in Kindertagen – und wenn er es mit sich machen lässt, auch danach – so oft es geht Wollstrumpfhosen, Ganzkopfmützen und miteinander verbundene Handschuhe an, damit er dieses Trauma den Rest seines Lebens nicht mehr los wird.

16. Wenn Sie mit ihrem Kind telefonieren, fangen Sie jedes Mal, wenn es gerade auflegen will, ein neues Thema an.

17. Erinnern Sie Ihre Sprösslinge bei jeder sich bietenden Gelegenheit subtil daran, dass Sie sie unter Schmerzen geboren haben. Auch mal einfach so zwischendurch. Kann nie schaden.

18. Sollten Sie Ihren Kindern mit der Wäsche helfen, lesen Sie unter keinen Umständen die Waschzettel der Designersachen und machen Sie ruhig »alles so wie seit vierzig Jahren!« *Wichtig:* Fahren Sie dann sofort nach Hause und geben ihnen unter keinen Umständen die Möglichkeit, auf die neuen Muster, Schlabberlooks bis zu den Knien und bunt gebatikte Unterwäsche zu reagieren.

19. Essen Sie schreckliche Sachen vor den Augen Ihres Sprösslings. Besonders empfehlenswert sind: bereits verwesender Harzer Roller (hier ist für olfaktorisch durchschlagenden Erfolg körperliche Nähe von Vorteil), Hähnchenknochen im Restaurant abnagen (je fettiger, desto besser), beim Backen die Butterbrocken vom Löffel ablecken (da wird dem Nachwuchs schlecht), das Wasser im Quark wieder unterrühren und aufs Brot schmieren (klappt wahrscheinlich nur im Kindesalter) und die Haut auf dem Kakao wegschlürfen und »essen«. Ich muss aufhören … verzeihen Sie …

20. Wenn Ihr definitiv erwachsenes Kind zum Beispiel wegen Renovierung der eigenen Wohnung für ein paar Nächte bei Ihnen schlafen sollte – und dann haben Sie ein sehr muti-

ges Kind! –, fragen Sie es, wenn es abends ausgeht, wo es hin will und ob es warm angezogen ist. Je älter ihr Sohn oder Ihre Tochter werden, umso stärker ist der Effekt.

Und wenn Sie wollen, dass es richtig rund geht, dann fragen Sie, wann er oder sie wieder da sind. Sie würden sich sonst Sorgen machen.

21. Bringen Sie Ihren Kindern bei, wie man sich bei Tisch benimmt, dass man dem anderen zuhört und niemals flucht. Und dann halten Sie sich selbst nicht mehr daran.

22. Überlegen Sie sich peinliche Kosenamen wie »Häschen«, »Schnubbel« oder »Männlein«. Und dann rutscht Ihnen das vor anderen aus Versehen mal raus. Kommentieren Sie die danach vehement vorgebrachte Zurechtweisung mit: »So schlimm war es doch auch wieder nicht. Du wirst eben immer mein Männlein bleiben.«

Wenn Sie, liebe Mütter, die vorigen Punkte aufmerksam studiert und erfolgreich angewendet haben, dann kann nichts mehr schiefgehen. Sie sind für den weiteren Weg gefestigt und werden Ihrer Rolle und Aufgabe und allem, was man von Ihnen erwartet, nun gerecht werden können.

Sie haben sozusagen die »Mama-Universität« abgeschlossen und sich Ihre Ehrenurkunde redlich verdient. Herzlichen Glückwunsch!

Was Mütter alles können

Mütter können Sachen verschwinden lassen

Ich will jetzt nicht von verschwundenen Lieblings-T-Shirts, selten teuren Matchboxautos, die man noch zu exorbitanten Preisen verkaufen wollte – UND SCHON EINEN KÄUFER HATTE –, und so manchem Zettel mit den wichtigsten Telefonnummern anfangen. Das kennt wahrscheinlich jeder. Nein, Mama Houdini hat das Prinzip »Mütter können Sachen verschwinden lassen« – simsalabim – quasi erfunden und perfektioniert. Sie machen sich ja keine Vorstellung. Deswegen hier ein paar Beispiele.

Als ich in der dritten Klasse war und eines Tages aus der Schule nach Hause kam, war mein Hase weg. Einfach weg. Gut, jetzt werden Sie sagen: »Wieso? Ist doch ein Spitzen-Trick! Standard eines jeden halbwegs begabten Zauberers.« Und recht haben Sie. ABER MEINE MUTTER WAR EINE MUTTER UND EBEN KEIN ZAUBERER! Und da hakt es doch schon gewaltig im Getriebe.

Ja, ich weiß ... wenn meine Schwester das hier liest, dann wird sie wieder anmerken, dass das ja alles nicht so gewesen sei. Mein Hase sei nicht einfach weg gewesen, ich sei drauf vorbereitet worden ... bla bla bla. Ich sage Ihnen, liebe Leserin, lieber Leser: So war es NICHT! Ich kam nach Hause – bin sogar gelaufen –, schmiss den Ranzen in die Ecke, stürmte in mein Zimmer zu meinem geliebten Herrn Mümmelmann und – er war weg. Hokuspokus. Aus die Maus. Schluss und fertig.

Bis heute esse ich keinen Hasenrücken, weil ich nicht weiß, wo mein Hase geblieben ist und ob das da auf meinem Teller nicht er ist. Ja, ja, dann würde er mittlerweile aber ganz schön zäh oder verwest schmecken, ich weiß, aber rational ist so einem Trauma wie dem meinen doch nicht beizukommen. Dafür ist es zu spät! Hören Sie mir eigentlich zu? ER WAR WEG!!!

Ich habe meine Mutter natürlich sofort angeschrien, wo denn mein Mümmelmann geblieben sei. Schon damals wusste ich ganz genau, dass es hier nicht nur um den Vorgang an sich ging, sondern vielmehr um die Ungeheuerlichkeit, dass meine Mutter das eben einfach getan und damit meine Persönlichkeitsrechte mit Füßen getreten hatte. Und natürlich verstand sie das – nicht.

»Ach, Schatz, der wurde einfach zu groß. Wir haben uns vertan, das war ein Rammler, ein Zuchthase, kein Kaninchen. Der hätte bei uns viel zu wenig Platz gehabt. Aber ihm geht's gut. Der arbeitet jetzt auf der Rennbahn.«

Viel später erst ist mir klargeworden, dass meine Mutter damals gar nicht begriffen hat, dass das nicht bedeutete, dass Herr Mümmelmann da lustig und ganz in seinem Element durch die Gegend hoppelte, sondern dass jeden Tag Hunderte zähnefletschende, geifernde Windhunde wie die Irren versuchten, ihn zu schnappen und mit ihren Zähnen zu zerfetzen.

Liebe Leserin, lieber Leser! Schützen Sie sich, wappnen Sie sich, seien Sie auf der Hut vor der eigenen Mama Siegfried & Mutti Roy! Nicht dass Ihnen auch irgendwann mal ein Hase abhanden kommt. Oder womöglich noch etwas anderes. Lassen Sie Ihre Mutter auf keinen Fall unbeaufsichtigt in Ihrer Wohnung zurück. Sonst fehlen plötzlich nicht nur Ihre Haustiere, sondern vielleicht auch Ihr Partner … die Oma … oder die Kinder! Und was kriegen Sie dann zu hören, wenn Sie so verzweifelt nachfragen, wie ich es damals tat? Na? Überlegen Sie mal!

»Ach Schatz, die Kinder wurden einfach zu groß. Die hätten viel zu wenig Platz gehabt. Aber ihnen geht's gut. Die arbeiten jetzt auf der …« NEEEEEEEIIIIN!!!

Lieben heißt leiden – Lieben heißt loslassen

Der Titel dieser Geschichte lautet ja »Mütter können Sachen verschwinden lassen«. Schon gemerkt? Ich habe ganz bewusst im Plural geschrieben. Meine Mutter hat zwar nie wieder Lebewesen entsorgt, aber das bedeutet ja nicht, dass nicht andere, auf den ersten Blick wertlose Dinge dran glauben mussten. Bereiten Sie sich, liebe Leserin, lieber Leser, auf eine der traurigsten Geschichten vor, die Sie je gehört haben.

Ich will auch nicht bestreiten, dass ich diese Geschichte aus therapeutischen Gründen aufschreibe und Sie als unfreiwilligen Zuhörer, als stummen Sigmund Freud missbrauche. Aber da müssen Sie jetzt durch. Ich kann es nicht ändern. Man kann es drehen, wie man will … hätte ich diese Geschichte unterdrückt, so wäre das ganze Buch nicht zustande gekommen. Verzeihen Sie mir also diesen neurotischen Umweg und vielleicht, ja vielleicht haben Sie ja Ähnliches erlebt und genesen an Geist und Seele mit mir zusammen.

Vor vielen Jahren, in meiner pubertären Sturm-und-Drang-Phase, habe ich mal einen wundervollen Strauß roter Rosen von meiner ersten großen Liebe Sonja geschenkt bekommen. Ja, ich weiß, normalerweise läuft das anders herum und die Dame kriegt die Blumen. Und es war auch eine Kette merkwürdigster Umstände, die dazu führte – sehr romantisch übrigens –, dass wir beide dieses eine Mal eine Ausnahme machten von der üblichen Rollenverteilung.

Ich war damals unglaublich Feuer und Flamme. Ganz so wie sich das gehört! Ich habe schmalztriefende Gedichte geschrieben, wildromantische Kerzendinner am Fluss organisiert, krachend kitschige Liebeslieder komponiert und natürlich tonnenweise Blumen verschenkt.

Was soll ich sagen … ich gab eben alles. Alles, was der eigene kleine Casanova so hergab. Ähnlichkeiten mit real existierenden Personen sind rein zufällig.

Nur ein einziges Mal in meinem Leben bekam aber nun ICH die Blumen. Nur ein einziges Mal in meinem Leben hielt ICH rote Rosen zum Zeichen ewiger Liebe in meinen Händen. Danach nie wieder. Was für ein besonderer Moment … Warum ich das so betone, werden Sie jetzt fragen. Warum ich das so schwülstig untermale, werden Sie jetzt anmerken. Warum die Geschichte immer noch so dicht an der Oberfläche meiner Seele herumspukt, werden Sie wissen wollen. Dieser aus meinem tiefsten Herzen aufsteigende Gefühlsausbruch hat eine einfache Ursache.

Mama.

Ich habe diesen Blumenstrauß als Sinnbild greifbarer ewiger Liebe fürsorglichst gehegt und mit größter Vorsicht getrocknet. Ich habe dieses Kleinod an nie wiederkehrender Einmaligkeit gehütet wie meinen Augapfel. Sollten diese unvergänglich gemachten Blumen doch einst meinen Kindern verdeutlichen, wie sensibel und zartfühlend ihr Vater einst gewesen ist. Sollten diese Blumen Zeugnis tragen von überbordendem, süßem Herzensschmerz vergangener Tage. Sollten diese für die Ewigkeit konservierten Überbleibsel eines vergangenen Ichs mir selbst an dereinst gebrechlichen Tagen zeigen, wie schön die Welt doch ist, war und immer wieder sein kann. Sollten diese kleinen, morschen, verwelkten Blätter der Welt verkünden, dass das Leben einen Sinn hat …

…und als ich aus der Schule kam, hatte meine Mutter die Blumen weggeschmissen. Ein Super-GAU. Ein zweiter Mümmelmann! Wie konnte das sein?

Auf mein Flehen, meine Tränen, meinen Schmerz und meine hysterischen Anschuldigungen erhielt ich nicht etwa tröstende Worte wie »O nein, das habe ich ja nicht gewusst. Es tut mir so schrecklich leid.«

Nein, die Worte meiner Mutter waren viel delikater und sensibler gewählt. Sie entgegnete mir in ihrer unendlich weisen und überaus warmherzigen Art: »Die waren ekelig. Ich kauf dir ein paar neue. Konnte ich ja nicht wissen, dass dir alte, uselige Blumen so wichtig sind.« (›Uselig‹ ist in jedem vernünftigen rheinischen Lexikon nachzuschlagen und bedeutet sinngemäß ›fies‹.) Nein, natürlich kann das keiner ahnen, dass getrocknete Rosen, verkehrt herum über dem Bett aufgehängt, mit einer roten Schleife umbunden, mit einer Karte daneben an die Wand gepinnt, auf der »Große Liebe« steht, etwas Besonderes sind und nicht in den Müll geworfen werden sollen.

WAS SOLL MAN DENN SONST NOCH MACHEN? Auf alle Sachen, die man gerne behalten will, einen Zettel kleben, auf dem steht: »Bitte nicht wegschmeißen«? Auf die Couch vielleicht? Auf das Bett, den Schreibtisch, das Klo? Vielleicht auch auf die Wände, Türen und die Decke zur Etage darunter? Vor dem Schlafengehen auf mich selbst, damit ich nicht im Müll aufwache? Himmel Herrgott!

Was soll ich sagen … ich war sauer. Und enttäuscht. Und sauer. Aber mehr enttäuscht. Ach, ich war beides zugleich. In diesem Alter fühlt man durch die ganzen Hormone, mit denen der Körper zum ersten Mal auf alles losballert, was nicht rechtzeitig wegkommt, sowieso tausend Dinge gleichzeitig. Ach, was sag ich? Hunderttausende!

Meine Mutter hatte also meinen einzigen und vollständigen Lebensinhalt, meine Sonne, um die sich alles drehte, einfach in einen Plastiksack gestopft und mit Joghurtbechern, Filtertüten und Bananenschalen entsorgt. Es war schier unerträglich!

Die Müllabfuhr war just an diesem Tag auch schon dagewesen, wodurch eine verzweifelt heroische Rettungsaktion dieses unersetzlichen Liebespfandes unter dramatischen Szenen in den unendlichen Bergen städtischen Mülls von vornherein ausgeschlossen war.

Was blieb jetzt?

Ich hatte drei Optionen.

Erste Option: Mich umbringen. Nach reiflicher Überlegung und theatralisch hochernst durchdachten Varianten kam ich zu dem Schluss, dass das vorläufig keine Lösung sei. Schließlich wollte ich Sonja wenigstens noch ein einziges Mal in die Augen sehen … Und außerdem ging es nächste Woche in den Skiurlaub. Den konnte man vorher ja noch mitnehmen.

Zweite Option: Mama umbringen. Dieser Möglichkeit bin ich gedanklich tatsächlich ein klein wenig länger gefolgt. Schließlich barg diese Variante die Lösung unzähliger Probleme.

Erstens: So etwas wie mit diesem Blumenstrauß würde NIE WIEDER PASSIEREN!

Zweitens: … also … als zweites … da wäre … ist ja auch egal. Der erste Punkt war eh der wichtigste. Aber auch diese Option schied nach reiflicher Überlegung aus. Waschen, bügeln, Treppe putzen … ja, auch ich war ein Opfer pubertärer Dekadenz.

Übrig blieb also nur noch Option Nummer drei: Sonja und ich mussten uns in ewiger Liebe wie Romeo und Julia selbst das junge Leben nehmen, im Tode verschmelzen und somit unser Schicksal auf ewig besiegeln. Irgendwie war Sonja aber nicht so richtig angetan von meiner Idee. Gut, wir hatten beide gerade in der Schule Shakespeare gelesen, fühlten uns von allen entsetzlich missverstanden, und überhaupt hatten wir das große Ganze durchschaut, wozu andere Menschen niemals fähig sein würden. Aber trotzdem erschien ihr die Aussicht auf ein so endgültiges Einfach-nicht-mehr-da-Sein irgendwie nicht so reizvoll.

Tja. Was macht man aber nun mit einem Herzen voller Sturm und Drang, der Gefühlstiefe Mutter Teresas und dem Temperament von Benny Hill?

Sonja schenkte mir noch einmal rote Rosen.

Ich trocknete sie und hing sie auf – die Rosen, nicht Sonja. Und dann vergaß ich den ganzen Käse bis heute … bis zu diesem Moment, in dem ich dies aufschreibe. Man soll eben nicht alles so ernst nehmen im Leben.

Ach, zum Schluss fällt mir noch ein, was Mama sagte, als sie den neuen Strauß Blumen an meiner Wand entdeckte. Nein, nein, keine Sorge, sie hat ihn nicht wieder weggeschmissen. Sonst wären wir heute ja auch alle tot.

Nein, in ihrer die Dinge auf den Punkt bringenden Art sagte sie nur so nebenbei:

»Siehste.«

Zum Muttertag gab's Pralinen.

TIPP: Laden Sie sich eine Hochzeitsglocken-App auf Ihr Handy und fragen Sie nach dem Annehmen, wo sie denn bleibt. Machen Sie das aber bitte nicht, wenn Ihre Mutter einen Herzklappenfehler hat.

Mütter können: Nicht aufhören

Rrring.

Rrrrring.

Rrrrrrrrrrrrrrinnnnnggg!!!

Glauben Sie auch manchmal, am Klingeln des Telefons schon erkennen zu können, dass Mama dran ist? An so einem ganz eigenen Vibrieren? Und haben Sie dann nicht auch schon das eine oder andere Mal daran gedacht, einfach nicht abzunehmen? Weil Mama nie ein Ende findet, immer neue Themen anschneidet und Sie das Gefühl haben, Ihr ganzes restliches Leben fließt zäh und ungenutzt an Ihnen vorbei?

Und haben Sie es dann *doch* nicht übers Herz gebracht?

Oder doch einfach nicht hinhören???

Dieses eine Mal …???????

RRRRRRRRIIIIIIINNNNGGG!

Heutzutage hat sich das ja eigentlich erledigt. Im Display jedes Handys oder schnurlosen Telefons kann man mittlerweile Gott sei Dank immer schon erkennen, wer anruft. Es sei denn, Sie haben so eine Mutter wie meine, die die Buchstabenkombination ISDN für die Abkürzung der neuen russischen Raumstation hält. Aufgrund eines also eher, sagen wir … rustikalen Analoganschlusses, der digital irgendwie nicht das leisten kann, was die anderen können, erscheint auf meinem Display leider keine Nummer.

Keine Warnung. Keine Überlegungssekunde. Keine Schonzeit.

Im Grunde ja auch kein Problem, werden Sie jetzt sagen.

Wenn die Nummer nicht zu sehen ist, dann ist es eben IMMER Mama. Schlau mitgedacht, aber falsch. Leider gibt es da noch diesen zwar herzensguten, aber leicht paranoiden Schulfreund, Winnie, der ständig mit unterdrückter Nummer anruft, weil er glaubt, dass der gemeine Überwachungsstaat und die böse Telekom ansonsten alle seine Gespräche kontrollieren, nachverfolgen, auswerten und ihn irgendwann in einer finsteren fernen Matrix-Zukunft nachts abholen, einsperren und alles, was er weiß, unter Folter aus ihm herauspressen. Der Haken an der Theorie ist nur, dass Winnie eigentlich überhaupt nichts weiß. (Außer vielleicht der Kombination seines kleinen Plastik-Saves mit zweifelhafter stark bebildeter »Literatur«.) Aber das spielt absolut keine Rolle! Ihm geht's ums Prinzip. Dass die Telekom trotzdem weiß, wer anruft, weil er ja auch eine Rechnung mit Einzelverbindungsnachweis bekommt, habe ich natürlich für mich behalten. Ansonsten ist dieser Freund aber sehr lustig. Weshalb ich auch sehr gerne mit ihm telefoniere.

Sie erkennen also nun die Tragweite des Problems? Ich weiß einfach nicht, wer dran ist, wenn's klingelt. Mein schizzoider Freund Winnie oder meine schizzoi … meine liebe Mama. Und wenn ich mal wieder mit dem ketzerischen Gedanken spiele, diesmal wirklich nicht dranzugehen, so denke ich im nächsten Augenblick, dass ich schon lange nicht mehr mit Winnie, der alten Verschwörungstüte, gelacht habe.

Vielleicht ist es ja auch das hübsche Ding, dem ich vorgestern meine Nummer gegeben habe und das die eigene Nummer noch nicht rausrücken wollte? Mann, die war toll!

RRRRRRIIIIIIINNGGG!!!!

»Verdammt noch mal …« sag ich mir dann. »Ach, diesmal wird es schon gut gehen …« und nehme ab.

Und natürlich ist Mama dran.

Immer! Wirklich immer ist dann Mama dran.

Immer wenn man schon beim Klingeln dachte: »Haaach, ich weiß nicht …«, so wie eben, dann ist Mama dran. Wenn man schon angefangen hat abzuwägen … dann ist Mama dran. Wenn man die bald zuschnappende Falle schon körperlich fühlen konnte … dann ist Mama dran. VERDAMMT!

»Hallo! Mama hier. Wo bist du denn?«

»Hallo Mama, es ist ein bisschen ungünstig, ich bin zu Hause, sitze an meinem neuen Buch und habe gerade eine tolle Idee, die ich unbedingt sofort aufschreiben muss und auf keinen Fall vergessen darf …«

»Das verstehe ich doch. Ist ja klar … Wie geht es dir denn mein Sohn? Ich habe schon lange nicht mehr deine Stimme gehört.«

»Mama, wir haben letzte Woche noch telefoniert.«

»Das ist doch lange genug für eine Mutter.«

Ohnmächtige Stille. Was soll man darauf auch antworten?

»DU könntest MICH ja auch mal wieder anrufen.«

Auf der langen Liste mütterlicher Zurechtweisungen rangiert dieses Argument im absoluten Spitzenbereich. Gerne erfolgen solche zarten Hinweise am Telefon, wenn man in drei Minuten noch die allerletzte Bahn kriegen muss, die eigene Freundin bei der achten Portion Nachos mit Käse den Film im Kino nun auch noch in der Spätvorstellung sieht, eine ganze Filmcrew darauf wartet, dass der anscheinend total arrogante Künstler freundlichst wieder zur Besprechung erscheint oder die beste Idee des Jahrhunderts gerade in die unendlichen Weiten des Universums entschwindet. Man kann das Gespräch aber verflixt noch mal nicht beenden, weil man ja nicht den Eindruck erwecken will, dass es einen nicht interessiert. Was meinen Sie, was DANN los ist.

Und unsere Mütter wissen es. Sie wissen das ganz genau. Sie spielen nur mit uns. Wie die Katze mit der Maus. Ich bin mir sicher.

»… und dann wollte ich dir noch sagen, dass du mal Tante Hannelore anrufen solltest. Die würde sich so freuen. Die hat's doch so mit den Bronchien …«

»Mama, ich muss wirklich dringend …«

»… und weißt du, was ich dir von Frau Werner ausrichten soll?«

»Wer ist denn Frau Werner?«

»Die musst du doch noch kennen! Bei der hast du doch immer gespielt …«

»Wann denn, Mama? Weißt du, wie alt ich da gewesen sein muss?«

»Zweieinhalb. Da hast du doch immer mit Moni im Sandkasten Matschpfannkuchen gebacken … und einmal wolltet ihr Würstchenkuchen backen und du warst der Einzige, der ein Würstchen hatte. Und du hattest damals schon ein ziemlich gro…«

»Mama, bitte! Daran kann ich mich beim besten Willen nicht erinnern.«

MAMA hört nie auf … NIE! Wenn man nicht selbst einen Weg findet, das Gespräch zu beenden, dann ist man verloren. Dann verdurstet man mit dem Hörer in der Hand. Aber aus der Nummer rauszukommen, ist gar nicht so einfach, weil Mama ja immer NOCH eine Eingebung hat, die sie UNBEDINGT ganz kurz noch loswerden muss. Und immer erst am Schluss … immer AM SCHLUSS ERST!

»Tschüss Mama, also dann …«

»Ja, mein Sohn, meld dich mal … bis bald …«

Und gerade wenn man den Hörer weglegen will, in der Hundertstelsekunde, bevor die Muschel das Ohr verlässt …

»Ach, was ist eigentlich aus der blauen Vase geworden, die wir dir zu Weihachten geschenkt haben?«

»Die steht auf der Fensterbank, Mama.«

»Habe ich letztens gar nicht gesehen.«

»Ist aber so. Wirklich.« (Ist gelogen.)

»Okay, mein Sohn, du musst ja auch weiterarbeiten.«

»Das stimmt Ma. Also dann …«

»Was ist das denn für eine so tolle Idee?«

HIMMEL! Ich werde die Weltherrschaft übernehmen. Ich werde sie den Müttern aus den Händen reißen.

»Ach, Mama, ich kann das jetzt ganz schlecht erklären, weil so eine flüchtige Idee dann schnell verblasst und für immer verschwindet. Deshalb würde ich jetzt auch gerne Schluss machen. Aber glaub mir, du wirst überrascht sein.« Yippieh!!!

»Aber klar. Das verstehe ich doch, mein Sohn. Dann mal gutes Gelingen.«

»Danke.«

»Worum geht's denn?«

Verdammt noch mal.

Mama hört nicht auf. Sie merkt es nicht, sie meint es auch nicht böse, aber sie hört einfach nicht auf. Und auch wenn man in diesen Momenten mit dem Gedanken spielt, sich den Strick zu nehmen, sich umzubringen, einfach damit es endlich ein Ende hat, so macht man es letztendlich doch nicht. Entweder weil man am Leben hängt oder weil man keinen Strick zur Hand hat. Und wenn man erst noch einen kaufen gehen müsste, dann hätte man das Gespräch ja bereits erfolgreich beendet. Und glauben Sie mir, kaum ist das Gespräch vorbei, nimmt der Drang nach seligem Dahinscheiden und ewiger Ruhe rapide ab.

Was aber nun tun, wenn Mama unbedingt noch wissen will, ob die Wohnung im Winter auch schön warm ist, wie viele Brötchen man heute Morgen gegessen hat und ob bei einem auch so schlechtes Wetter ist wie bei ihr? Wohlgemerkt: Wir wohnen knappe zehn Kilometer auseinander.

Man heckt einen perfiden Plan aus.

Als bei diesem Gespräch meine menschheitverändernde Eingebung endgültig auf Nimmerwiedersehen verschwunden ist und Mamas Geschichten nach gefühlten drei Tagen Dauertele-fonierens an meinem nur noch in Fetzen hängenden Gehirn vorbeiplätschern, kommt mir eine neue phantastische Idee, mit der ich alle zukünftigen retten könnte.

Da sie mich ja auf meinem herrlich schnurlosen Handy ange-rufen hat, schleiche ich, weiterhin »Hm … aha … tjajaja …« murmelnd zur Wohnungstür und mache sie leise auf. Sehr leise!

Somit also vor meiner eigenen Wohnungstür stehend klin-gele ich einfach bei mir selbst.

»Ach, Mama, wie doof. Ich muss aufhören. Mein Besuch ist da.«

»Ja, mein Sohn, dann wollen wir aber auch endlich mal zum Ende kommen. Verzeih mir, ich habe dich so selten an der Strippe. Mach's gut.«

»Ja, mach's gut, Mama.«

Endlich.

»Wer kommt denn?«

TIPP: Denken Sie sich, um Ruhe zu bekommen, einfach mal ein paar neue Regeln aus wie »Wer Mama ärgert, muss sie mitnehmen«. Oder »Wer noch einmal Sex mit weichem S ausspricht, darf den ganzen Tag nichts mehr sagen.« Vielleicht klappt's ja.

Mama versus Hannibal

Eine kleine Gegenüberstellung.

In meinem letzten Buch habe ich den Vergleich zwischen einer neuen Katze und einer möglichen neuen Partnerin beim Einzug in die eigene Wohnung angestellt. Noch weitaus offensichtlicher liegt doch meines Erachtens ein Vergleich zwischen Mama und Hannibal dem Eroberer auf der Hand. Finden Sie nicht auch? Natürlich habe ich nicht Hannibal den Kannibalen gemeint, falls Sie das angenommen haben sollten. Das würde ich nicht wagen. Stellen Sie sich mal vor, ich hätte da Gemeinsamkeiten gefunden …

Wenn ich allerdings manchmal sehe, wie Mama einen Geflügelknochen abnagt … Zurück zum Thema.

So wie Hannibal unerschrocken und wie aus dem Nichts mit Kampfelefanten vor Cannae in Apulien auftauchte, so steht Mama auch plötzlich unerschrocken vor der Tür und will eine Tasse Kaffee.

Ich bin mir sicher, dass der Tagesablauf eines solchen Feldherrn nicht erheblich anders aussah als der meiner Mutter. Und um das zu beweisen, habe ich den Tag der Eroberung Cannaes vom 2. August 216 v. Chr. dem Überraschungsbesuch meiner Mutter von letztem Sonntag gegenübergestellt.

Die Ähnlichkeiten sind verblüffend. Aber sehen Sie selbst …

Hannibals
Überraschungsangriff

Er überlegt sich eine Strategie zum
Überfall.

Er lässt die Kanonen festzurren
und füttert die Tiere.

Er überquert siegesgewiss mit
58 Elefanten die Alpen.

Er lässt anhalten und bringt seine
kleine Armee vorsichtig in Stellung.

Er schießt.

Die Römer verstecken sich.
Zu spät.

»Ergebt euch!«

Hannibal kämpft sich schreiend
über die hügelige Ebene heran.

Er kreist seinen Gegner ein.

Er beginnt den Zweiten Punischen
Krieg.

Er lockt die Römer in einen
Hinterhalt und wähnt sie in
Sicherheit.

Er greift an.

Er verwirrt die Römer durch viele
Einzelkämpfe.

Er lässt keinen entkommen.

Er siegt. Die Römer geben auf.

Er vernichtet die römische
Garnison.

Mamas
Überraschungsbesuch

Sie überlegt sich eine Strategie
zum Überf… zur Überraschung.

Sie packt schon mal den Kuchen
ein und tankt das Auto voll.

Sie fährt voller Vorfreude mit
58 km/h über die Autobahn.

Sie parkt und macht sich vorsichtig
auf den Weg zur Haustür.

Sie klingelt.

Ich mache schnell das Licht aus.
Zu spät.

»Ich bin's. Mach auf!«

Mama kämpft sich stöhnend die
Treppe hoch.

Mama umarmt mich.

Sie möchte ein Glas Punica.

Sie fragt mich, was ich von ihrem
neuen Hütchen halte.

Sie zieht die Jacke aus.

Sie verwirrt mich durch viele
einzelne Geschichten.

Obwohl ich los muss, komme
ich einfach nicht weg.

Sie bleibt. Ich gebe auf.

Sie vernichtet meine letzten
Gehirnzellen.

Finden Sie nicht auch, dass man hieraus das eine oder andere lernen könnte? Da denkt man immer, dass Mama unberechenbar ist. Und kaum ändert man nur ganz leicht den Blickwinkel, betrachtet man die Situationen aus der Sicht eines Strategen, so wird alles viel verständlicher. Mit dieser Liste oben sind Sie ab sofort auf der sicheren Seite, können Sie sich viel besser auf alle Besuche von Mama einrichten und vielleicht schon mal den einen oder anderen Schützengraben in Form eines getürkten Wasserrohrbruchs oder ähnliches vorbereiten. Oder Sie bringen eine Kamera auf dem Weg zu Ihrer Haustür an und versehen alle Lichtquellen mit einem zentralen Panikschalter. Dann finden die Elefanten den Weg nicht mehr.

Denken Sie strategisch!

> **TIPP:** Sparen Sie Ihr gesamtes Geld so lange Sie können und mieten Sie ein Zimmer im ersten Hotel auf dem Mond. Ködern Sie Mama mit der besten Aussicht … des Universums. Falls sie von dort anruft und sagt, dass sie sich gerade zu Ihnen auf den Weg macht, haben Sie jetzt drei Tage Zeit. Der pure Luxus. Das ist die Kohle doch wert!

Mamas merken alles

Ich könnte schwören, dass ich genau so aussehe, den gleichen Eindruck mache und mich genau so verhalte wie immer. Und trotzdem guckt meine Mutter mich nur an und fragt sofort: »Was ist los?«

Sie KANN doch gar nicht wissen, dass ich gerade 'ne schlechte

Klausur zurückbekommen habe, mir Papas Schiffsmodell von 1912 zerbröselt ist oder meine Freundin und ich uns trennen wollen. Ich weiß es ja meistens selbst noch nicht!

Ich kann machen, was ich will. Wenn ich etwas verheimlichen will, keine Chance … Sie kriegt alles raus. Diese Antennen oder das wahrscheinlich von der Medizin noch nicht entdeckte Organ einer Mutter für Schwierigkeiten, in denen ihre Sprösslinge stecken, bleiben übrigens das ganze Leben in Betrieb. Das hört nicht nach den Kindertagen oder der Pubertät auf. Schön wär's!

Woran liegt das nur? An weiblicher Intuition? Da hege ich Zweifel. An einer Art Mutter-Kind-Seelenverbindung? Kann schon eher sein. Wahrscheinlich ist es aber einfach so, dass unsere Mamas uns von allen am längsten kennen, seit der Geburt eben, und ihnen dadurch jede auch nur minimalste Abweichung von der Norm sofort auffällt.

Worauf sich diese fundiert empirische Studie stützt? Auf Hunderte von Beispielen natürlich. Exemplarisch will ich Ihnen mal von einem berichten …

Die Kommode war's

Mit ungefähr sieben oder acht Jahren spielte ich so oft ich konnte mit dem Cockerspaniel Ango meiner Großmutter stiefväterlicherseits. Das war ein herrlich dusseliges, aber im Grunde liebenswertes, sich oft kaputt freuendes Kerlchen. Der Hund. Nur wenn es ums Essen ging, dann war Schicht. Allerdings bei beiden. Da hörte die Freundschaft auf. Das wusste ich. Das hatte man mir klar gemacht und das respektierte ich auch.

Dummerweise konnte ich NICHT wissen, dass Angos Spielzeugbeißring irgendwie auch in diese Kategorie gehörte. Da ich den Hund natürlich in mein Herz geschlossen hatte und wir beide wilde Hol-das-Stöckchen-Exzesse miteinander gefeiert hatten, machte ich eines Tages auch vor diesem vollgesabberten, zerkauten Stückchen Gummi nicht halt. Ich kniete vor ihm, wollte es ihm wie alle anderen Stöcke, Gummiadler und Frisbeescheiben vorher auch unter Kampfgeheul entreißen und weit durchs Zimmer in den Flur schmeißen. Das hatte Rambo-Ango irgendwie in den falschen Hals bekommen. Als ob ich einem bis auf die Knochen abgemagerten Wolf die frisch erlegte Beute dreist unter der Nase wegstehlen wollte, knurrte er kurz, dafür heftig, und schnappte dann blitzschnell nach seinem Stück Wild. Eigentlich sollte das der Beißring sein, meine Augenbraue war aber ungünstigerweise dazwischen. Das arme Tier hatte es überhaupt nicht böse gemeint. Dennoch waren nun schon mal die Löcher für mein erstes Piercing gestanzt. Noch VOR der ganzen Arschgeweih-Inflation, der Nasenring- und Branding-Welle. Und das in dem Alter!

Nun kann sich jeder vorstellen, dass solch eine Verletzung in gut mit Sauerstoff zu versorgenden Bereichen des Körpers zu nicht unerheblichen Blutungen führen kann. Das kann ich nur bestätigen. Vor allem, weil der knuddelige kleine Spielkamerad mit den überraschend spitzen Zähnen noch eine ganze Zeitlang dachte, dass er tatsächlich den Gummiring, respektive das Hirschkalb erwischt hatte. Und wie sich das gehört, musste die Beute natürlich erstmal kräftig hin und hergeschüttelt werden. Während ich also so hin und herdachte, wie ich das denn meiner Groß- und auch meiner Mutter erklären könnte, ohne dass der Hund Ärger bekäme, beruhigte sich the Hound of Baskerville langsam und ließ das geschlagene Rehkitz wieder los. Irgendwie doch eine große Erleichterung.

Jetzt kam aber der schwierigere Teil. Wie erklärte ich mein perforiertes Gesicht und die Sturzbäche, die da aus meinem Kopf sprudelten, meiner Familie? Viel Zeit hatte ich für die Zurechtlegung einer glaubhaften Theorie nicht. Mit Blutspenden beim Roten Kreuz hätte ich an dem Tag 'nen guten Schnitt gemacht.

Vor allem Mama war ein schwieriger Kandidat. Wie ich ja eingangs erwähnte, brauchte sie mir nur in die Augen zu schauen und sie wusste ALLES. Das galt es also schon mal zu verhindern. »Mama nicht in die Augen sehen«, nahm ich mir als Erstes vor.

Dann überlegte ich mir, pfiffig wie ich war, dass ich mich ja auch an der großen, bösen Kommode im Flur gestoßen haben könnte. Brillant! Das würde jeder schlucken.

Ich wollte dem Hund noch die Schnauze polieren – nicht so wie Sie denken –, damit auch hier kein Blut mehr zu sehen wäre, aber das war schon nicht mehr nötig. Er hatte bereits alles weggeleckt. Und irgendwie schaute er mich danach so merkwürdig an. So, als ob er etwas abwägen würde …. na, nicht so wichtig.

Ich machte mich also auf den Weg ins Wohnzimmer, wo die Erwachsenen sicher von jetzt auf gleich entsetzt aufspringen würden. Klasse! Die Situation hatte anscheinend auch ihr Gutes!

Völlig unfreiwillig tränkte ich T-Shirt, Hose und Fußboden also noch ausgiebig mit meinem roten Lebenssaft – zugegeben, ich hätte ein wenig schneller gehen können – und marschierte wie Dracula persönlich nach seinem Überfall auf die Blutbank in die gute Stube. Ich hatte mir nicht zu viel versprochen. WAS für ein Hallo. Ich beschloss, jetzt öfter mit dem Hund zu spielen. Das war ja großartig! Alle sprangen durcheinander, bombardierten mich mit Fragen und Oma war schon auf dem Weg zum Arzneischrank.

»War das der Hund?«

Das gab es doch gar nicht. Ich hatte Mama doch extra nicht in die Augen gesehen, das schwöre ich. Dieser Punkt musste noch mal überprüft werden.

Okay, jetzt galt es, sich an den eigenen Masterplan zu halten und nicht beirren zu lassen.

Ich widersprach sofort vehement. Den Hund hätte ich schon eine halbe Ewigkeit nicht mehr gesehen. Ja, okay, ein bisschen zu dick aufgetragen. Vor allem, weil das blöde Vieh ausgerechnet jetzt ins Wohnzimmer gelaufen kam, mir seinen quietschenden Ball vor die Füße rollte und weiter mit mir spielen wollte. Ich überspielte die Situation aber so cool und unbeteiligt wie ein Profipokerspieler. Schnell erzählte ich meine perfekt ausgeklügelte Geschichte von der schrecklichen Kommode, wie unglücklich ich vor die Ecke gelaufen wäre und dass sie sich alle keine Sorgen machen müssten. Just in diesem Moment traf mich der Schmerz unvorbereitet und ohne Deckung. Heilige Scheiße! Für den Bruchteil einer Sekunde schwankte ich, ob ich diesen dämlichen Flohzirkus nicht doch in die Pfanne hauen sollte. Der Gedanke verflog allerdings sofort. Ich hatte meine absolut glaubhafte Geschichte ja schon erzählt.

Die Stiefoma säuberte die Wunde so gut es ging und klebte ein dickes Pflaster drauf.

»An welcher Kommode denn?«, fragte Mama mit diesem subtilen Unterton, den ich eigentlich hatte vermeiden wollen. Ich bin mir sicher, auch der Vietkong hat mit genau diesem Unterton alles aus seinen Gefangenen herausbekommen.

Immer noch sah ich sie NICHT an. Mehr hatte ich nicht in der Hand.

»Na, an der im Flur, an welcher denn sonst? Es gibt ja schließlich keine andere Kommode, an der man sich so fies stoßen kann. So was kann man sich ja wohl nicht ausdenken …«

Warum hielt ich nicht einfach die Klappe?

Wie das denn hätte passieren können, wo ich doch mindestens drei Köpfe größer wäre als das Ding.

Es lief nicht gut …

Außerdem hätte die Kommode gar keine spitzen Ecken, meinte Mama. Die wären doch alle rund.

Ich hätte mich besser vorbereiten sollen, das lag auf der Hand. Aber nun war es zu spät. Nun galt es zu retten, was noch zu retten war.

Ich beharrte einfach auf meiner Aussage und versicherte dem hohen Gericht, dass ich unglaublich unglücklich gestürzt sei, was mir doch tatsächlich kurz entfallen war, und ich so die Ecke, beziehungsweise die Ecke mich erwischt hätte.

Staatsanwältin Mama stellte sich vor den absolut überzeugenden Angeklagten und ließ ganz beiläufig fallen, dass dann ja alles in Ordnung wäre. Wenn es nämlich nicht so wäre, wenn

DOCH der Hund an dem Vorfall beteiligt gewesen wäre, dann hätte der Angeklagte sich nämlich eine Infektion einfangen können. Und die müsste dann so schnell wie möglich ärztlich versorgt werden, damit er nicht sterbe. Da es aber anders abgelaufen sei, bestehe ja kein Grund zur Sorge.

Ich sah Richterin Oma an. Die ihre Aufgabe wohl nicht ganz so ernst nahm, wie es dieses hohe Amt erforderte, weil sie wieder strickte und gar nichts dazu sagte. Meinen Verteidiger Opa konnte ich total vergessen. Der wusste anscheinend noch nicht mal, dass er den Job hatte.

»Infektion?«, hakte ich wirklich VÖLLIG UNSCHULDIG und so beiläufig, als hätte ich von Schnürsenkeln gesprochen, nach und wusste schon kurz danach, dass ich damit mein Schicksal besiegelt hatte. Mamas Gesichtsausdruck wechselte. Und wenn der erste Blick bohrend und lauernd gewesen war, dann war das hier der Ausdruck von Miss Marple im Moment, wenn sie den Mörder überführt.

Nach kurzem Abwägen, ob mein Tod das alles wert war, gestand ich wort- und tränenreich, was geschehen war. Der Hund bekam überraschenderweise keine Probleme. Aber ich!

Noch auf dem Weg ins Krankenhaus nahm ich mir vor, an meiner Taktik, Mama zu täuschen, noch zu arbeiten. Es ist mir bis heute nicht gelungen.

TIPP: Laden Sie eine Babybrabbel-App auf Ihr Handy. Aktivieren Sie sie während des Gesprächs mit Ihrer Mutter und fragen Ihre Freundin im Hintergrund flüsternd, wann Sie es den Eltern denn sagen wollen. Durch die Schnappatmung am anderen Ende der Leitung haben Sie circa fünf Minuten, um sich ganz entspannt zum Beispiel eine schöne Ausrede auf die zuvor gestellte Frage auszudenken.

Ich kam, ich spürte, ich fehlinterpretierte

Dass Mütter eine Antenne für Schwierigkeiten haben, ist ja nun für jeden offensichtlich oder man hat es am eigenen Leib erfahren. Das bedeutet aber nicht, dass Mütter immer gleich wissen, worum genau es sich handelt. Da kann nämlich schon mal was durcheinander geraten.

Wenn Mama zum Beispiel spürt, dass der Sohnemann irgendwie ruhig geworden ist und nicht mehr so viel erzählt, dann wird gebohrt, genervt und gelöchert, bis dieser endlich etwas zugibt. IRGENDetwas! Das ist der Vorteil. Denn es muss keinesfalls die Wahrheit sein, wie ich in jungen Jahren noch dachte. Meistens ist Spürhund Mama sofort zufrieden, wenn man ihr einen Knochen à la »Du hast recht, ich habe zu viel gearbeitet« vor die Pfot ... die Füße wirft. Als Antwort kommt dann meistens: »Siehste! Eine Mutter spürt so was.« Und fertig. Auch wenn man in Wirklichkeit unter Aufbringung aller Energiereserven nur verheimlicht hat, dass der Schokoladenkuchen, den sie gebacken hat, nach Schimmelkäse schmeckt.

Wenn man diesen Umstand einmal verstanden hat, dann macht es das Leben gleich um vieles leichter. Um es an der nächsten Ecke sofort wieder doppelt zu beschweren. Denn so leicht, wie Mama es schafft, sich mit der erstbesten Erklärung zufrieden zu geben, so vorsichtig müssen Sie mit ihren Begründungen wiederum umgehen. Sollte es Ihnen nämlich einmal passieren, dass Ihr Argument nicht leicht verständlich und einleuchtend erscheint, dann ist das der Anfang eines langen Gangs nach ... Cabanossi.

Seien Sie also auf der Hut, wenn Sie solch selbstsichere Sätze lapidar dahinwerfen wie »Nein, Mama, mach dir keine Sorgen. Du weißt doch, ich habe es nur ein wenig mit dem Magen in den letzten Tagen.« und Sie Ihrer Frau Mama gestern am Telefon aber noch versichert haben, dass Sie sich wieder total fit fühlen, um endlich das endlose Gespräch beenden zu können.

Mamas wissen in diesen Situationen nicht, *was* da gerade schiefläuft, aber *dass* da was faul ist, liegt dann klar auf der Hand.

»Auch nicht so schlimm«, werden Sie jetzt anmelden, »dann verrät man im schlimmsten Fall halt, worum es geht, erträgt die Konsequenzen und damit hat sich's.« Schön wär's.

Was machen Sie denn, wenn Sie vor ihr verheimlichen wollen, dass Sie eine große Geburtstagsüberraschungsparty organisiert haben, Mama aber vermutet, dass Sie bald an einer unheilbaren Krankheit sterben?

»Bist du ganz sicher, dass es nichts ist? Du bist in letzter Zeit so abwesend.«

»Nein, Mama, mach dir keine Sorgen!«

»Wirklich? Gibt es nichts, was du mir sagen willst, mein Sohn?«

»Nein, wirklich nicht.«

»GANZ sicher?«

»JAHA!«

Sie wird nicht lockerlassen. Ich weiß es aus Erfahrung. Sie wird immer wieder anrufen und Sie werden immer wieder beteuern, dass nichts, aber auch gar nichts auf Ihrer Seele lastet. Schließlich wollen Sie die Überraschung ja nicht verraten.

Sie wird Sie besuchen kommen, unangemeldet. Sie wird ihre Freundin, falls Sie eine haben, ganz nebenbei und wie zufällig bei nächster Gelegenheit nach Ihrem letzten Arztbesuch fragen. Sie wird Sie NOCH öfter zu sich einladen, mit Kaffee und furchtbarem Kuchen peinigen, damit Sie endlich auspacken. All das wird immer schlimmer werden. Und irgendwann, dann können Sie nicht mehr, dann wollen Sie, dass das ein Ende hat. Glauben Sie mir. Dann halten Sie die Tortur nicht mehr aus. Schließlich weiß jeder, dass man unter Folter irgendwann alles gesteht, was der andere hören will.

Und so kam es, dass ich mich Mama gegenüber sagen hörte, dass ich krank sei und die Genesung etwas dauern würde. WAS SOLLTE ICH DENN MACHEN?

Ich weiß, ich weiß. Das war unverantwortlich. Meine Mutter machte sich entsetzliche Sorgen, auch wenn ich ihr versicherte, dass es nichts Lebensbedrohliches war. Immerhin hatte sie jetzt den Grund, den sie wollte, und die Stasi stellte die Nachforschungen ein.

Stattdessen wurde ich aber nun bombardiert mit Anfragen zu Blutwerten, tagesaktuellen Gesundheitsberichten, den besten Krankenhausempfehlungen, schon eingetretenen potentiellen Verbesserungen, meinen Zukunftsaussichten und dem hartnäckigen Wunsch, dass ich doch wenigstens so lange zu ihr kommen soll, bis ich wieder komplett auf dem Damm wäre.

Ich bin kurz davor gewesen. GANZ kurz davor. Nein, nicht zu meiner Mutter zu ziehen – da wär ich ja durchgedreht. Ich war kurz davor »zuzugeben«, dass ich bald sterben müsse, NUR DAMIT ENDLICH RUHE IST.

Aber dann! Endlich! Ihr Geburtstag war da, sie kam vom Frisör nach Hause und alle brüllten »HAPPY BIRTHDAY!«, als sie ins Wohnzimmer kam.

Ich habe mir meine völlig konsternierte Mutter dann irgendwann zur Seite genommen und ihr alles erklärt, quasi als Geburtstagsgeschenk.

Na, die hat sich gefreut.

Was Mütter alles nicht können

Mama bekommt ein Handy

Keine Sorge, liebe Leserin, lieber Leser, in diesem Kapitel wird auf keinen Fall nur über alte Leute und deren Unvermögen, mit der neueren technischen Entwicklung mitzuhalten, hergezogen.

Aber auch.

Meine Mutter hat sich lange geweigert, ein Handy anzuschaffen. Ältere Menschen neigen ja bisweilen dazu, diesen »Schnickschnack nicht zu brauchen«, und belasten sich erst gar nicht mit diesem flüchtigen Kram, der ja sowieso bald wieder verschwunden sein wird. Ganz sicher. So war es ja auch mit dem Computer. IBM-Chef Thomas J. Watson hat vor circa vierzig Jahren schon vorausgesagt: »Der Personal Computer wird sich niemals durchsetzen«. Recht hat er gehabt.

Also, warum sollte man sich ein Handy kaufen, wenn wir sowieso bald alle wieder in Telefonzellen stehen, das Mädchen vom Amt anrufen, morsen oder Rauchzeichen senden? Alles nur eine Frage der Zeit. Und dann ist meine Mutter klar im Vorteil, weil sie es die ganze Zeit schon gewusst hat und ihre Zeit nicht damit verplempert hat, sich mit Mobiltelefonen und dem damit verbundenen Stress auseinanderzusetzen. Sie hat dann zwar auch nicht mal eben anrufen können, weil sie gerade in der Nähe war und mit ihrem Sohn eine Tasse Kaffee trinken wollte … Und sie konnte auch nicht unterwegs angerufen werden, als meine Schwester mit einer akuten Blutvergiftung ins Krankenhaus gekommen ist … Und sie konnte auch keine kleinen Nachrichten empfangen, geschweige denn senden, um entspannten Kontakt zu ihren Kindern zu halten … Aber das ist egal. Hauptsache, man hat das halbe Leben vermieden, sich diesen Annehmlichkeiten zu öffnen, für den Fall, dass nach fünfzig Jahren alles für die Katz war. Ist doch logisch.

Denkste. Natürlich habe ich meine Mutter irgendwann dazu gezwungen.

Und hätte ich es doch bloß gelassen. Aber nein, als fortschrittlicher im Heute lebender Mensch – und Sohn – kann nicht sein, was nicht sein darf. Und so erstand ich vor nicht allzu langer Zeit ein Prepaid-Handy und konfrontierte Mama mit dieser neuen Buschtrommel. Und ihr Blick, als sie das Geschenk auspackte, sprach Bände. Jeder Gedanke – und bei meiner Mutter erfolgen die alle schön nacheinander wegen bereits gesetzteren Alters – war für mich auf ihrer Stirn abzulesen.

Zuerst stand da: »Oh, nein. Ich wollte doch keins!«

Danach: »Wie werde ich das Ding nur wieder los?«

Dritter Gedanke: »Wie sage ich es meinem Sohn, der sich gerade freut wie ein König, ohne ihm weh zu tun?« (Das mit dem Freuen mache ich in solchen Situationen immer absichtlich aufwendig, weil dadurch genau dieser gewünschte Effekt eintritt. Sagen Sie's ihr nicht! Und falls Sie mich jetzt böse angucken … es ist fair! Den Trick habe ich von ihr.)

Weiter stand auf der Stirn in blinkenden Lettern wie auf einem Werbebanner: »Ich lasse es einfach in der Schublade und vergesse es aus Versehen. Perfekt.«

An dieser Stelle, die ich immer genau abwarte – was ja wunderbar funktioniert, da ich auf ihrer Stirn alles mitlesen kann –, kam ich wieder zurück ins Spiel. Ich erklärte meiner Mutter höchst verständnisvoll, dass sie keine Angst haben müsste vor der ganzen Technik und der Handhabung. Ich würde ihr geduldig alles zeigen und mit ihr üben, bis sie alles verstanden hätte.

Auf der Stirn stand: »Scheiße.«

Gleich darunter: »Aus der Nummer komme ich nicht mehr raus.«

Richtig. Das war der Plan.

Was aber NICHT der Plan war, war, dass Mama, als sie alle Funktionen gerafft hatte, pausenlos Wasserstandsmeldungen per SMS unter die Leute und ihre Kinder bringen würde.

»Ich vermisse meinen Sohn. Mama.«

»Genieß die Sonne, bald kommt schlechtes Wetter.«

Oder auch »Frau Winterkorn ist tot. Deine dich liebende Mutter.«

»Was essen wir Weihnachten?« Diese Nachricht kam im September!

Meine Mutter ist damals in ihrer ersten für uns alle überraschenden Euphorie dazu übergegangen, einfach alles sofort einzutippen und loszuschicken, was ihr gerade in den Sinn kam. Ich hatte schlafende Hunde geweckt. Ich hatte mit dem Feuer gespielt. Die Geister, die ich rief, wurd' ich nun nicht wieder los …

Ganz zu Beginn, also bevor sie alles rausgehauen hat, was die Welt so hergab, hat Mama aber leider noch nicht über alle Funktionen Bescheid gewusst, wodurch die Groß- und Kleinschreibung vernachlässigt wurde, Kommaregeln sowieso, von Zahlen, Satzzeichen, Rechtschreibung und Satzstellungen mal ganz zu schweigen. Und der Senden-Knopf wurde des Öfteren zur Sicherheit gleich ein paar Mal hintereinander gedrückt. Damit auch nix schiefgehen kann. Dass da jedes Mal »Gesendet« steht, ist bestimmt nur Zufall.

Ich habe die schönsten Beispiele aufbewahrt und möchte sie Ihnen nicht vorenthalten. Sie sind alle echt. Sie können sie jederzeit in meinem Handy nachlesen, wenn Sie mir nicht glauben.

»hALLO   HIER MAMAA kla777t chON..$%&/«SUPEr.«

»liebr? so4n   iew Ge4T ES DIRR@)«

»liebe GRUSS. ist 37 WA&hr komma dass&&& d&U UNs am
w6&chEND&&E   besuchen   k6mMST&&&&frageZeichen«
(12.01 Uhr)

»liebe GRUSS. ist 37 WA&hr komma dass&&& d&U UNs am
w6&chEND&&E   besuchen   k6mMST&&&&frageZeichen«
(12.01 Uhr und 3 Sekunden)
    »liebe GRUSS. ist 37 WA&hr komma dass&&& d&U UNs am
w6&chEND&&E   besuchen   k6mMST&&&&frageZeichen«
(12.01 Uhr und 12 Sekunden)
    »liebe GRUSS. ist 37 WA&hr komma dass&&& d&U UNs am
w6&chEND&&E   besuchen   k6mMST&&&&frageZeichen«
(12.01 Uhr und 13 Sekunden)

»Wie MahkT MaN eigentlich eiN sat9zzeichen FRAGe9eichen«
(12.32 Uhr)

»danke!!1!« (12.33 Uhr)

Ich weiß, das liest sich alles wie die heute üblichen SMS-Nachrichten der Generation 2.0, aber meine Mutter ist mittlerweile
fast siebzig! Das ist eher Generation 2. Weltkrieg …
    Apropos Zweiter Weltkrieg. Ich muss an dieser Stelle kurz
einfügen, dass Mama natürlich nicht nur SMS-Nachrichten wie
eine Wahnsinnige verschickt, sondern natürlich auch mit ihrem Handy telefoniert hat – zumindest zu Beginn. Was das mit
dem Zweiten Weltkrieg zu tun hat? Kennen Sie aus der Zeit
noch die Telefone ohne Wählscheibe, nur mit einer Gabel an der
Seite, wie man sie in alten Schwarzweiß-Filmen oft sieht? In
diese Dinger musste man zu Opas Zeiten noch gehörig hinein-

schreien, damit einen der Gesprächspartner am anderen Ende auch verstehen konnte. Lange Leitungen, schlechtes Material et cetera. Das muss man heute aber nicht mehr. Eigentlich.

Aus mir unerfindlichen Gründen schrie Mama anfangs aber genau so wie Miss Marple jedes Mal lauthals in ihr Handy, wenn sie mit jemandem telefonierte. Wenn sie einen anrief, war es ja nicht so schlimm, man hielt das eigene Gerät einfach in neu justiertem, optimalem Abstand zum eigenen Trommelfell. Wenn man aber mit ihr unterwegs war, und jemand *sie* anrief ... um Gottes Willen. Entsetzlich peinlich. Man kennt ja diese Geschäftsleute, die im ICE lauthals verkünden, dass der Vertrag auf keinen Fall unter einer halben Million unterschrieben werden darf oder dass Frau Schneider die Papiere zur Abnahme der neuen Dichtungsring-Produktionsschleifen persönlich in die Buchhaltung bringen soll. (Unter uns: Ich glaube, dass da nie einer dran ist.) Was Mama aber in den Hörer brüllt, ist von ganz anderem Kaliber ...

»JAAA? – WER IST DENN DA??? – WER? – ROSWITHA? – ACH, DU BIST DAS. – ICH BIN GERADE MIT MEINEM SOHN EIN EIS ESSEN. – JA, STIMMT, IST SELTEN GENUG. DAS MUSS MAN AUSNUTZEN. *(Lautes, dreckiges Lachen)* – WAS? – NEIN, MACHT NIX, ICH KANN REDEN ... – EINEN KATHETER??? DER MANFRED? UM HIMMELS WILLEN – AUFGESCHNITTEN? BIS ZUM HALS? – DER ARME KERL – ICH SAGE DIR, DER KOMMT NICHT WIEDER HOCH. – ICH SAGTE: DER KOMMT NICHT WIEDER HOCH.

DER GEHT KAPUTT!!!«

Zu diesem Zeitpunkt versagte der Akku des ihr von mir Idioten aufgezwungenen Handys. Und ich war noch nie in meinem Leben so froh über die kapitalistisch ausgeklügelte Materialermüdungsstrategie der Großindustrie gewesen, wie in diesem Moment.

Natürlich brüllte Mama nicht nur Roswitha an, sondern auch mich. Und im Grunde ist dagegen ja auch nichts einzuwenden, das war ja der Sinn der Sache – das Telefonieren. Aber musste es denn dann doch *so* oft sein? Ich hatte mit dem Klischee einer eher skeptischen, älteren Dame gerechnet, die hin und wieder mal etwas verunsichert die richtigen Tasten findet und sich freut, wenn sie ihren Sohn mal wieder an der Strippe hat. Wer konnte denn mit Call-Center-Qualitäten rechnen?

Mama bekam ganz schnell einen eigenen Klingelton, den sie bis heute behalten hat. Wenn die Walküren von Wagner ihren Angriff starten, dann weiß ich, dass ich gerade unglaublich beschäftigt bin.

Wenn sie das hier liest, bin ich erledigt.

Aber zurück zu den kleinen SMS-Verschlüsselungsversuchen meiner Mutter.

Wissen Sie, was eine »SCHOENDASSDUGESCHRIEBENHAST-KOMMSTDUEIGENTLICHMITZUMGEBURTSTAGVONTANTE-HANNELOREACHISTAUCHNICHTSOWICHTIGDASSESDIR-GUTGEHTISTDIEHAUPTSACHE« ist? Richtig. Das ist eine komplette Nachricht in einem einzigen Wort, weil man zwar mittlerweile gelernt hat, die lästige Groß- und Kleinschreibung zu umgehen, aber nun die Leertaste nicht mehr findet.

Dann habe ich Mama T9 erklärt, weil ich dachte, dass es das für sie vielleicht einfacher machen würde. »Mama, pass auf: Bei dieser Einstellung musst du jede Taste nur einmal drücken, auch wenn der eigentlich benötigte Buchstabe erst weiter hinten in der Belegung auftaucht. Dein Handy erkennt das am wahrscheinlichsten zu bildende Wort automatisch und du kannst so viel schneller schreiben.«

Mama hat dann aber bei mehreren angebotenen Möglichkeiten nicht das zutreffende Wort ausgewählt, sondern einfach weitergetippt, manchmal auch zu früh. Das mit dem Auswählen hat sie entweder vergessen oder sie hat einfach nicht hingeschaut. Oder die Brille nicht auf. Oder sie hat zu schnell nach oben gescrollt. Wahrscheinlich alles zusammen.

Auch dazu ein paar Beispiele gefällig? Sehr gern. Die durchaus notwendige Übersetzung habe ich der Einfachheit halber gleich mal dazugeschrieben.

Wenn Sie ein Ratefuchs sind, Hunderte Rätselheftchen Ihr Eigen nennen und testen wollen, wie geschickt Sie im Entschlüsseln fremder Sprachen sind, dann halten Sie die Übersetzung einfach zu. Ich bin gespannt, ob Sie auch so drauf gekommen wären, was Mama eigentlich schreiben wollte.

»Lieber söhn schml fass du dich genf haßt töd wir regen vor an ortes.«

heißt »*Lieber Sohn, schön dass du dich gemeldet hast und wir sehen uns an Ostern.*«

Klingt irgendwie skandinavisch, oder? Vielleicht kann meine Mutter Schwedisch? Unterbewusst?

Sie glauben nicht, wie lange ich damals an der Übersetzung dieses Satzes geknabbert habe. Ich bin halb wahnsinnig geworden. Ich war schon kurz davor, die CIA einzuschalten. Die haben doch ganz hervorragende Codeknacker, wie man immer wieder hört. Ist aber dann doch nicht nötig gewesen … nach ungefähr dreihundert Anläufen und einem Selbstmordversuch hatte ich es auch allein geschafft.

Die mit Abstand beste Nachricht, die mir meine Mutter jemals geschickt hat, erreichte mich von einer ihrer Städtereisen. Ich halte dieses Kleinod an sprachlicher Gewandtheit seit Jahren in Ehren. Und lache immer noch.

»Herzliche Urlaubsgrüße aus Kondom. Wir sind in »öle toyo«. Total voll. Hier kann man Lutschen mieten. Sara hat kein anal mehr. Ficken Kurs. Mama«

»Herzliche Urlaubsgrüße aus London. Wir sind in »old town«. Total toll. Hier kann man Kutschen mieten. Papa hat kein' Bock mehr. Dicken Kuss. Mama«

In solchen Momenten liebe ich meine Mutter noch viel mehr, als ich es ohnehin schon nicht verhindern kann. Die lustigsten Situationen schreibt eben das Leben. Wir müssen nur hinsehen.

Oder lesen können.

> **TIPP:** Für den Notfall: Laden Sie sich eine Rauschgeräusche-App auf Ihr Handy. Wenn es dann brenzlig wird: Aktivieren, einfach auflegen und später zutiefst bedauern, dass die Verbindung so schlecht war.

Oh weh, oh weh, das WWW ...

Genau so wie bei ihrem ersten Handy hat sich meine Mutter gegen das Internet gewehrt. Jetzt wird der eine oder andere von Ihnen erwidern: »Na, dann lass die Mama doch, wenn sie nicht will.« Und im Grunde haben Sie damit ja auch völlig recht. Nur leider ist die Sachlage ein wenig komplizierter.

Mutti bittet meine Schwester nämlich pausenlos, ihr Listen über meine Auftritte auszudrucken, weil sie mich damit nicht behelligen will. Von Fotos müssen noch Papierabzüge gemacht und mit der Post verschickt werden. Und wegen jeder Kleinigkeit muss man telefonieren, obwohl das meiste mit einer E-Mail flugs erledigt gewesen wäre. Im Grunde ist der persönliche Austausch immer vorzuziehen, keine Frage, aber das trifft nicht in jeder Lage auf eine Mutter zu. Jedenfalls nicht, wenn Sie an dem Tag noch etwas vorhaben. Da ist die E-Mail-Variante deutlich attraktiver.

Nun werden Sie nach der vorigen Geschichte sicher damit rechnen, dass meine Mutter mit der Handhabung dieser technischen Anforderungen sowie der Bewältigung dieses für sie komplett neuen Mediums nicht so ganz zurechtkommt. Und so ist es auch.

Meine Mutter lernt Internet.

Es war nicht ganz so schlimm wie bei Oma, die mich, als ich ihr von Telefonen erzählte, die man mitnehmen kann, tatsächlich fragte, wo man denn so eine lange Schnur herbekäme. Aber fast so schlimm. Und sehr lustig!

Als meine Mutter ihren Computer ganz »frisch« hatte, rief sie mich mindestens dreißigmal am Tag an, weil sie irgendetwas nicht verstand, etwas nicht funktionierte oder sie die Situation einfach ausnutzen wollte. Kein Problem, damit hatte ich gerechnet, habe ich gerne gemacht. Allerdings rief sie mich ausschließlich dann an, wenn ich unterwegs war. Gott sei Dank hatte ich die lange Schnur mitgenommen. Überall, wo ich also gerade ging und stand, erwiderte ich Dinge wie …

»… der An/Aus-Knopf ist außen am Rechner, Mama, ganz vorne, der Kreis mit dem Strich in der Mitte. Nein, nicht das O. Das ist ja auf der Tastatur …«

»… der ist nicht kaputt, du hast den Bildschirm dunkler gestellt. Wieso hat der Hersteller das doof eingerichtet?«

»… da scheuert nix, der rechnet gerade …«.

»… das nennt man Stand-by. Du musst nur die Maus bewegen. Nein, ohne das Pad.«

»… ja, der hat auch einen Ventilator. Nein, den kann man nicht ausstellen. Und das ist auch gut so, weil das Ding sonst explodiert.«

»… ›Runterfahren‹ bedeutet ausmachen. Das hat mit Yoga nichts zu tun.«

»… ›ERROR‹, Mama, nicht TERROR! Das ist Englisch.«

»Was hast du gemacht? Wieso ›SCHWERER AUSNAHME-FEHLER‹?«

Der mit Abstand interessanteste Anruf meiner Mutter war allerdings ein kleiner Panikanruf. Ich hatte ihr kurz zuvor erklärt, wie man sich im WörltWeitWepp bewegen kann, und dass man hier auf alle Informationen der ganzen Welt zugreifen kann. WAS für eine phantastische Errungenschaft menschlichen Fortschritts. Ich habe das Ganze natürlich ein bisschen aufgebauscht und dramatisch präsentiert – wozu bin ich Schauspieler –, weil ich wollte, dass sie Feuer fängt und sich mit dem Ding beschäftigt. Das hat sie dann auch getan. Und wie.

Sie hatte etwas Furchtbares angerichtet, wie sie mir am Telefon eröffnete. Sie hatte es geschafft, eine Katastrophe zu verursachen, die beispiellos in der Geschichte des Internets bleiben sollte. Dagegen war die WikiLeaks-Affäre Ringelpietz mit Anfassen. Und Sie, liebe Leserin, lieber Leser, werden sich wahrscheinlich auch noch gut daran erinnern … an diese schreckliche, internationale Krise. Denn wir alle MÜSSEN es ja mitbekommen haben. Alle Menschen dieser Welt werden sich auf ewig an MEINE Mutter erinnern, weil sie geschafft hat, wovor alle Pessimisten, Schwarzseher und Sektengurus seit Jahren eindringlich gewarnt haben. Sie gestand mir mit zitternder Stimme:

»Ralf. Ich habe das Internet gelöscht.«

Ich war fassungslos.

Gegen meine Mutter war Al Qaida ja die neue Gandhi-Bewegung. DAS war Terrorismus. Wenn auch sicher unabsichtlich. Und nun war es passiert. Die Bombe war hochgegangen. Die Menschheit war im Bruchteil einer Sekunde wieder in die Steinzeit zurückkatapultiert worden. Mit einem einzigen Klick meiner Mutter!

Paniken würden ausbrechen, Atomraketen aus Versehen gestartet, der Dritte Weltkrieg kommen, so viel war sicher … Und all das hatten wir einzig und allein Mamas Suche nach einem neuen Rezept für Brokkolisuppe zu verdanken. Ich habe ihr natürlich sofort klar gemacht, in welche entsetzlich ausweglose Situation sie die ganze Welt gestürzt hat!

Und dann habe ich ihren Browser neu gestartet.

Ich werde es nie vergessen.

Mama wurde mit der Zeit natürlich immer versierter im Umgang mit dem neuen Medium. Allerdings fällt es ihr wohl immer noch schwer, auf bestimmte althergebrachte und erprobte Verfahrensweisen zu verzichten. Sie druckt zum Beispiel Google-Suchergebnisse aus und heftet sie ordentlich ab. Kein Scherz, alles wahr. Sie hat einen schönen, analogen Ordner dafür angelegt. Man weiß ja schließlich nicht, wann man es noch mal brauchen kann. Dass man sich jederzeit wieder ins Internet einklinken und dieselbe Seite innerhalb von Sekundenbruchteilen wieder aufrufen könnte, das gilt nicht. Was man hat, das hat man. Was ist, wenn ein neuer Krieg ausbricht? Oder der Computer kaputtgeht? Oder jemand das ganze Internet löscht? Dann könnte man doch tatsächlich nicht mehr nachsehen, was zu »Hornhautcreme« aufgelistet wird. Was man schwarz auf weiß besitzt, kann man getrost nach Hause tragen.

Heute kann man meiner Mutter, was das Internet betrifft, allerdings GAR NICHTS mehr vormachen. Sie hat mich längst abge-

hängt und ist zum Computer-Crack mutiert, der mit dem Gedanken spielt, einen neuen Chaos-Club zu gründen oder China
zu infiltrieren. Sie macht ganz schön auf dicke Hose und will
sich nichts mehr sagen oder erklären lassen. Sie tut mit einer
lustig-lässigen Überheblichkeit permanent so, als wüsste sie auf
alle technischen Fragen eine Antwort, hätte von allem schon
mal gehört oder es vielleicht sogar selbst erfunden.

Als ich sie fragte, ob sie denn schon mal bei Youtube reinge-
schaut hätte, erntete ich den abschätzigsten Blick, den Sie sich
vorstellen können, und die zurechtweisende Antwort: »Natürlich!«

Ob sie dort das unglaublich lustige Video mit dem Skateboard
fahrenden Hund gesehen habe, wollte ich dann wissen. Und
wieder: »Selbstverständlich!«

Dann meine letzte Frage. Wo sie das Video denn gefunden
hätte und ob sie mir den Link nicht noch mal schicken könnte,
ich würde es mir so gerne noch einmal ansehen.

Darauf bekam ich eine so geniale Universalantwort, dass ich
mich entschlossen habe, sie ab sofort selbst zu verwenden.

»Ist doch klar. Auf www.de!«

TIPP: Laden Sie sich eine Beischlafgeräusche-App
auf Ihr Handy – NICHT selbst produzieren –
und tun Sie so, als wären Sie aus Versehen auf den
Annehmen-Knopf gekommen. Das verschafft Ihnen
circa zwei Stunden.

Happy Family

Und Verwandte sind DOCH gefährlich!

Es gibt zahllose, liebevoll böse Redewendungen zum Thema Verwandtschaft. Angefangen bei der »buckligen« kommt man in Köln schnell zur »dreckeligen« oder zum Vater eines guten Freundes, der immer mit einem vielsagenden Lächeln sagt: »Lieber Ratten im Keller, als Verwandte im Haus!«

In der Tat zeichnet diese Form der Beziehung zwischen sich ähnelnden Menschen oft eine Art Hassliebe aus. Man kann sich unglaublich gut leiden, aber bitte nicht immer. Man ist sich halt ähnlich, aber möchten Sie jeden Tag mit sich zu tun haben? Ich nicht.

Nichtsdestotrotz bleibt am Schluss, und das ist das Wichtigste, immer noch der wahrste Satz zu erwähnen: »Blut ist dicker als Wasser!«

Getreu diesem Motto sind wir früher oft zu Onkel, Tanten, Cousins und Cousinen gefahren. Was aber nicht ganz ungefährlich war. Nicht wegen der üblichen verwandtschaftlichen Neckereien, Dispute oder kleinen Streitereien, bei denen es darum geht, dass der eine einen Fiat fährt, der andere aber einen »Japaner«, sondern vielmehr im tatsächlichen Sinne des Wortes. Verwandtschaft IST gefährlich! Und ich habe eine Menge davon.

Ich will jetzt nicht alle Angehörige meines Stammbaums erwähnen, keine Sorge. Ich schlage aber vor, dass ich, sagen wir ... die prägnantesten Exemplare der Gattung Homo Schmitzens herausgreife. Sie werden sehen, liebe Leserin, lieber Leser, dass ich mit meiner reißerischen Betitelung dieses Kapitels keinesfalls übertrieben, allenfalls UNTERTRIEBEN habe.

Am Schluss werden Sie Ihre eigene Familie mit ganz anderen Augen sehen. Sie werden vielleicht die ein oder andere neue Lebens- und Krankenzusatzversicherung abschließen UND Sie werden mir danken. Danken, dass ich Sie VOR Ihrem nächsten Besuch bei Cousine und Schwager aufgeklärt habe. So konnten Sie sich wenigstens noch Helm, Protektoren und Panzerwesten besorgen.

Onkel Knochenbrecher Lutz

Onkel Lutz hat als Kind mal eine Mittelohrentzündung gehabt. Seitdem trägt er seinen Kopf schief, wodurch er in der Silhouette ein wenig Quasimodo gleicht. Liebevoll gemeint. Wegen dieser Schieflage geht er seitdem immer in ausladenden Kurven von der Küche zur Tür, um die Gäste zu begrüßen, hat dabei aber eine deutlich bessere Laune als sein Doppelgänger.

Um genau zu sein: Er hat immer eine hervorragende Laune und ich liebe meinen Onkel deswegen über alles. Zumindest habe ich das immer getan, bis er mich zum ersten Mal hochgenommen und gedrückt hat. Kennen Sie diese Wrestler in den amerikanischen Fernsehsendungen, die mit aller Macht, unter Einsatz ihres vollen Gewichts und mit riesigem Anlauf auf ihre Opfer brettern? Ungefähr so verläuft noch heute die ehrlich überschwängliche Begrüßung meines Onkels. Die haben Namen wie »Hulk the Machine«, »Abdullah the Butcher« oder »Nick the dominating Chainsaw«. Und einer davon, da war ich damals sicher, war mein Lieblingsonkel Knochenbrecher Lutz.

Jedes Mal, wenn wir unsere Verwandten im Westerwald besuchten, dann freute ich mich einerseits wahnsinnig auf leckere frische Eier von den eigenen Hühnern – so was kannte man als Stadtkind gar nicht (Dass man eigene Hühner hatte, meine ich. Hühner an sich kannte man schon.). Andererseits hatte ich aber auch panische Angst vor meinem Knochenbrecher-Onkel-Neffen-Zerstörer.

Ich weiß nicht so genau, warum er das immer macht. Denn die Angewohnheit hat sich bis heute gehalten. Er rennt auf einen zu und brüllt dabei: »Ei, isch freu misch ja so, dass ihr ma wieda gekomme seid« und zerquetscht einen stundenlang wie 'ne Saftpresse. Vielleicht will er einem damit zeigen, wie sehr er einen »lieb hat«, vielleicht kann er aber auch wie Obelix seine Kräfte UNGLAUBLICH schlecht einschätzen. Oder er ist WIRKLICH ein Wrestler aus Amerika und will es nur nicht verraten. Auf jeden Fall kriegt man verdammt schlecht Luft. Um es auf den Punkt zu bringen: Du denkst du verreckst. In den Armen deines Lieblingsonkels.

Wie dem auch sei, so passierte, was wohl passieren musste. Eines Tages handelte es sich nicht nur um die übliche Hyperventilierung kurz vorm Exitus in den Schraubstockarmen von Todesonkel Lutz, nein, er hatte einen guten Tag, freute sich noch viel mehr als sonst und brach mir zwei Rippen. DAS war der Moment, als ich beschloss, in den Namen meines Onkels in Zukunft immer den Zusatz »Knochenbrecher« einzubauen.

Verstehen Sie jetzt, warum Verwandte gefährlich sein können? Im wahrsten Sinne des Wortes *lebensgefährlich*? Wir kamen ins Krankenhaus und als die Schwester mich fragte, was mir denn fehlte, da habe ich geantwortet: »Mein Onkel hat mich kaputt geliebt.« Kein Witz. Da ist Mama mit ihrer erdrückenden Gluckenhaftigkeit dann doch ein Klacks gegen!

Man muss der Wahrheit halber aber noch erwähnen, dass die Rippen nur angebrochen waren und wir meinem Onkel davon nichts gesagt haben. Es hätte diesem ansonsten sensibelsanften

Hulk Hogan sicher das Herz gebrochen. So etwas hätte er natürlich nie gewollt.

Allerdings habe ich mir seitdem angewöhnt, bei der Begrüßung immer der Letzte zu sein – weil er nach den anderen dann zumindest ein bisschen weniger Kraft hat. Oder ich vergesse mal wieder AUS VERSEHEN meinen Onkel zu umarmen und bin schon längst auf dem Klo. (Nach der furchtbar langen Anreise von einer dreiviertel Stunde doch SEHR verständlich.)

Da Schraubzwinge Lutz aber nach wie vor nichts von unserem gemeinsamen »Unfall« weiß und er davon ausgeht, dass das nur eine Neckerei ist, hat sich ebenfalls über die ganzen Jahre ein Spiel zwischen uns gehalten: Wir klingeln an der Tür, er macht auf und stürmt als Erstes auf mich los. Und ich renne weg. Bis heute. Und während der GANZEN Zeit unseres Aufenthaltes versucht er es dann immer wieder aus dem Hinterhalt.

Er gewinnt immer! Kommen Sie mal mit?

Tante »Depressiva« und »The Invisible Man«

Es gibt noch andere Arten gefährlich zu sein. Subtilere! Meine Tante Waltraud, die bei uns eigentlich gleich um die Ecke gewohnt hat, schmiss sich zwar nicht unter lautem Schlachtruf wie ein Wrestler auf uns drauf. Sie brach mir auch keine Rippen. Aber sie konnte was anderes.

Wenn man sie anrief, dann meldete sie sich nicht mit einem fröhlichen oder vielleicht auch beschäftigten »Hallo?«. Tante Waltraud nahm immer nur den Hörer ab und sagte nichts. Sollte doch der andere anfangen, schließlich hatte der ja auch angerufen. Und wenn man nicht selbst schleunigst das Gespräch begann, dann legte sie wieder auf. Man hatte so drei bis vier Sekunden Zeit, sonst: »Klack – tuuuuuuut«.

Wir haben als Kinder oft gespielt, wer von uns schneller war. Erzählen Sie's ihr nicht.

Wenn man schnell genug war, dann war die allererste Antwort IMMER: »Hach, bei uns sind ja alle krank«. Ich hatte immer den Verdacht, dass sie so verhindern wollte, dass wir zu Besuch kamen. Wir kamen aber trotzdem. Und auch da war es eigentlich das Gleiche. Sie summte die Tür auf, Mama rief ihr ein freundliches »Hallo« entgegen und schon hörte man: »Hach, bei uns sind ja alle krank.«

In der Wohnung war es stockfinster und die Rollläden zu jeder Tageszeit zur Hälfte heruntergelassen. In der Küche am stets geschlossenen Fenster stand ein Stuhl, daneben auf dem Tisch eine Tasse Nescafé. Sie trank TONNEN von löslichem Kaffee und saß dort am Fenster, so oft sie konnte. Legt sich bei Ihnen auch schon so eine Schwere aufs Gemüt? Keine Sorge, die Geschichte ist kurz.

Mein Onkel Paul war für mich dagegen ein Superheld, weil er sich unsichtbar machen konnte. Das MUSSTE so sein, denn er war einfach nie da, wenn wir kamen. Auch wenn ANDERE kamen! Nicht, dass Sie jetzt denken, dass der uns nicht leiden konnte und deshalb immer verschwand. KAUM einer hat ihn je gesehen. Tja, merkwürdig ist das schon, jetzt, wo ich das so aufschreibe …

Diese Szene bei Tante Waltraud war jedenfalls das Trostloseste, was man sich als Kind vorstellen konnte. Obwohl Sie jetzt natürlich die Sicht eines Kindes voraussetzen müssen und das Ganze sicher bei weitem nicht so schlimm war, wie ich es damals empfunden habe, so hatte ich doch das Gefühl, auf einer Beerdigung zu sein.

Gut, es gab Kekse, Nescafé und es wurde sich auch angeregt unterhalten – über Schnupfen, Krebs und Fußpilz –, aber man spürte mit jeder Faser, wie sich so ein unsichtbares Phlegma auf die eigene Seele legte. Ganz langsam. Und man wusste: Wenn ich jetzt noch ein paar Stunden hier bleibe, dann sitze auch ICH plötzlich für den Rest meines Lebens am Fenster und trinke Krümelkaffee.

Gutgelaunt, frisch und herzensfroh gingen wir immer rein. Frustriert, antriebsschwach und suizidgefährdet kamen wir wieder raus. Ob es nur an Tante »Depressiva« lag oder in dem Haus ein Poltergeist seinen Schabernack trieb, oder ob es da sogar Berührungspunkte gab, habe ich nie herausgefunden. Ich gehe da schon lange nicht mehr hin.

Mein Leben ist mir lieb und teuer.

Aber wo ist nur Onkel Paul?

Oh, nein!

Tante Böse

Eigentlich spricht man ja immer von der »bösen Stiefmutter«. ICH habe eine böse Tante. Allerdings eine sehr schöne böse Tante.

Mit dem unschuldigen Namen einer Heiligen versprüht Tante Brigitte so viel Gift, dass … ich sie immer schon unheimlich klasse fand. Ich möchte nicht mir ihr verheiratet sein, aber WENN es jemanden gibt, der immer das sagt, was er denkt, dann ist sie das. Ob man sie jetzt immer nach ihrer Meinung gefragt hat, oder ob sie nur ein wenig Spaß daran hat, dass die anderen schon zucken, wenn sie den Mund aufmacht, DAS steht auf einem anderen Blatt.

Als Junge war ich jedenfalls fasziniert, dass es auch Erwachsene gab, die eine diebische Freude daran hatten, die anderen zu schocken. Während mir nur solch dürftige Mittel wie die gerade erlernten Worte »Muschi« oder »Pimmel« zur Verfügung standen – worauf die Großen in meinem damaligen Alter IMMER mit heftigem Einatmen reagierten, YES! –, wusste ich schnell, dass Tante Brigitte die absolute Königin dieses Fachs war. Mir war zwar nicht so ganz klar, was – an meine andere Tante gerichtet – die Worte »Ich denke, deine Mutter weiß nicht so genau, ob ihr alle von *einem* Vater seid?« zu bedeuten hatten, aber es schlug ein wie eine Bombe. Phantastisch! Das schaffte »Pimmel« leider nicht.

Ich bewunderte sie. Denn an ihren Mundwinkeln konnte ich sehen, dass es ihr genau so viel Spaß machte wie mir, wenn die Erwachsenen rot anliefen und nicht mehr wussten, was sie sagen sollten.

Blöd an der Geschichte ist natürlich, dass sich dann immer alle so sehr in die Haare kriegten, dass sie lange nicht mehr miteinander sprechen konnten oder in Gedanken Tante Brigitte schon diverse Male ermordet hatten. In diesem Falle war es also gefährlich, sich ein zu starkes Beispiel an ihr zu nehmen und so das eigene Ableben möglicherweise zu beschleunigen.

Heute sehe ich Tante Brigitte leider nicht mehr so häufig. Irgendwie wird sie immer seltener eingeladen. Was sehr schade ist. Ohne sie ist es irgendwie langweiliger geworden.

Sie war natürlich nicht im eigentlichen Sinne gefährlich für einen Fünfjährigen. Andererseits, wenn man älter wird und der Welpenschutz nachlässt, dann sollte man schnellstens in Deckung gehen. Man will ja auch weiterhin »Papa« zu Papa sagen dürfen.

Zu guter Letzt – die entfernte Großtante Grietje aus Holland

Tante Grietje aß sechs Eier am Tag und ist jetzt leider lekker tot.

Bei ihr hieß ich immer »Kaputtes Omelette«. Und das kam so ...

Tante Grietje sprach nicht wirklich gut Deutsch, dafür Englisch und Hindi. Ihr Mann stammte aus Indien. Wodurch das mit dem Hindi natürlich ungemein praktisch war.

Ungemein LUSTIG war, dass sie alle drei Sprachen gleichzeitig benutzte, permanent quasselte, man mehr als die Hälfte aber nicht verstand. Neben ihr saß stets ihr Ehemann Lal, der immer lächelnd zu allem nickte, aber NIE etwas sagte.

Wenn wir bei ihr waren, dann mussten auch wir sehr viele Eier essen, nicht zuletzt, weil sie meistens nicht viel mehr im Haus hatte. Vanille Vla und Eier fand man immer in ihrem Kühlschrank, den sie immerhin schon hatten. Sonst meistens nichts. Sie war der Überzeugung, dass der Verzehr von vielen Eiern extrem gesund sei. Und mit dieser Theorie ist sie immerhin 94 Jahre alt geworden. Vielleicht sollte man sagen, *trotz* dieser Theorie. Lal mit seinen 91 Jahren untermauerte die gelebte Überzeugung Tante Grietjes allerdings ebenfalls schon durch seine bloße Existenz. Was auch reichen musste, denn er sprach ja nicht.

Wie die beiden es geschafft haben, so lange zu überleben, wird wohl immer ein Rätsel bleiben.

Immer nur harte Eier essen fand ich irgendwann langweilig. Warum konnte man denn nicht mal Spiegeleier machen oder Verlorene oder Rühreier? Spitzen Idee, wie ich fand, die gleich der Großtante unterbreitet werden musste. Die guckte mich an wie ein holländisches Auto. (Bauen die Holländer überhaupt eigene Autos?)

Ich will nicht so weit gehen und behaupten, dass sie nicht wusste, was Rühreier waren, aber irgendwie … doch. Mit Händen und Füßen versuchte ich ihr zu erklären, was ich meinte. Zur Unterstützung formulierte ich solche Sachen wie: »Lekker Ei, aber nich nur een eiken, sondern veele!« oder »Kenn ju lekker Omelett?« oder eben auch »Eiken kaputt kloppen?«

Sie ahnen es. Großtante Grietje griente bis über beide Ohren und mein neuer Name war geboren. Sie hatte kein Wort verstanden, aber ich hieß ab diesem Tag »Kaputtes Omelette«.

Mal abgesehen von den Verständigungsproblemen war das Gefährliche an dieser Verwandtin mit den anderen verglichen harmlos:

Een lekkerer Fett- und Cholesterinschockjes.

Lachen ist gesund ... für die meisten

Ich mag es sehr gern, wenn Menschen lachen. Bei meinem Beruf wär's ja auch ziemlich kontraproduktiv, wenn dem nicht so wär.

Jeder Mensch hat eine ganz eigene Art zu lachen, wie ein Fingerabdruck, ganz persönlich. Es gibt sogar Menschen, die lachen ohne Ton. So einen haben Sie sicher auch in der Familie. Der sitzt mit Ihnen in einer unglaublich gemütlichen Runde, die Stimmung ist auf dem Siedepunkt, die Gläser hoch, Manfred erzählt einen Spitzenwitz und alle lachen. Außer Lutz. Also ... der lacht auch, nur ohne Ton.

Er sieht aus wie jemand, der lacht. Er krümmt sich wie jemand, der lacht. Er kriegt sogar keine Luft wie jemand, der lacht. Aber man hört nichts. Nix. Es ist ein bisschen wie beim Fernsehen, wenn plötzlich der Ton ausfällt und man ganz irritiert ist. Irgendwie fehlt plötzlich was.

Und so lacht mein Onkel Lutz. Ohne Ton. Wir hätten schon mal fast den Krankenwagen gerufen, weil seine Gesichtsfarbe jenseits von Lila, eher in Richtung Mauve tendierte und er nichts mehr sagen konnte. Wir hatten weniger Angst, dass er erstickt, wir hatten Angst um die Zimmereinrichtung. Onkel Lutz wäre sicher fast geplatzt. Wenn nicht der ganze Onkel, dann aber sicher der Kopf. Und wer macht die Sauerei dann hinterher weg?

Ich habe schon als Kind in meiner Familie die unterschiedlichsten Lachen beobachtet und war überaus fasziniert. Da
habe ich wohl bereits angefangen, bei meinen ganzen Familienmitgliedern darauf zu achten, wie sie aus sich rausgehen,
wenn sie aus sich rausgehen. Bei uns ist unterschiedliches und
individuell sehr eigenes Lachen nämlich sehr stark ausgeprägt.

Ich habe Folgendes festgestellt.

Mein Vater lacht wie Karl der Coyote. Diese Zeichentrickfigur.
Vielleicht kennen Sie den noch? Das ist das dürre, völlig ausge-
zehrte wolfsähnliche Fellgestell, welches sich bei jeder neuen
ausgedachten List, den Road Runner zu fangen, immer heimlich
freut, weil es ihm nun ganz sicher gelingen wird. Wie soll es anders sein? Es geht immer schief.

Und genau so lacht mein Vater. Heiser, irgendwie hinterlistig
und ein bisschen meschugge. Nicht wenn er sich freut, jemand
anderen zu fressen oder zu fangen, nein … *immer*. Irgendetwas
stimmt sicher nicht mit seinen Bronchien … oder seine Stimm-
bänder machen Pause … oder er weiß einfach nicht, wie's geht.
Würde zu ihm passen.

Mein Schwager lacht wie ein Bär, der gerade dabei ist, sich zu
übergeben. Stellen Sie sich bitte einen großen, schweren, braunen Bär vor, der gerade ein paar verfaulte Survival-Camper verputzt hat. Wenn jetzt so ein großer Bär mit seiner tiefen Bass-
stimme und seinem riesigen Schlund aus den tiefsten Inne-
reien seines massigen Körpers alles hochwürgt, was er da so
finden kann … dann ist das dasselbe Geräusch wie das Lachen
meines Schwagers. Und wenn Sie sich noch nicht an das Geräusch gewöhnt haben und bei uns zu Besuch sind, dann halten Sie sich besser die Ohren zu. Sonst machen Sie mit. Nur
eher wie der Bär.

Meine Schwester lacht wie ein Quietsche-Entchen. Hi – Hi. Das trifft einfach zu, da muss man nichts weiter erklären. Jeder kennt ein Quietsche-Entchen, weiß wie das klingt und somit nun auch, wie meine Schwester lacht. Eins zu eins. Genau so. Keine Einschränkung.

Nur die Tiere drehen immer durch. Da müssen Frequenzen dabei sein, die unser menschliches eingeschränktes Gehör nicht wahrnehmen kann.

Mein Onkel – also der andere – Onkel Erwin, der lacht wie'n Esel, der gefoltert wird. So unschön diese Vorstellung auch sein mag, so sehr trifft der Vergleich zu. Wenn Onkel Erwin loslegt, und das kann er sehr, sehr laut, dann habe ich immer einen alten, klapprigen, verhärmten Esel vor Augen, der sich mit ausgestreckter heraushängender Zunge die Seele aus dem Hals schreit. Nicht nur vor meinem geistigen Auge übrigens, auch vor dem physischen, denn Onkel Erwin sieht auch noch genau so aus, wenn er lacht. Er hat 'ne echt lange Zunge.

Damit aber nicht genug – Esel brüllen ja generell sehr laut –, so wird dieses arme Geschöpf – der Esel jetzt wieder – scheinbar auch noch gequält, aus welchem Grund auch immer. Denn anders wären die Laute meines eigentlich ganz liebenswerten Onkels nicht zu beschreiben.

Es gibt natürlich auch Dinge, in denen sich mein Onkel von einem Esel unterscheidet. Er fusselt nicht so.

Meine Cousine lacht wie ein Ferkelchen, das gerade geboren wird. Flutsch. Nein.

Sie lacht wie ein Ferkelchen, das gerade geboren WURDE! IIIIIIIIeeehhhhh!

Sie sieht im Gegensatz zu Onkel Erwin aber nicht so aus. Schwein gehabt.

Meine Mutter hat zu oft Sesamstraße geguckt. Sie lacht wie Ernie von Ernie & Bert. WIRKLICH! Die gesamte zur Verfügung stehende Luft wird durch die kleinste Öffnung im Hals gequetscht und anschließend am hinteren Gaumensegel vorbeigepresst. Dabei entsteht ein Geräusch, das an schmirgelndes Sandpapier auf Pressspanplatten erinnert.

Meine Mutter hat eine chronische Mandelentzündung.

Zu guter Letzt ist da noch der Opa. Der andere. Nicht der, der schon tot ist.

Mein Großvater lacht ... also der ... wie soll man das sagen ... also, mein Opa ... der hat ein Gebiss. Und wie wir ja alle durch Inge Meisel wissen, sitzen die Dinger nicht immer bombenfest. Außerdem hält der Opa nicht so viel von Haftcreme. Er sagt immer, die schmeckt »nach alten Autoreifen«. Und dann auch noch nach den »billigen«. Wenn es irgendwann mal Haftcreme mit Schnapsgeschmack geben sollte, dann würde er es noch mal versuchen, ansonsten hält es auch so.

Nun ja. Das mit dem Halten ist auch nicht das größte Problem. Wie soll ich es Ihnen schonend beibringen, liebe Leserin, lieber Leser ... ach, einfach frei heraus: Opa sammelt den ganzen Tag seine eigene Spucke ... – Wir haben alle denselben Opa, oder? – und hat dann abends in den Seiten, also in den Wangentaschen, diese »Spucketorpedos«. Wenn er dann vom Krieg erzählt, kann man die SEHEN! Abends will keiner mit Opa reden, weil jeder denkt, dass jede Sekunde gefeuert wird. Und wenn er dann was Lustiges hört, dann verschluckt er sich an seiner eigenen Spucke.

Manchmal verschluckt er dabei auch das halbe Gebiss.

Aber das ist ja nach drei Tagen wieder da.

Der könnte sich dann jedes Mal in den Arsch beißen.

Weihnachtshopping

Der ganz normale Wahnsinn

Wer, wann, wo und warum überhaupt?

Natürlich sind Feste aller Art eine wunderbare Fallstudie, anhand derer man die unterschiedlichsten Beziehungen, Schwierigkeiten und endlosen Geschichten innerhalb einer Familie plakativ veranschaulichen kann. Am besten funktioniert das aber meiner Meinung nach mit dem Beispiel des Weihnachtsfestes. Bei keiner anderen Familienzusammenkunft wird so schön deutlich, was man liebt und was man abgrundtief … nicht ganz so mag.

Sollten Sie dieses Buch aber gerade im Sommer bei dreißig Grad im Schatten lesen, dann überspringen Sie dieses Kapitel einfach oder genießen Sie, dass es noch mindestens ein halbes Jahr dauert, bis es auch Sie wieder trifft.

Während bei den meisten Söhnen und Töchtern das Weihnachtsfest sowieso schon immer … sagen wir mal, spannend wird, erwischt es mich jedes Jahr gleich mehrfach. Warum? Ganz einfach … meine Eltern haben sich getrennt, als ich ungefähr fünf Jahre alt war. Klingt furchtbar … war es auch. Kommt aber in den besten Familien vor und geht vorbei. Was aber bis heute nicht vorbei ist, ist, dass Mama und Papa es sich von diesem Zeitpunkt an zur Aufgabe gemacht haben, ihren Kindern zu zeigen, dass sich nichts, aber auch gar nichts am so friedlichen Ablauf der Festtage ändern wird. Das hat Vorteile. Vor allem, was die Geschenke betrifft.

Allerdings bedeutet das auch, dass man ab sofort mindestens zweimal Weihnachten feiern muss. Und ob die vielen Geschenke das wert sind?

Sicher, wir haben immer 'ne Menge Spaß, singen Lieder, essen … zum Teil leckere Sachen (über Mamas Kochkünste kläre ich Sie in einem späteren Kapitel auf) – das herrlich langweilige und beruhigend vertraute »Stille-Nacht-Programm« eben. Aber es gibt ja auch die Kehrseite der Medaille. Wie immer.

Es ist nicht nur so, dass man einfach zweimal die immer gleichen Geschichten anhören muss, die gleichen Socken geschenkt bekommt und mindestens ein Elternteil enttäuscht ist, dass Weihnachten nicht mehr das ist, was es zu seiner Kindheit mal gewesen ist. Das ginge ja noch und wäre auch sicher mit einigem Abstand und Wegatmen zu ertragen. Aber nein! Damit ist es nicht getan. Es potenziert sich … es dehnt sich aus … es verdoppelt sich nicht nur, nein, es wird ein Vielfaches aus diesen zwei so unscheinbar erscheinenden Weihnachtskeimzellen. Jedes Jahr. Und es wird immer schlimmer …

Kennen Sie, liebe Leserin, lieber Leser, den »Blob«? Dieses amöbenhafte Alienwesen aus einem uralten, gleichnamigen Horror-Science-Fiction-Thriller, welches unaufhörlich wächst und sich schleimig wabernd über die ganze Stadt und dann die ganze Welt ausbreitet, sich wie eine dumpfe, alles erstickende, langsam kriechende, aber unaufhaltsame, gallertartige, klebrige Masse über alles drüberlegt, aus der es, einmal gefangen, zweifellos kein Entkommen mehr gibt?

So ist Weihnachten bei uns.

Und ich meine damit nicht den Vanillepudding von Oma. Ich meine damit bloß das Gefühl, dass Weihnachten einfach nicht mehr aufhört.

Zuerst gibt es jedes Jahr – eigentlich gleichmäßig über alle zwölf Monate verteilt – die gleiche Diskussion, wo man als Kind welchen Feiertag verbringen wird. Und dabei geht es natürlich NUR um das praktische Handling und die absolut nachvollziehbar sinnvolle Koordinierung des bestmöglichen Ablaufs der Festtage, wie alle Elternteile einen glauben machen wollen. Denkste! Es geht um mehr. Um viel mehr! Es geht um die immer gleiche

Frage, wer wen am meisten lieb hat. Ist natürlich völliger Quatsch und total überflüssig, aber so sieht's nun mal aus.

Geht man als Sohn am wichtigsten Tag, also am 24. Dezember, mal zu Vater und Stiefmutter, so wird man vom Muttertier mit einer Strafe nicht unter vier gequälten Gesichtszügen in den nächsten zwei Tagen und dem immer gleichen, peripher eingestreuten Mantra »Nein, es ist nichts. Du kannst natürlich machen was du willst« belegt.

Erwägt man am ersten Feiertag, also am 25. Dezember, bei den Eltern der potentiellen Freundin vorbeizuschauen, dann ist Papa beleidigt. Der Tag ist doch schon seit fünf Jahrhunderten traditionell für ihn reserviert. Jetzt soll er auf den zweiten Weihnachtstag abgeschoben werden? Auf den letzten Ausweichtag? Auf den Tag, an dem man sich schon mit Resteessen und anstehendem Umtausch ungeliebter Geschenke beschäftigt?

»Was haben wir nur falsch gemacht? Womit haben wir das verdient? War es früher denn nicht schön? Soll ich dir noch mal die Kinderfotos zeigen?«

Nein, bitte nicht schon wieder!!!

Wir bleiben also jedes Mal bei der Tradition. Erpressung, gemeine Erpressung ist das.

Plötzlich kommt Mama noch mit einem perfekt einstudierten, herzerweichenden, jeden Widerspruch erstickenden Lächeln und dem Wunsch um die Ecke, dass man am ersten Feiertag auch noch zu Kaffee und Kuchen bei ihr auftauchen könnte. Weil die Freundin des Sohnes ja Heiligabend nicht dabei war – sie weilte frevelhafterweise bei den eigenen Eltern.

Kleiner Zwischenstand: Wir sind momentan bei einem Besuch bei Mama an Heiligabend, bei einem Besuch zu Kaffee und Kuchen ebenfalls bei Mama und bei einem bei Papa am ersten Weihnachtstag. Keine Sorge, wir fangen erst an!

Jetzt kommt nämlich die Oma väterlicherseits dazu, die am ersten Feiertag von ihrem Enkel abgeholt werden und die, bevor sie zum gemeinsamen Fest fahren, eine leckere Tasse magenschleimhautzerfetzenden Filterkaffee mit Büchsenmilch mit ihm trinken möchte.

Und dann noch tatsächlich die Eltern der potentiellen Freundin, die den angehenden Schwiegersohn – ich schwöre, ich hatte so etwas oder eine ähnliche Bemerkung nie fallengelassen – auch mal wieder sehen möchten. Klar, die wollen wissen, worauf sie sich einlassen, und nicht den Kater im Sack kaufen.

Schließlich noch die anderen Eltern der Freundin – DIE IST NÄMLICH AUCH EIN SCHEIDUNGSKIND –, Onkel »Knochenbrecher« Lutz aus dem Westerwald, Tante Roswitha aus der angeheirateten Familie der Stiefmutter und die zugehörige Familie der Schwester. Natürlich noch die eigene leibliche Schwester, weil das ohne die Eltern immer so lustig wird und man mal frei reden kann, die Schwestern der Freundin, die den neuen Freund der Schwester endlich kennenlernen wollen, ein paar Kumpel, die am zweiten Weihnachtstag nicht wissen, was sie tun sollen – haben die keine Familie? – und zu guter Letzt die Katze, die irgendwie spürt, dass was Besonderes los ist und ständig brüllend einfordert, dass man gefälligst zu Hause bleiben soll.

Na, mitgekommen? Ich fasse noch mal zusammen:

An Heiligabend ist man gefälligst den ganzen Tag bei Mama. Zusammen mit Schwester, Schwager, Neffe, Stiefvater Herbert, Hund, Katze, Maus. Das wissen wir aber immer zu verhindern. Wir kommen alle am späten Nachmittag.

Am ersten Weihnachtstag nach dem Mittagessen gleich noch mal zu Mama, zu Kaffee und Kuchen. Die angehende Freundin ist mittlerweile natürlich dabei. Wo die hergekommen ist, keine Ahnung. Danach holt man die Oma ab, nimmt dort erst noch staubtrockenes Spritzgebäck und die obligatorische Tasse Filterkaffee zu sich und fährt danach zu Papa, Stiefmutter und deren Tante Roswitha mit der eigenen Freundin, die sich wahrscheinlich gerade überlegt, ob das mit mir so eine gute Idee gewesen ist. Auch hier noch mal Kaffee und Kuchen. Dann für einen kleinen Winterspaziergang zur Schwester der bösen Stiefm... äh, der Stiefmutter. Hier wartet im Anschluss ebenfalls schon eine leckere Tasse Kaffee auf uns. Ich trinke übrigens überhaupt keinen Kaffee, aber der entsetzte, ohnmächtig blockierte Gesichtsausdruck, wenn ich nach grünem Tee frage, soll mir wohl sagen, dass ich doch um Himmels willen keiner von diesen alternativen, Fleisch verweigernden Veganern geworden bin, die lange Haare haben, unter Brücken schlafen und sich nicht waschen. Also lass ich's.

Danach zurück zu dem niemals endenden Weihnachtsfleischfondue bei Papa. Zwei Sorten Fleisch, fünf Saucen, ein gemischter Salat mit Kidneybohnen und Baguette. Immer.

Am zweiten Feiertag kurzer Weihnachtsbrunch ab zehn bei ... der eigenen Schwester. Sorry, musste kurz überlegen, wessen Schwester. Fröhliches hektisches Lachen über die sich so unglaublichen Stress machenden Eltern. Wirklich komisch. Dann die Schwiegereltern in spe väterlicherseits Punkt zwölf zum Mittagessen in ihrem Lieblingsrestaurant treffen (»Hotel zur Post«), um drei zu ihrer Mutter zu Kaffee und Kuchen, um vier für 'ne halbe Stunde die Schwestern der Freundin zur zweiten »Teatime meeten« (nur damit man noch eine Terminmöglichkeit definieren kann) und zum dritten Stück Kuchen und unmittelbar anschließenden, ausgiebigen Abendessen Onkel »Knochenbrecher« Lutz und Tante Hannelore wieder mit der Oma im Westerwald besuchen. Oma will (nicht möchte!) die ganze Zeit Karten spielen. Was eigentlich total lustig ist und wir uns oft bis zur Erschöpfung kaputtlachen. Oma hat aber Sitzfleisch ... sagen wir Sitzleder, und so spielen wir Räuber-Rommé bis nachts um zwei ... Dann knallplötzlicher Aufbruch, mit dem wirklich keiner rechnen konnte, und Zurückbringen der Oma in ihre Wohnung.

Um drei Uhr nachts noch schnell ein paar Drinks (und einen Magenbitter!) mit den Kumpels und einer eifersüchtigen Freundin in 'ner Bar mit sexy Santa-Bedienungen und schließlich in den eigenen vier Wänden unmittelbar nach total romantischer »Bescherung« mit der versöhnten Geliebten unterm Tannenbaum vollgefressen einschlafen. Die Katze maunzt im Flur bitterlich zu »White Christmas«, weil man es nicht mehr geschafft hat, die Musik auszumachen.

Es sind, wie Sie sehen, nicht aus *einem* Weihnachtsfest *zwei* geworden … es sind

DREIZEHN, HERRGOTT NOCHMAL!

Erinnern Sie sich noch an den Blob? Den Weihnachtsblob? Und wissen Sie, was die Zahl Dreizehn zu sagen hat? DAS KANN DOCH ALLES KEIN ZUFALL SEIN!

Warum, zum Henker, wollen einen an Weihnachten eigentlich immer alle sehen? Warum denn gerade jetzt? Bin ich der neue Messias und mir hat nur noch keiner Bescheid gesagt? Bin ich tatsächlich der Letzte, der von der eigenen göttlichen Bestimmung und der Fähigkeit aus Wasser Wein machen zu können, erfährt? Moment … das wär 'ne praktische Sache …

Nein, klappt nicht.

Aber was ist es dann?

Ist doch klar … schon vergessen? Es ist wegen der Frage, wer wen am meisten lieb hat (siehe soeben dargelegte erdrückende Beweiskette). Ich als Sohn bin da nur das Corpus delicti, die Tatwaffe, das Mittel zum Zweck, der Tennisball im Vierer-Doppel. Und nach den Feiertagen fühle ich mich auch so.

Wie überhaupt?

Nachdem die Frage nach dem Wo, Wer und Wann irgendwann geklärt ist, geht es natürlich ans Wie! Und weil ich in meiner obigen Aufzählung die Details so schmählich vernachlässigt habe, möchte ich nun ein paar Einzelheiten unseres familiären Zusammenseins gerne nachholen.

Papa und Mama feiern Weihnachten mittlerweile sehr unterschiedlich, was es auf der einen Seite angenehm abwechslungsreich hält, dummerweise aber auch die Möglichkeit von erster und darauf folgender erprobter zweiter Vorstellung zunichte macht.

Allerdings wäre das sowieso für die Katz', denn es gibt ja sowieso noch die vielen weiteren Feiern an den Festtagen. Ich habe im Folgenden mal zwei Auszüge aus meiner alljährlichen Weihnachtsodyssee herausgenommen und aufgeschrieben. Sie eignen sich hervorragend, um ganz exemplarisch das ganze Ausmaß aufzuzeigen. Und ganz sicher finden Sie entweder im einen, spätestens aber im anderen Fall zumindest einen eigenen Onkel oder eine entfernte Cousine dritten Grades wieder. Seien Sie trotzdem versichert: Wir sind nicht verwandt. Wir haben nur alle die gleiche Familie.

Bei Mama

Am Heiligen Abend bei meiner Mutter muss ich niemanden abholen, wie am folgenden Tag bei meinem Vater. Eigentlich schade. An diesem Abend gibt es noch keine Oma, die seit zwei Stunden in altem Persianer-Pelzmantel und schwarzem Flauschhütchen im Flur wartet, weil sie sich ein bisschen mit der Zeit vertan hat. Nein, hier kann ich mich ganz auf den wahrscheinlich auf meinen Nerven »Stille Nacht« spielenden Abend vorbereiten. Ich kann mich als Einstimmung ganz einer neu erlernten buddhistischen Meditation widmen, Ruhe aufbauen, Ruhe verinnerlichen. Klappt super, sollten Sie auch mal versuchen.

Das hält dann vor Ort allerdings maximal bis zur Vorspeise.

Deshalb haben wir es mittlerweile auch so eingerichtet, dass an Weihnachten nur noch meine Schwester kocht. Mama soll sich schließlich auch mal schonen ... ähem! (Wie gesagt: In die Kochkünste meiner Mutter werden Sie später noch eingeweiht.) Meine Schwester ist also schon deutlich früher da als alle anderen und bereitet in Mutters Küche alles vor. Alle finden das klasse. Alle sind glücklich.

Ich treffe fast ... also nahezu ... eigentlich ... so ziemlich pünktlich gegen sechs Uhr oder so ein. Mama, Herbert, Schwester, Schwager, Neffe und die Mutter des Schwagers nebst neuem, anscheinend etwas schusseligem Mann sind natürlich schon da.

Alle reden durcheinander. Alle stehen nämlich immer noch im Flur und begrüßen mich und die, die noch nicht begrüßt wurden. Es blitzt und ich bemerke, dass das merkwürdig ist, weil doch eben noch keine Wolke am Himmel war.

In diesem Durcheinander schlägt Mama mit energischem Enthusiasmus das erste Mal vor, Bescherung zu machen, da ja jetzt alle anwesend sind.

Wir sind dagegen, ich erkläre ihr tiefenentspannt, dass wir erst mal alle ankommen müssen – ein Hoch auf die Meditation – und dann geht's auch schon gemeinsam ins Wohnzimmer. Auf dem alten Marmortisch vor der dunkelvioletten 9oer-Jahre-Ledercouch warten schon leere Gläser und eine Flasche Rotkäppchen-Sekt, den Mama so gerne trinkt. Nun gut, einmal im Jahr wird es schon nicht so schlimm sein. Doch, ist es. Kopfschmerzen in Flaschen. Und es reicht für ein ganzes Jahr. Wir stoßen mit süßer Alkohol-Limonade an, sind guter Dinge und ich erkundige mich mit großer Vorfreude bei meiner Schwester, was es denn Leckeres geben wird. An dieser Stelle fragt

Mama das zweite Mal, ob wir nicht schon mal Bescherung machen sollen. Dann hätten wir das schon. Geduldig erkläre ich ihr, dass seit ihrer letzten Aufforderung gerade mal 90 Sekunden vergangen seien und dass Ankommen meist ein wenig länger dauert.

Plötzlich blitzt es wieder. Und da, gleich noch einmal. Meines Schwagers pensionierte Mutter Ursula hat seit ein paar Jahren die Hobbyfotografie für sich entdeckt und tatsächlich das sagenhaft seltene Talent, IMMER genau im FALSCHEN Moment abzudrücken. Auf den meisten Bildern ist nichts erkennbar Interessantes vorhanden, kein Mensch, kein Tier, kein Sonnenuntergang, kein schwarz-weiß-eindrucksvoller Moment in der verlassenen Industrieanlage. Höchstens mal das gerade wieder ersterbende Lächeln einer Kollegin bei der Betriebsfeier, mein Neffe auf der Schulbühne, als er gerade nichts sagt (er hatte die Hauptrolle) oder frisch gemähtes Gras ... keine Schnecke, kein Wurm, kein angrenzender Teich, kein Vogel, der gleich auffliegt, kein gar nichts ... nur frisch gemähtes Gras.

Ein weiterer Blitz. Warum auch immer.

Die Schwester steht plötzlich in Armeeschürze vor uns und macht Meldung: Vogel beim Metzger abgeholt, vorbereitet und schon mittags um zwölf in den Ofen gesteckt. Am Anfang heiß angebraten, dann bei maximal 120 °C mehrere Stunden unter intervallartigem Übergießen weiterbrutzeln lassen. Am Nachmittag die Kartoffeln geschält, den Rotkohl aufgetaut, den Tisch gedeckt. Etwas später die Kartoffeln aufgesetzt, den Salat gewaschen, das Dressing gerührt, die Möhren geschnitten, das Eis aus dem Keller geholt und immer wieder den Vogel übergossen. Stehen Sie bequem! Melde gehorsamst: Sir – alles verstanden – Sir!

»Sollen wir jetzt nicht schon mal ...?«

Nein, Mama.

Irgendwie sitzen dann alle irgendwann am großen Esstisch und die erste Vorspeise wird serviert … vom leider etwas schusseligen, dafür aber feinsinnig veranlagten neuen Mann der Mutter meines Schwagers Friedhelm, der sich partout nicht helfen lassen will.

Es gibt Pastete mit Feldsalat und dazu einen leckeren Weißwein, den Friedhelm persönlich ausgesucht hat. Davon hat er wirklich Ahnung. Vom Tellertragen leider nicht. Einer geht zu Bruch, immerhin nur einer, die Queen is not amused, gibt aber die entspannte Gastgeberin.

Während wir anfangen, blitzt es wieder. Ein herrlich besinnliches Foto entsteht, bei dem alle mit offenem Mund und weich gekauten Essensresten zwischen den Zähnen am Tisch sitzen und sonst eigentlich gerade gar nichts machen.

Die erste Vorspeise ist verkostet, Friedhelm räumt ab. Der zweite Teller muss dran glauben. Das gerade diskutierte Tischthema ist Politik.

»Und natürlich wird alles auf dem Rücken des kleinen Mannes ausgetragen …« An dieser Stelle muss ich kurz erklären, dass mein Stiefvater Herbert der aktuellen Unterhaltung seltenst folgen kann oder will. Das liegt nicht etwa an einem zu schlechten Gehör oder sporadisch auftretender Narkolepsie. Er hört wahrscheinlich einfach nicht immer so genau hin, schweift also in seinen Gedanken für längere Zeit ab, steigt dafür dann aber nahtlos und resolut ad hoc wieder ins Thema ein, damit die eigene Abwesenheit nicht so auffällt. Und das, obwohl er meist nur den letzten halben Satz mitbekommen hat. Was des Öfteren zu den merkwürdigsten Verwicklungen führt, wie zum Beispiel auch im vorliegenden Fall.

Auf den Satz, dass ja »alles auf dem Rücken des kleinen Mannes ausgetragen wird«, entgegnet er brüskiert, dass man mir das ja wohl nicht so einfach an den Kopf werfen könne! So klein sei ich ja nun auch wieder nicht.

In die allgemeine Konfusion fragt meine Mutter mit lautem, deutlichem Nachdruck, ob wir jetzt nicht endlich Bescherung machen können. Es blitzt wieder und Friedhelm kommt mit dem zweiten Gang.

Die Möhren-Ingwer-Lauch-Kartoffel-Suppe mit gebratenen Scampis obenauf riecht köstlich. Was alle außer meiner Mutter zu schätzen wissen. Ich werde von rechts in die Seite gestoßen – wodurch ich bescheuert schrill auflachen muss, weil ich da kitzlig bin –, sie wispert mir zu: »Willst du meine Schampis auch haben? Du magst die doch so gerne.«

»Später Mama, lass uns doch erst mal auf meine Schwester mit dem Essen warten. Wir wollen doch alle gemeinsam Weihnachten feiern.«

Ursula verkündet mit vollgestopftem Mund, dass sie schon mal anfängt, weil sonst ja alles kalt wird. Aus der Küche kommt eine Zustimmung, weil General Schwester permanent die Stellung halten muss.

Ich gebe auf, habe den Löffel noch nicht mal in der Hand, da bekomme ich von rechts schon einzeln herausgefischte Scampis in meine Suppe exportiert. Zufriedenes, breites Grinsen wegen gelungener Mission obendrein.

Die Suppe ist abgeräumt, kein Teller weniger diesmal, nur zwei Gläser, Herbert lacht über einen Witz, den keiner erzählt hat, Ursula macht davon ein Foto. Ich stehe auf und will kurz auf die Toilette, da drückt mir Mama meine Weihnachtstüte mit Geschenken in die Hand.

»Bescherung!« An welcher Stelle habe ich denn jetzt nicht aufgepasst?

Großes Hallo bei allen. Jetzt will natürlich niemand zu spät kommen, weniger mit dem Auspacken der eigenen Geschenke als mit dem Überreichen der Errungenschaften, die man in den letzten Tagen unter Einsatz seines Lebens erbeutet hat. Ich gestehe … ich mache es auch so und gebe mich dem allgemeinen Chaos vorübergehend hin. Ich suche meine Präsente zusammen, während mir meine Mutter alle drei Sekunden ihre Geschenktüte in die Hand drückt.

»Mach doch mal auf. Hier, das sind meine. – Ralf! Hör doch mal! Das hier ist von Herbert und von mir.«

Nun fällt es wahrscheinlich jedem Menschen schwer, der nur zwei Hände hat – und das ist ja in den allermeisten Fällen so –, gleichzeitig die eigene Tasche mit den Präsenten für die Familie zu durchsuchen und parallel eine Geschenktüte immer wieder loszulassen, die irgendwie durch Zauberei ständig erneut in den eigenen Fingern landet.

»Hier, das ist deins! Nimm doch mal! Jetzt nimm doch!«

Es gibt die üblichen Sachen, weshalb ich diesen Teil kurz überspringe. Aber keine Sorge, dem Thema Mamas Geschenke widme ich mich später noch einmal im Besonderen. Das kann man nicht nur kurz streifen, das verdient genauere Betrachtung.

Nachdem alle Geschenke ausgetauscht sind, Ursula davon natürlich KEIN Foto gemacht hat und Friedhelm sein Geschenk auch nur dreimal hat fallen lassen, macht sich allgemein so etwas wie Entspannung breit. Mama ist glücklich und zufrieden, weil die beiden großen Ziele des Abends, Bescherung so früh wie möglich und »Schampis« loswerden, erreicht wurden, und der Schwager es tatsächlich geschafft hat, 'ne coole Weihnachts-Jazz-CD einzulegen. Doch der Frieden ist trügerisch … das letzte Wort ist noch nicht gesprochen, der letzte Dominostein noch nicht gelutscht! Die Schlacht am Weihnachtsbaum tritt in die entscheidende Phase ein.

Die Bratenbeauftragte vom SEK Weihnachtsgans stürmt mit großem Geschütz, sprich riesigem Bräter ins Wohnzimmer und erklärt wie jedes Jahr, dass das mit der knusprigen Haut und dem butterzarten, saftigen Fleisch überhaupt kein Problem ist.

WENN man es kann. NATÜRLICH! Es *kann* halt nicht jeder … Also, eigentlich nur sie und Johann Lafer … Nein … eigentlich nur sie. Seien wir doch mal ehrlich. Und jetzt … Hauptgang befohlen. JAWOLL!

Es werden Klöße, Rotkohl, Sauce und Bratenstücke so schnell wie möglich in der Kompanie verteilt, bis alle ihre Ration bekommen haben. Während der folgenden Essensaufnahme berichtet Gefreite Mama von der Front. Wir haben in diesem Jahr die Zivilisten Frau Niedermann aus dem Blumenladen und Herrn Vasen vom Kiosk verloren. Traurige Verluste, die uns tief im Kern treffen … wenn auch außer der Gefreiten Mama keiner eine Ahnung hat, wer das überhaupt war. Weiter wird von ihr berichtet, dass der Feind Herr Mielke weiter vorrückt und seine Gartenzaunblockaden zum Zwecke weiterer Gebietseroberungen bereits in Stellung gebracht hat. Man habe aber schon reagiert und seinerseits alles mobilisiert, was an von ihm verhasster Gartenzwerginfanterie aufzutreiben war, um die Stellung zu halten. Auch die gleichzeitige Beschlagnahmung oder Beseitigung feindlicher Waffen, wie überhängende, messerscharfe Apfelbaumstacheläste, herüberwuchernde Brombeerbusch-Stolperfallen und geschickt getarnte Chihuahua-Micro-Tretminen seien in vollem Gange. Auch wenn sich der Feind noch der Illusion hingibt, mit seinem Geschwader Brieftaube-01 den Ausgang der Schlacht beeinflussen zu können, so sei sich Gefreite Mama absolut sicher, dass an einem baldigen, überragenden Sieg nichts mehr zu ändern sei. In letzter Not könne man immer noch die Geheimwaffe zünden: die gigantische Brill Crossover 102/20 HE mit hydrostatischem Antrieb, elektromagnetischem Kupplungssystem, sogverstärkten Flügelmessern – falls das Gras mal nass ist – und natürlich einem Getränkehalter.

Applaus!

Gefreiter Herbert steigt souverän ins Thema ein und stimmt kräftig nickend zu, dass Apfelmus aus dem Supermarkt niemals so gut sein kann wie selbstgemachtes.

Und eigentlich kann ich mir kein passenderes Schlusswort für dieses Kapitel vorstellen.

Nachdem der Rest des Festtagsschmauses verputzt, die Gespräche dünner, ein paar Lieder gesungen und Friedhelm kurz in den Punsch genickt ist, ziehen alle die Jacken und Mäntel an und machen sich auf den Weg nach draußen.

Jedes Jahr ist es eine Herausforderung. Jedes Jahr ist es schrecklich … und schön. Jedes Jahr gehen wir alle gemeinsam zu unseren Autos, umarmen uns und steigen ein.

Und in einem blitzt es noch mal.

TIPP: Falls Sie ein genialer Chemiker sind, entwickeln Sie nach Mückenschutz und Rattengift doch auch mal was gegen Verwandtschaft. Nur für die Ich-komm-nur-wenn-ich-was-will-Hardcorefälle natürlich. Glauben Sie mir, Sie werden stinkreich.

Mamas Geschenke

Ich habe Ihnen doch versprochen, dass ich mich dem Thema später noch ausführlicher widmen werde. Und ich halte meine Versprechen.

Allerdings will ich jetzt noch nicht die liebevoll ausgegrabenen Design-Unfälle, mühsam aufgetriebenen Fensterbankblockierer und entsetzlich treffsicheren Wohnungsplan-Zerstörer aufzählen. Das kommt in einem späteren Kapitel. Nein, hier, dem Anlass angemessen, habe ich die differenzierte Problematik mal als Weihnachtsgedicht verfasst. Und manchmal sagt ein Gedicht ja mehr als tausend Worte … äh … Sie wissen schon.

Morgen Kinder, wird's was geben … leider …

Man kriegt gern was geschenkt.
Soweit die Theorie.
Doch wenn man weiterdenkt,
dann stimmt das hie
und da nur ungefähr.

Denn wenn Mama dich hat bedacht,
so gut es auch gemeint,
dann hat sich's nämlich ausgelacht,
dann wird nur noch geweint,
Ihr glaubt's nicht? Bitte sehr:

Man kriegt nicht nur die gleichen Socken,
vom Muster Ekelpickelpocken,
nein, auch ein Schlüpfer ist dabei.
Nicht nur das Wort ist alt. So sei
von nun an man gut vorbereitet
auf das, was man doch eh nicht mehr vermeidet.

Vasen mit 'nem Schwarzwaldmuster,
Kinderschuhe, frisch vom Schuster,
»Die Größe hat sich kaum verändert.«
»Ich freu mich!« Und schon schlendert,
oh, ein Weihnachtsmann herein.
Muss es denn grad Friedhelm sein?

Er bringt Hemden, neue Tassen,
Tennissocken, die man hassen
könnte, doch es bleibt
zum Hassen einfach keine Zeit.

Schon gibt's Einmachgläser, Schokolade,
selbstgemachte Marmelade,
die so schmeckt wie Terpentin,
und Taschenlampenbatterien.

Fingerschmeichler, Automatten,
neongelbe Sommerjacken,
Kochlöffel, die niemand braucht,
Aschenbecher – keiner raucht!

Tischsets und ein Käsehobel,
– findet Mama furchtbar nobel –
CDs von Heintje, Klaus & Klaus,
ich komm hier niemals wieder raus.

Das Gegenteil von ›gut‹, oh nein,
das ist nicht ›schlecht‹, nein, ›gut gemeint‹!
Und Weihnachten ändert sich nie.
Von Oma gibt's Merci.

TIPP: Kaufen Sie sich zu Weihnachten eine Armschlinge und behaupten Sie tapfer, dass Sie den Arm schon fast wieder ganz belasten können. Beim Aufbruch nach Hause fallen Ihnen dann aber leider die meisten Geschenke aus Versehen herunter. Dumme Sache.

Bei Onkel »Knochenbrecher« Lutz und Tante Hannelore

Können Sie noch? Jetzt geht's nämlich weiter … Ich möchte Ihnen an dieser Stelle nur noch einmal kurz die insgesamt DREIZEHN Weihnachtsverpflichtungen in Erinnerung rufen. Keine Sorge, ich berichte in diesem Kapitel ja nur von zweien.

Hier aber nun der andere Weihnachtsabend bei Onkel Lutz! Auch irgendwie … liebenswert, aber eben anders.

Die meisten Familien haben an Weihnachten ihre festen Rituale und Traditionen, die sich in vertrauter Weise durch die Generationen ziehen und Beständigkeit vermitteln.

Mein Onkel hat sie auch. Schon immer. Weihnachten läuft immer genau gleich ab. Jedes Jahr. Wodurch es immer wieder zu Situationen kommt, in denen ich mich frage: »Moment mal … war das gerade erst oder war das letztes Jahr?« Es ist vorgekommen, dass ich Bescherung machen wollte, obwohl ich die ausgepackten Geschenke bereits in meine Tasche gepackt hatte. Einmal habe ich vollgefressen auf dem Sofa liegend danach gefragt, wann die Gans denn fertig ist und ob ich den Wein schon mal aufmachen soll.

Wie schon erwähnt, fangen wir nicht mit dem Abendessen an, sondern mit Kaffee und Kuchen. Und besagtes Backwerk steuert immer die Oma (rheinisch übrigens »Omma«) bei. In der Regel ist es ein Eierlikörkuchen.

Nun kann es Omma alterstechnisch noch nicht mit Jopie Heesters aufnehmen, aber sie kämpft sich ran. Wodurch wiederum das Oberstübchen nicht wirklich verstaubt ist – die Erinnerungen an die beiden Kriege, »gute Butter« und die stabile D-Mark sind noch sehr präsent –, sie es aber mit den Dosierungen der Spirituosen für den Eierlikörkuchen … also … mit denen hat sie es nicht mehr so. Im Rezept steht an betreffender Stelle eine »2« und Omma denkt: *2 Flaschen*. Von uns isst jeder maximal EIN Stück vom Kuchen und Omma den Rest. Die üblichen Kriegsgeschichten gewinnen nun durch erheblich mehr Pathos und extrem gesteigerten Körpereinsatz deutlich an plastischer Eindrücklichkeit, weil Omma hackenbreit ist. Was ihr Bewegungsapparat nach der Verköstigung ihres Eierlikörkuchens zu leisten vermag, klappt eigentlich schon seit dreißig Jahren nicht mehr.

Danach kommt die Bescherung. Auch hier besteht Onkel Lutz auf Tradition. Ich bin erst sechsunddreißig Jahre alt, aber ich habe das Gefühl, dass wir das schon seit über zweitausend Jahren so machen. Ja genau, wir haben dieses Ritual gemeinsam mit Jesus persönlich entwickelt. Er war bei den ersten Malen auch dabei …

Ich stehe in einer Art Familienschlange vorne und wir alle im Flur vor der geschlossenen Tür zum Wohnzimmer. Wir dürfen noch nicht rein, weil da drinnen »wundersame Dinge vor sich gehen!« Hinter mir steht mein aufgeregter Onkel, dann Tante Hannelore, meine Schwester, der Schwager, der Neffe und am Schluss die Oma. Welche immer wieder verkündet: »Hui, im Alter wird man immer so schwindelig.« Eierlikör könnte man also auch als LSD des Alters bezeichnen.

In dieser für Außenstehende sicher merkwürdig anmutenden Polonaiseaufstellung warten wir vor der Wohnzimmertür, bis mein Onkel durch die Zähne Luft holt und den Zeigefinger vor die Lippen hält. Alle sind still. In diese entsetzliche, kaum zu ertragende Spannung hinein flüstert er dann: »Oh, wisst ihr was? Ich glaube, ich habe das Christkind gehört!« Und wir anderen müssen alle staunen und uns tierisch erschrecken, sonst wäre es »kein Weihnachten«, wie er sagt.

Irgendwie ist es rührend. Onkel Lutz wird halt auch älter! Während Oma von der ganzen Geschichte durch ihr hochprozentiges Eierlikörkuchengelage eigentlich nichts mehr mitbekommt, schließt sich beim Onkel langsam der Kreis. Als Kind hat er an das Christkind geglaubt, dann sicher lange nicht mehr und jetzt geht's wieder los … irgendwie rührend.

Nachdem ihm einer von uns dann bestätigt hat, dass er wohl auch irgendetwas gehört hat, öffnet er langsam die unter Knarzen aufschwingende Tür. Das »Knarzen« muss übrigens ich immer machen, weil ich es am besten kann. Und wenn die Tür dann endlich offen steht, schlurfen wir alle im Gänsemarsch *ganz langsam* ins Wohnzimmer.

Mit Verzögerung kommt Omma nachgewackelt, dafür aber hin und wieder mit Heckantrieb. Der Eierlikör lässt grüßen. Gott sei Dank kriegt sie es selbst nicht mit, es wär ihr sicher unsagbar peinlich. In Anbetracht ihres Zustandes und altersbedingt eher eingeschränkten Gehörs kommen für sie die eigenen Geräusche von irgendwo anders her, wodurch sie schon des Öfteren bei eher lauterer Spontanentladung gefragt hat: »Huch, hat et jeklingelt?« Kein Scherz, Tatsache. Wirklich!

Wenn wir dann endlich drinnen sind, dudelt uns dort nicht nur das mittlerweile auf CD konservierte Weihnachtsalbum von Mireille Mathieu aus dem Jahre 1973 entgegen: »Vom _immel _och, da komm isch _er ...«. Nein, dort wartet auch der Berg von Geschenken mit Namenskärtchen dran. Oma hat auf alle »Frohe Ostern« geschrieben, aber mit Traditionen soll man ja nicht brechen, wie wir jetzt wissen.

Zu den Geschenken: Von Onkel und Tante gibt es oft einen Umschlag mit einer hübschen Karte und Geld, immer mit demselben Spruch: »Nix Besonderes – war aber teuer!« Man sollte dann wie jedes Jahr lachen, sonst kriegt man im nächsten Jahr nämlich nichts mehr!

Mit der Schwester ist es auch jedes Mal das Gleiche. Wir machen aus, dass wir uns in diesem Jahr nichts schenken ...: »Schau mal, ich habe zufällig einen Fernseher dabei.«

Von der Oma gibt es regelmäßig ein Survival-Paket. Sie wissen nicht, was das ist? Duschdas, 'ne Schachtel Mon Chéri und zehn Mark. Früher.

Mittlerweile residiert meine Großmutter allerdings in einem

Altenstift – gewollt, nicht abgeschoben! Ihre Freundin Frau Stratmann wohnt da auch – und seitdem haben sich die Geschenke zu Weihnachten ein klein wenig verändert. Das Survival-Paket gibt es immer noch, mittlerweile natürlich mit Upgrade auf 10 Euro – anscheinend ist wirklich alles einfach doppelt so teuer geworden.

Zusätzlich bekommen meine Schwester und ich auch noch Tonnen von kleinen Honigdöschen. Warum? Die gute Oma hat natürlich den Krieg mit all seinen Entbehrungen erlebt und bringt es nicht übers sparsame Herz, diese kleinen Portionen Honig beim Frühstück zurückgehen zu lassen. Sie sammelt sie alle ein und schenkt sie uns, weil sie ja selbst keinen Honig mag. Wahnsinnig rührend, aber auch brandgefährlich! Man muss nämlich peinlich genau auf das Verfallsdatum achten. Schließlich wurden die Dinger mindestens über ein Jahr hinweg aufbewahrt. Wir freuen uns jedenfalls jedes Jahr wie verrückt.

»Ooooch, wie toll, Honig! Den kriegt man heutzutage ja auch so schlecht.« Und Oma freut sich, dass wir uns freuen.

Auf zur nächsten Etappe. Abendessen.

Es gibt den klassischen Gänsebraten mit den üblichen Verdächtigen. Dazu muss man sagen, dass meine Tante wirklich eine hervorragende Köchin ist. Alles, was sie so zusammenbrutzelt, schmeckt unglaublich lecker. Und damit meine ich nicht nur das deutsche Standardprogramm mit festkochenden Sieglindekartoffeln und Kohlrouladen. Nein, sie hat auch selbstgemachte Pizza, fernöstliche Nudeln mit süß-saurer Sauce und Pommes de terres à la dauphinoise im Programm. Alles herrlich. Alles wunderbar.

Die perfekte, übrigens eigenverantwortliche und sich im Vollbesitz ihrer geistigen Kräfte dazu bekennende Vollbluthausfrau. Trotz alledem ist es unglaublich schwer, das Essen eben einer solchen Hausfrau zu loben.

»Die Klöße sind aber lecker!«

»Ja, die hätten noch was gekonnt …«
»Die Soße – ein Gedicht!«
»Die ist zu dünn geworden – ich weiß …«
»Das Fleisch zergeht auf der Zunge!«
»Der Metzger gibt mir sonst immer ein schöneres Stück …«
Wenn man bei Tante Hannelore das Essen lobt, hat man danach das Gefühl, man hätte den allerletzten Mist gegessen. Ich bin deshalb zu einer anderen Taktik übergegangen. Ich lobe mittlerweile differenzierter.
»Es schmeckt richtig Scheiße. Gib mir doch bitte noch was!«

Omma fällt zum dritten Mal in Folge dasselbe Stück Fleisch in den Schoß, weil das Aggregat für die Feinmotorik inzwischen vollständig ausgefallen ist – wir scherzen übrigens oft: »Omma, wer kleckert, kommt ins Heim!« – und gleich danach geht's los mit Räuber-Rommé. Monatelang. Nachdem wir tief in der Nacht alle zusammen mit müden, blutunterlaufenen Augen und aschfahlem Gesicht aussehen wie die Schlussrunde beim Pokermarathon, springt die wieder auferstandene und plötzlich topfitte Oma auf und will »stante pede« aufbrechen. Das geht doch nicht mit rechten Dingen zu? Ich glaube die verar… führt uns den Rest des Jahres an der Nase herum.

Da ich sie hingefahren habe, bin ich natürlich auch der Chauffeur für die Rückfahrt, was ich an diesem Punkt äußerst gerne übernehme. Allerdings ist die Rückfahrt mit Oma nicht so ganz ohne. Sicher, es ist sehr lustig, wenn ihre inzwischen nicht mehr ganz so stabile Nackenmuskulatur dafür sorgt, dass sie jeden Wackeldackel in einem Wackelbattle nass machen würde. Aber da ist eben auch noch der Rot*kohl*, der seinen Tribut fordert … mit aller Macht … Wie soll ich es denn nur omagerecht formulieren? Was soll's, zu diesem Zeitpunkt muss man wohl von Flatulenz im Endstadium sprechen. (Für die, die es immer noch nicht kapiert haben: Oma würde jeden Furzwettbewerb hochhaushoch gewinnen.)

Und wir sitzen im Auto!

Damit Sie die Situation auch richtig einschätzen können: Es ist schweinekalt, Omma hat quasi kein Unterhautfettgewebe mehr, weswegen die Heizung auf Hochtouren läuft. Somit herrscht eine unglaubliche Hitze im Wagen, die Fenster darf man aber nicht aufmachen, weil es ihr dann zieht. Und dazu dann dieser unglaubliche … Sie machen sich ja keine Vorstellung, was das für ein entsetzlicher … und ich hatte früher einen Fiat Panda! In dieser Sardinenbüchse ging nichts, aber auch nicht das kleinste bisschen verloren. Ähnlich wie in einem Aufzug, nur weiß man hier, wer es war.

Jedes Jahr bekomme ich zu Beginn der Fahrt durch Großmutters olfaktorische Herausforderungen Halluzinationen: Ich bin mit Onkel »Knochenbrecher« Lutz' alten Socken, einem Mount-Everest-großen Stück lauwarmem Harzer Roller und dem Mundgeruch meines alten Erdkundelehrers in einem vollbeladenen Gülletrecker eingesperrt und drehe in einer hermetisch verschlossenen Tupperdose auf ewig meine Runden!

Das Letzte, an was ich mich dann, endlich wieder in meinem Bett liegend, nach Weihnachten erinnern kann, ist ein sehr entspanntes Lächeln meiner Großmutter, einen fiesen Geschmack im Mund und bunte Farben …

»Is et nich schön!?«

Ich weiß auch nicht, wie meine geliebte Mutter und mein herzensguter Stiefvater Herbert es immer schaffen, aber hin und wieder sitze ich auch heute noch, obwohl ich doch als Erwachsener einen freien Willen habe, suizidgefährdet in ihrem Turbodiesel Audi Kombi.

Generell bin ich sehr gerne mit den beiden unterwegs. Es gibt immer was zu lachen, man erfährt Interessantes aus den beiden Weltkriegen – kleiner Spaß, natürlich nur aus dem Ersten – und kann in so mancher Lebenslage von der gewachsenen Weisheit profitieren und der Erfahrung aus mehreren Jahrhunderten vertrauen.

Nur nicht beim Autofahren. Da gelten seltsamerweise eigene Regeln.

Weil Herbert – wie wir noch erfahren werden – alles so lange in Grund und Boden repariert, bis es aufgibt, bekomme ich – sofern mir so schnell leider keine Ausrede eingefallen ist und ich mit im Wagen sitze – immer so ein komisches, leicht hysterisches Kribbeln im Bauch, wenn er den Anlasser betätigt. Denn, wenn man nun um das handwerkliche Geschick meines Stiefvaters weiß … UND darum, dass er am allerliebsten an seinem eigenen Wagen herumbastelt und ALLES selbst macht, weil er das natürlich genauso gut kann wie die überteuerten Werkstätten – wenn nicht besser – … DANN will man eigentlich lieber Bus fahren.

Aber das geht nicht immer. Vor ein paar Wochen nahm das Schicksal mal wieder seinen Lauf. (Falls es so etwas wie Schicksal überhaupt gibt. Wenn ja, dann würde ich dem aber mal kräftig die Meinung sagen und vielleicht hätte es auch kurz danach dummerweise einen tödlichen Unfall. Tja, Schicksal.)

Ich bin mit meinem Wagen zu Mama und Herbert gefahren, weil ich sie zu Kaffee und Kuchen bei meiner Tante am Niederrhein abholen sollte. Und ich IDIOT hatte vergessen, dass ich auf den Rücksitzen und im Kofferraum noch mit Tonnen von Katzenstreu, einem neuen Kratzbaum und diversen Wasserkästen Tetris gespielt hatte. Für das verschachtelte, aber jeden Millimeter Stauraum ausnutzende Einladen hatte ich nur zwanzig Minuten gebraucht.

Ich hätte mich während der Fahrt ja nur einmal umzudrehen brauchen. Oder die Tatsache, dass ich im Rückspiegel nur Plastiksäcke und weiße Perserkatzen auf ihrem Klo sah, hätte mich stutzig machen können. Aber nein …

Nachdem ich wahnsinnig überzeugend lächelnd und ein wenig hysterisch vorgeschlagen hatte, dass ich das Zeug doch im Handumdrehen, also in maximal zwei, drei Stunden, wieder ausgeladen hätte, kam schon, was ich dann doch nicht mehr verhindern konnte.

»Wir können doch auch mit unserem Wagen fahren.«

Ich sitze immer hinten, also schon mal da, wo Mutter Natur mich keinesfalls vorgesehen hat. Eine Reihe vor dem Wackeldackel, dem Hut und der verzierten Klorolle. Nein, nicht gehäkelt: genäht! Man will ja nicht spießig sein.

Wissen Sie übrigens, dass das gleich alle DREI der möglichen DREI Warngegenstände sind, die einen auf der Autobahn in allerhöchste Alarmbereitschaft versetzen sollten, wenn man sie in der Heckscheibe des Vordermanns erblickt? Der ehemals vierte eindeutige Hinweis, gelochte Lederhandschuhe des Fahrers, ist mit dem letzten Besitzer mittlerweile ausgestorben.

Was ist zu tun, wenn Sie so einem Fahrzeug mit höchstwahrscheinlich eher betagtem Lenker begegnen?

Erstens: Cool bleiben und die anderen Mitreisenden beruhigen. Es wird schon gutgehen.

Zweitens: Den unterschrittenen Mindestabstand von 500 Metern sukzessive wieder erhöhen. Nicht zu schnell, weil er Sie sonst bemerkt und sofort bremst.

Drittens: Erst überholen, wenn er auf der ganz rechten Spur ist. Sollten Sie es früher versuchen, zieht er GARANTIERT noch raus – und dann gnade Ihnen Gott. Diese Spur wird dann nämlich nie wieder verlassen und Sie fahren mit 43 km/h in den Urlaub.

Aber zurück zu unserem kleinen Reisebericht …

Herbert steckt den Schlüssel ins Zündschloss und schon geht es überhaupt nicht los. Er verkündet, dass er lieber noch mal tanken will, sicher ist sicher. Immerhin fehlen ja schon 4%! Mama regt sich natürlich stante pede auf, »weil das doch Quatsch ist«. Herbert versichert ihr dann, dass er schon seit über vierzig Jahren beim ADAC ist, es immer schon so gemacht hat und gut damit gefahren ist. Mama entgegnet, dass sie schon genau so lange ihren Führerschein hat – UNFALLFREI –, sie das nie gemacht hat und ebenfalls überall angekommen ist.

»Ja, aber später! Weil du zwischendurch liegengeblieben bist«, lacht Herbert dann.

»Nee, früher, weil ich nicht vorher schon stundenlang gequatscht und dann alle zweihundert Meter zum Tanken angehalten habe. Das machen wir, wenn wir wieder da sind. Lass uns endlich losfahren.«

EINEN Vorteil hat es. Ich muss nichts mehr sagen und kann mich aufs Wahnsinnigwerden konzentrieren.

Irritierend an der Sache ist übrigens nicht der Streit. Der ist mit kleinen, differierenden Nuancen im Grunde jedes Mal der gleiche. Nein, verstörend ist die Geschwindigkeit, mit der er von beiden abgehakt wird. UNMITTELBAR nach dem Disput schaut meine Mutter lächelnd aus dem Fenster und trällert wie so oft: »Is et nich schön?« Und ich denke jedes Mal: »Ja, et is nich schön!«

Was man daraus lernen könnte? Dass sich die Art, dem anderen zu sagen, wie lieb man ihn hat, im Alter verändert. Früher sagte man: »Ich liebe dich.« Nach dreißig Jahren sagt man: »Du machst mich bekloppt.« Ist aber eigentlich das Gleiche. Für Außenstehende ist das nur nicht immer gleich ersichtlich.

Herbert gibt Gas, zumindest hört es sich so an, und tatsächlich bewegt sich der Wagen schon keine zehn Minuten später langsam, sehr langsam von der Stelle. Wir sind unterwegs. Früher als sonst.

Wir kommen bis zur Hofausfahrt und müssen nun auf die Straße einbiegen. Ach, du Scheiße. Großauftrag! DAS kann jetzt etwas dauern. Ich weiß nicht, warum ältere Herrschaften dazu so lange brauchen, aber Fakt ist, dass man sich noch mal 'ne Tasse Tee holen kann, wenn Herbert vor einem abbiegen will.

Gut, es sind ja auch eine Menge Dinge zu berücksichtigen.

Also erst mal: Blinker setzen. Dann: Schauen, ob keiner kommt. Dann: Überprüfen, ob der Blinker auch wirklich an ist. Das »Tick-tack« könnte schließlich auch woanders herkommen. Dann: Nochmals schauen, ob keiner kommt. Erst links. Dann rechts. Dann noch mal links. Sicher ist sicher. Dann: Gas geben und langsam losfahren. Dann: Ist der Blinker an? Dann: Schauen, ob immer noch keiner kommt. Dann: Bremsen, weil jetzt tatsächlich jemand vorbeifährt. Aus heiterem Himmel. Es ist aber auch viel los heute. Dann: Von vorne anfangen. Also, schauen, ob keiner kommt. Erst links. Dann rechts. Alles frei. Dann: Wieder Gas geben. Dann: Blinker checken! Dann: Lenkrad drehen. Dann: ABBIEGEN! JIPPIEH! Dann: Lenkrad wieder zurückdrehen. Dann: langsam mehr Gas geben, weil man jetzt auf einer Hauptstraße ist und die anderen Fahrer einen mit ihren Hupen gerne erschlagen wollen. Man ist nämlich in dem Moment losgefahren, als die anderen angerast kamen, hat sie aber in der furchtbaren Hektik übersehen. Dann: Auf die Raser schimpfen. Dann: Blinker ausmachen.

Ich weiß nicht, wie es Ihnen geht, aber ich bin an dieser Stelle auf dem Rücksitz immer schon ein paar Mal gestorben. Ein bisschen an Langeweile und gleichzeitig an einem Gefühl, das seltsamerweise an zwanghaft unterlassene Hilfeleistung erinnert. Man schwankt zwischen verschiedenen Impulsen: Zuerst will man es gelassen hinnehmen, weil man akzeptiert, dass der Fahrer eben ein lieber, netter, älterer Herr ist. Dann will man ihm vorschlagen, doch selbst zu fahren, um ihm den Stress zu ersparen. Und recht bald danach will man ihm leider das Lenkrad aus der Hand reißen und damit aussteigen.

Da man natürlich nichts von alledem in die Tat umsetzt, bleibt man ein wenig verzweifelt sitzen und fragt sich, wie um alles in der Welt man wieder in diese Zeitmaschine geraten konnte. Und die Fahrstunde für Rentner hat gerade erst begonnen! Wir werden noch eine Menge lernen.

An der nächsten Ampel wird der Wagen erst einmal ausgemacht. Herbert kennt die Ampelphasen an dieser Stelle »auf die Millisekunde genau, jahaa,« und will Benzin sparen. Meine Mutter findet das knauserig und schimpft jetzt schon mal ein bisschen, dass wir gleich schon wieder nicht zügig loskommen. Herbert erklärt ihr die neue Start/Stop-Automatik von BMW, dass das letztendlich genau derselbe Vorgang sei, und weist damit die Anschuldigung auf das Entschiedenste zurück. Es wird grün.

Zuerst: Den Zündschlüssel drehen. Dann: In den Rückspiegel schauen. Dann: Kupplung treten und den ersten Gang einlegen … Ich kürze es Ihnen zuliebe ein wenig ab. Sie sollen ja auch nur einen Eindruck von den Geschehnissen bekommen. Dass Sie einschlafen oder das Buch an dieser Stelle schon zerreißen, aufessen oder an die Wand schmeißen, möchte ich nicht riskieren.

Unterstützt von einem wirklich UNGLAUBLICH selbstgerechten »Siehste!« meiner Mutter nehmen wir, kurz bevor die Ampel nach der Grünphase wieder zurück auf Gelb schaltet und wir die anderen Verkehrsteilnehmer hinter uns lassen, fröhlich wieder Fahrt auf. Sogar immer mehr und immer schneller. Mir ist nach einem kleinen Liedchen zumute und man könnte wagen zu behaupten, dass wir mittlerweile mit dem normalen Verkehr mithalten können, womit ich eigentlich schon gar nicht mehr gerechnet hatte. Und wir werden sogar NOCH schneller!

Ein Blick nach vorne verrät mir, dass Herbert auf der rechten unserer doppelspurigen Landstraße einen anderen Wagen fixiert, wie die Schlange ihr ahnungsloses Opfer. Mir schwant nichts Gutes. Unser Kombi beschleunigt immer weiter, weil wir natürlich auf gar keinen Fall zulassen können, dass uns die alte schwarze Mercedes C-Klasse rechts überholt und am Ende noch vor uns wieder einschert. Nicht mit uns! Wir beschleunigen weiter und schließen immer weiter zu den eben noch weit vor uns fahrenden Wagen auf. Unser Gegner beschleunigt ebenfalls und zieht vor, Herbert Vettel gleicht aus.

Vom Beifahrersitz: »Is et nich schön?« Mama hat von der Aktion offensichtlich noch nichts mitbekommen. Ja, et is nich schön!

Wir werden NOCH schneller! Wie kann man nur in quälendem Zeitlupentempo um eine Ecke biegen, aber nur Augenblicke später die Reaktionsgeschwindigkeit eines Formel-1-Rennfahrers entwickeln? Rasend schnell nähern wir uns jetzt den anderen Fahrzeugen. Der schwarze Mercedes lässt sich nicht abhängen. Mittlerweile ist es ein Kopf-an-Kopf-Rennen geworden und die Stoßstangen der anderen sind nicht mehr weit … ICH WILL HIER RAUS! Vor meinem geistigen Auge sehe ich schon die letzten Sekunden meines Lebens vor mir vorbeiziehen: Wir haben gewonnen, sind die Ersten, die die anderen erreicht haben, und Herbert beginnt als Erstes mit: Blick in den Rückspiegel. Dann: Bremse suchen. Dann: … Um Himmels willen!

Doch wir gewinnen tatsächlich. Der Höllen-Mercedes muss scharf in die Eisen steigen und schafft es verteufelt knapp doch nicht mehr, vor uns die Spur zu wechseln.

»Ha! Das versucht der jedes Mal. Aber nicht mit mir. NICHT mit mir, mein Lieber. Das ist schon wieder der Hartmann aus der Buchhaltung. Dieser blöd …«

»Jetzt geht das schon wieder los. Hör doch auf, Herbert! Wir sind auf einer Landstraße. Der darf dich rechts überholen.«

»Darf er NICHT!«

Doch, eigentlich dürfte er schon, aber auf die Erklärung bin ich jetzt sehr gespannt.

»Warum gibt der denn erst dann Gas, wenn ich neben ihm bin? Der könnte doch auch einfach in seinem Tempo weiterfahren.«

Bestechendes Argument, wie ich finde, aber Mama lässt es nicht zu. Sie behauptet, dass man da drüber stehen sollte und doziert noch *sehr* lange über Rücksicht und Testosteron.

Herbert und ich wünschen uns diese Brillen mit den aufge-malten Augen, mit denen man schlafen kann, ohne dass der an-dere was merkt. Obwohl das in seinem Fall momentan natürlich kontraproduktiv wäre.

Wir fahren auf den Zubringer zur Autobahn. Kein gutes Gefühl, schon gar nicht mit der noch sehr deutlich präsenten Erinne-rung an die gerade gedrehten Runden auf dem Nürburgring. Aber so schlimm wird es schon nicht werden. So beruhigt man sich dann ja immer. Und dann WIRD es immer noch schlimmer.

Wir biegen also auf den Beschleunigungsstreifen und geben natürlich AUF GAR KEINEN FALL Gas. Das machen ja alle. Wir nicht! Die Bezeichnung dieses Streifens ist ja auch durch puren Zufall so gewählt worden, die hat rein gar nichts mit seiner Funktion zu tun. Das DENKT man nur.

Wir zuckeln also aus mir noch unerfindlichen Gründen den Streifen entlang, neben uns kein Mensch, und schauen hektisch mindestens ein Dutzend Mal in den linken Außenspiegel. Nach *jedem* Mal machen wir auch noch einen herumgerissenen Schulterblick unter Einsatz des KOMPLETTEN Bewegungsap-parates und zerren dabei unabsichtlich am Lenkrad. So in Schlangenlinien immer wieder leicht auf die Autobahn und wieder von ihr herunterfahrend, schließen wir bis zur ungefäh-ren Mitte des Beschleunigungsstreifens auf, warten den nun endlich heranrasenden einzigen anderen Verkehrsteilnehmer ab und geben Vollgas. Zu diesem Zeitpunkt habe ich mit mei-nem Leben bereits abgeschlossen.

Die einzige Schlussfolgerung zu diesem Verhalten kann doch nur sein, dass wir Autorugby spielen, mir davon mal wieder kei-ner etwas gesagt hat und wir den anderen treffen WOLLEN, oder?

»Is et nich schön?« JA, VERDAMMT NOCH MAL, ET *IS* NICH SCHÖN!

Auf meine Nachfrage – nachdem wir dem sicheren Tod nur

knapp entkommen sind, weil der andere Fahrer so geistesgegen-wärtig war, zu bremsen –, was ihn denn dazu veranlasst hätte, sich so zu verhalten, antwortete Herbert im belehrenden Brust-ton der Überzeugung: »Sonst hätte ich ja am Ende anhalten müssen. Und das Ding heißt ja Beschleunigungsstreifen, nicht Haltestreifen.« Vielen Dank. Das sind die Situationen, in denen man ihn NOCH lieber hat – Stockholmsyndrom, ganz klar – und sich entschließt, NICHT in eine Diskussion einzusteigen, weil man die Niederlage schon riechen kann. Nicht, weil die eigenen Argumente falsch wären, nein, sondern weil die eigenen Argu-mente nicht bei den richtigen Synapsen ankommen werden. Und dann kann man's ja auch lassen.

Ungefähr zehn Kilometer verlaufen ohne große Zwischenfälle. Wenn man das permanente, harte Beschleunigen und Abbrem-sen OHNE AUCH NUR DEN GERINGSTEN GRUND und meinen dadurch nervös angegriffenen Kreislauf mal außen vor lässt.

Wir fahren die ganze Zeit auf der mittleren Spur. Es ist kein anderer Wagen weit und breit zu sehen, auch die rechte Spur ist völlig frei, aber wir bleiben auf der mittleren. Da kann einem nichts passieren. Da ist man sicher. Vor wilden Tieren aus dem Wald zum Beispiel. Absolut nachvollziehbar. Vor Geisterautos, die die anderen Spuren sicher gerade befahren. Ebenso logisch. Und vor Hubschraubern, die rechts oder links spontan notlan-den könnten. Nein, nein, das macht der gute Herbert alles rich-tig.

Nur wenn wir gerade jemanden überholen und von hinten ein schneller Sportwagen angerauscht kommt, DANN fahren wir auf die linke Spur und beschleunigen NICHT. Es kann uns keiner zwingen. Wir zeigen dem Fahrer hinter uns, der gerade mit beiden Füßen im Motorraum auf der Bremse steht und dem die Schweißperlen auf die Stirn geschossen sind, natürlich den Vogel. Warum fährt der denn auch so schnell? Der muss doch wissen, dass wir aus völlig unerfindlichen Gründen plötzlich die Spur wechseln werden. Raudi! Es gibt keine Rücksicht mehr, heutzutage.

Ich bin auf meiner Rückbank übrigens ein gehöriges Stück nach unten gerutscht, in den Fußraum, um genau zu sein, damit man mich nicht sehen und mit Herbert in Verbindung bringen kann. Wenn ich hier unten sterben muss, dann bitteschön. Ich bin bereit. Hauptsache ich werde nicht erkannt.

Blöd ist nur, hier unten wird mir durch das ständige Schneller- und Langsamerwerden noch übler. Um nicht zu sagen – verzeihen Sie – kotzschlecht. Die hin und wieder aufflackernde Todesangst steuert munter ihren Teil dazu bei.

»Was machst du denn da unten?«, fragt mich meine Mutter.

»Mir ist ein bisschen schlecht, Mama.«

»Ja, hinten sitzen ist immer unangenehm. Willst du lieber nach vorne?«

Alles nur das nicht. Ich reiße mich zusammen, riskiere meinen guten Ruf und tauche wieder auf.

Gerade rechtzeitig, um im Rückspiegel erneut Herberts hypnotisch-irren Blick wahrzunehmen. Den Ausdruck kenne ich doch. Und richtig. Der Hartmann! Der Name ist Programm. Ich drehe mich um und sehe durch die Heckscheibe, dass eine alte schwarze Mercedes-C-Klasse-Limousine sehr schnell im Zickzack zu uns aufholt. Wir beschleunigen bereits, den Blick keinesfalls vom Rückspiegel nehmend.

Wir kommen in die Hölle. Wir kommen alle in die Hölle und müssen da auf ewig so zusammen weiterfahren. Herbert, weil er Verkehrsregeln erfindet, ich, weil ich ihn nicht am Fahren gehindert und somit viele Menschenleben riskiert habe und Mama … na, Mama sowieso.

Während absichtlicher und noch deutlich mehr unabsichtlicher lebensgefährlicher Fahrmanöver entwickelt sich folgendes Gespräch zwischen meinen Eltern.

»Herbert, jetzt ist aber Schluss. Fahr bitte ran, ich muss mal auf die Toilette.«

»Das geht jetzt nicht.«

»ICH mache so etwas doch auch nicht.«

»Du bist ja auch eine Frau.«

Ups.

»DAS ist ja wohl das Allerletzte! Ich fahre seit über vierzig Jahren unfallfrei, bin bei einem Versicherungsbeitrag von 25 % und DU willst mir erzählen, wie man Auto fährt …?«

Scharfer Schwenk auf die linke Spur.

»… ich bin damals noch gefahren …«

»… als es Kutschen gab?«, versuche ich einen Scherz. Vielleicht lenkt das die beiden ja ab.

Starkes Bremsen und unmittelbar danach starkes Beschleunigen.

»Nein, mein Sohn, das meinte ich NICHT. Ich bin damals noch gefahren, als der Schnee meterhoch auf den Straßen lag und alle in den Gräben lagen. Und ich hatte nicht mal EINEN Kratzer am Auto!«

»Was hat das denn hiermit zu tun?«

»Nichts. Ich wollte es nur mal gesagt haben.«

Scharfer Schwenk nach rechts. Sofort wieder nach links. Bremsen. Gas geben. Bremsen. Gas geben.

»Was machen wir eigentlich Weihnachten? Kommen du und deine Schwester am ersten oder zweiten Feiertag? Wir schenken uns diesmal aber nichts, ne!?«

»Mama, sollte ich das hier überleben, kommen wir gar nicht, weil ich durch meine gerade entstehende Psychose wahrscheinlich NIE WIEDER Auto fahren kann. Ich denke aber nochmal drüber nach. Zeit habe ich ja genug. Ist ja erst MAI.«

So starkes Stotterbremsen, dass ich zwanzigmal fast durch die Windschutzscheibe und zurück fliege.

»Immer dasselbe. Du und der Hartmann. Lass ihn doch.«

»ER HAT ES NOCH NIE GESCHAFFT UND ER *WIRD ES AUCH NIE SCHAFFEN*! Ha ha!«

Heftiges Reifenquietschen hinter uns. Dann kurze Stille. Und während wir nun gemütlich zur Ausfahrt rüberziehen, lassen wir ein ohrenbetäubendes Hupkonzert zurück.

Herbert ist *sehr* zufrieden. Gut, wir haben unsere richtige Ausfahrt schon seit mehr als dreißig Kilometern verpasst, aber das macht nichts. Den Weg zur Tante am Niederrhein kennt er auch über die Landstraße, wie er uns versichert. Das ist zwar ein ziemlicher Umweg von 'ner guten Stunde, aber so kann man die selten gemeinsame Zeit wenigstens auch richtig nutzen.

»Is et nich schön?«

> **TIPP:** Fangen Sie vor der nächsten gemeinsamen Autofahrt mit Ihren Eltern mit dem Kiffen an. Vom Beschleunigungsstreifen aus vor dem 12-Tonner mit 30 km/h einscheren? Das passt schon …

Familie Alzheimer

Ältere Menschen vergessen schon mal etwas. Ob das jetzt daran liegt, dass sie sich wirklich nicht erinnern können, oder eher daran, dass sie sich nicht erinnern wollen, lässt sich nicht immer zweifelsfrei feststellen. Ich glaube aber, dass die Fähigkeit, die unwichtigen Dinge des Lebens auszublenden, mit dem Alter zunimmt. Meine Mutter wird immer besser, meine Großmutter beherrscht es perfekt.

Wenn es darum geht, wann ich Oma das nächste Mal besuchen wollte, dann erinnert sie sich noch nach Monaten an den richtigen Tag, die exakte Stunde, die genaue Minute und natürlich en detail, wie lange ich bleiben wollte. Wenn es sich aber um das neue Formular für die Rentenanpassung handelt, das sie von meinem Vater bekommen hat und welches sie nur unterschreiben muss, dann weiß sie erst mal eine halbe Stunde lang nicht, worum es überhaupt geht, und danach hat sie den Zettel leider mal wieder verlegt. Er soll dann einfach beim nächsten Mal ein neues Formular mitbringen.

Mama

Meine Mutter hat auch eine Erinnerungsschwäche. Aber eine andere. Sie kann sich meistens nicht an die eigenen Aussagen erinnern. Komisch, oder? Wenn man als Sohn auf den Vorwurf der Vernachlässigung hin sehr vorsichtig darauf hinweist, dass sie vorgestern noch so geschwärmt hat, wie harmonisch das Familieleben geworden ist und wie oft man sich in letzter Zeit gesehen hat, dann ist das plötzlich einfach nicht wahr. Dann hat sie das nie gesagt. Verrückt, oder?

Was merkwürdig ist, denn ich bin in diesem Fall sogar dabei gewesen. Ich stand neben ihr, als ich noch glaubte, diese Worte aus ihrem Munde vernommen zu haben. Onkel Lutz war allerdings auch da. Kann der denn bauchreden, Stimmen imitieren … und es sich nur dadurch so anhören, als würde meine Mutter etwas sagen? Möglich ist ja alles.

Ich habe Mama das auch gefragt und sie hat mich nur ungläubig angesehen. Mit diesem bereits erprobten, prüfenden Ausdruck in den Augen, der so viel sagt wie »Ist der wirklich von mir? Wovon redet er?«

Sie hat es leider nicht verstanden. Ich wollte die Situation nur auflockern und sie auf heitere Weise dazu bringen, zuzugeben, dass ich oft genug zu ihr komme … Fehlanzeige! Allerdings packt mich in solchen Momenten auch immer ein gewisser Ehrgeiz. Es kann doch nicht sein, dass mir Mama zeitlebens heldenhafte Ehrlichkeit gepredigt hat, es aber selbst nicht auf die Kette kriegt! Nein, das geht wirklich nicht. So kommt sie mir nicht davon. Diesmal kriege ich sie …

Ob sie sich noch an vorgestern erinnern kann, habe ich dann nicht lockergelassen.

»Natürlich. Ich habe ja kein Alzheimer.« Dass ich mir da nicht so sicher war, habe ich mir an der Stelle verkniffen. Stattdessen erwiderte ich, dass nicht nur Onkel Lutz dabei gewesen war, sondern auch Tante Hannelore, meine Schwester und mein Neffe. Ob sie sich auch an diese Familienmitglieder dunkel erinnern könnte, wollte ich wissen.

»Ja klar, aber warum fragst du mich das denn?« Ich wolle nur überprüfen, ob ihre Erinnerungen ansonsten vollständig waren und sie an dem Tag nicht doch ein temporäres Blackout hatte. »So ein Unsinn.«

Ich erklärte meiner Mutter, ich sei felsenfest davon überzeugt, dass irgendjemand mit ziemlich tiefer Stimme selig zufrieden bestätigt hat, dass wir in letzter Zeit so herrlich oft zusammenkommen. Und dieser jemand hätte meiner Mama wahnsinnig ähnlich gesehen.

Daran konnte sie sich überhaupt nicht erinnern.

Da! Schon wieder. Aber nicht mit mir. Ich zog die Schlinge zu. Onkel Lutz hatte nämlich seine neue Videokamera dabei gehabt und Meisterdetektiv Sherlock Schmitz – das bin ich – meinte sich sehr genau daran zu erinnern, dass der Onkel just in diesem entscheidenden Moment alles für die Nachwelt festgehalten hatte. Mit ein bisschen Glück war also genau *der* Satz auf dem Band, auf den man Mama festnageln konnte.

Ich brach die Unterhaltung mit ihr zum Schein ab und ließ sie in dem Glauben, dass diese Lappalie erledigt war.

Doch mein Plan reifte bereits. Ha ha! Meine Vorbereitungen für den großen Triumph wurden in den nächsten Tagen konkreter. Sherlock begann alles minutiös auszuarbeiten: Wo er sie mit dem corpus delicti konfrontieren wollte, wann er es überraschenderweise aus dem Nichts hervorzaubern würde, ja sogar was er zu diesem Anlass tragen wollte, legte er fest.

Sie verstehen mich doch, liebe Leserin, lieber Leser? Ich baue darauf. Glauben Sie mir, ich war nicht wahnsinnig geworden. Nein! Zum ersten Mal in meinem Leben rückte nur die Möglichkeit näher, endlich einmal einen BEWEIS zu haben, dem sich auch eine Mutter unterwerfen MUSSTE. Endlich schwarz auf weiß zu haben, dass sie eben doch eigentlich ganz glücklich ist und das schlechte Gewissen, diese nach Belieben eingesetzte furchtbare Allzweckwaffe, keine Macht mehr über ihren Sohn haben könnte. Diese Aussicht musste doch verzücken. Diese Erlösung *musste* doch den Himmel versprechen, würde er die unsichtbaren Ketten endlich sprengen.

Sherlock Schmitz hatte eine Postkarte besorgt, die ihm zufällig in die Hände gefallen war. (Gibt es überhaupt Zufälle?) Auf dieser Karte war ein böser, aber ziemlich zutreffender, satirischer Comic abgedruckt. Ein spindeldürrer, ausgezehrter, kleiner, junger Hahn trug mit zitternden Knien ein monströs großes, schon etwas in die Jahre gekommenes missmutiges Huhn, welches den einzigen Text hatte: »Und vergiss nie, dass ich dich unter Schmerzen geboren habe!«

Es konnte einfach nichts mehr schiefgehen, denn ich hatte Glück. Sie werden es nicht glauben, aber der beste Onkel Lutz der Welt hatte den wichtigsten Moment im Leben eines Sohnes tatsächlich konserviert. Mama in Großaufnahme, glücklich, berauscht und zufrieden mit den häufigen Besuchen ihres Sohnes!!! Diesen Augenblick, als ich erfuhr, dass es doch einen Gott gibt, werde ich in meinem ganzen Leben nicht mehr vergessen. Gott hatte wohl nur endlich Zeit gefunden und war *doch* auf meiner Seite. Verständlicherweise, denn er hat ja schließlich selbst 'ne Mutter.

Doch! Die »Mutter Gottes«, die ja praktischerweise schon diesen Namen trägt. Schon mal was von der heiligen Dreifaltigkeit gehört? Na also. Jesus war nicht nur Gottes Sohn, sondern eben auch selbst göttlicher Teil, wodurch Maria eben die Mutter Gottes wurde. Tja, wir haben alle eine. Aus der Nummer kommt selbst Gott nicht raus. Und wenn der das schon nicht schafft, wie sollen wir das dann hinkriegen?

Aber das Beste sollte ja noch kommen!

Das nächste Treffen mit Mama stand, die Huhnkarte war geschrieben – »Ätsch!« – und der Beweisfilm zur Sicherheit auf DVD, auf 'nem USB-Stick und auf meinem Handy in meiner Tasche. Es KONNTE einfach nichts mehr schiefgehen.

Doch. Es konnte.

Denn eine Sache hatte ich nicht bedacht. EINE Sache hatte ich im Rausch des baldigen Triumphes aus den Augen verloren und schlichtweg verdrängt.
Doch, doch, es war alles so, wie ich es geplant hatte. Ja, wir saßen bei Mama im Wohnzimmer und Stiefvater Herbert war als Zeuge zugegen. Ja, die Postkarte steckte griffbereit in meiner Gesäßtasche. Und ja, Mama wollte das Filmchen auch unbedingt sehen. Ich hatte ja auch listig vorgetäuscht, dass ich noch mal gerne mit den beiden zusammen den netten, kleinen Familienfilm ansehen wollte. Und sie ahnte nichts!

Der Film begann harmlos beim Eintreffen aller Gäste. Ich hatte bei Sichtung der Beweismittel natürlich hektisch vorgespult und nicht mitbekommen, dass Onkel Lutz mit seiner tollen neuen Kamera an dem Abend auf alles draufgehalten hatte, was sich nicht wehren konnte. So kämpften wir uns durch ewig dauerndes Mäntelablegen, stundenlang schlafende Hunde, vor sich hin kochende Töpfe, mehrfaches Abfilmen aller Räume – vielleicht will man die Wohnung ja mal untervermieten –, diverses Anhauchen und Putzen des Objektivs, weil Onkel Lutz das Ding nicht ausgestellt hatte, und stundenlanges Schwarzbild, weil die

Kamera auch weggepackt immer weitergelaufen ist. Von der Stand-by-Funktion hatte er anscheinend noch nie etwas gehört.

Fast wäre ich eingenickt. FAST hätte ich die wichtigste Stelle verschlafen. Aber nein, ich erkannte den Auftakt rechtzeitig wieder und war plötzlich wieder hellwach. Es war so weit. Verstohlen und voller diebischer Vorfreude warf ich einen Blick in Richtung meiner Mutter. Sie saß auf dem Rand der Couch und hatte Spaß an dem Filmchen. Sollte sie nur. Das dicke Ende stand unmittelbar bevor.

ENDLICH! Ein Schwenk zu Mama, sie spricht den Satz der Sätze, meine Hand ist schon an der Postkarte und ich sage endlich mit triumphierendem Lächeln: »Also doch! Ich besuche dich oft genug!« Ich klebe an ihren Lippen. WAS konnte sie DARAUF schon erwidern? Sie sagte …

»Trotzdem.«

Ja, liebe Leserin, lieber Leser, das war alles. Sie hatte das Kardinalsargument aller Mütter eingesetzt, die Hiroshima-Bombe aller Antworten gezündet. Sie lächelte, verstand nicht, wie wichtig es mir war, sagte nichts mehr und machte den Fernseher aus. Fertig.

Mehr kam nicht. *Das* war mein großer Triumph. Untergegangen im Nichts, verschwunden in Bedeutungslosigkeit, vernichtet durch Ignorieren.

Ich hatte einen Beweis. Ich hatte DEN Beweis. Aber er nützte mir nichts. Es würde sich nichts ändern. Und als ich so darüber nachdachte und versuchte meine Niederlage einzustecken, da wurde mir klar, dass das auch nicht so schlimm war. *Ich* wusste ja nun, dass alles halb so wild war. Im Leben eines Sohnes ein äußerst wichtiger Moment! Von nun an war ich auch ohne Eingeständnis in der Lage, die eine oder andere Äußerung von Mama nicht so ernst zu nehmen. Es änderte sich also DOCH etwas.

Den Film habe ich immer noch. Wenn es mal wieder ganz dicke kommt, dann gucke ich ihn mir heimlich an. Das hilft.

Meistens.

TIPP: Da Mütter oft Dinge verschenken, die sie selbst schön finden, aber auch immer vergesslicher werden, warten Sie einfach genau ein Jahr und schenken den Porzellanschwan zurück. Sie werden sehen: durchschlagender Erfolg. Und Sie mussten sich noch nicht mal den Kopf zerbrechen.

Die echte Familie Alzheimer

Ich möchte nun aber noch auf andere Weise auf den eindeutigen Titel dieses Kapitels näher eingehen. Bei uns ist es sicher so, dass Großmutter und Mutter immer wieder an dem einen oder anderen Erinnerungsverlust leiden. Ich habe mich allerdings gefragt, wie es wäre, wenn *alle* Mitglieder einer Familie hin und wieder ein paar Aussetzer hätten.

Ich komme darauf, weil ich mal mit einem wirklich bildschönen Mädchen ausgegangen bin, welches nicht nur selbst sehr merkwürdig war – sie hatte tierisch einen an der Klatsche –, sondern auch ebensolche Eltern hatte. Die drei redeten *so* wirres Zeug, dass ich wirklich nicht in der Lage gewesen bin, ihren Unterredungen zu folgen. Das lag aber nicht etwa am hohen Schwierigkeitsgrad der Konversation, auch nicht daran, dass sie sich vielleicht einer anderen Sprache befleißigten. Nein, sie hörten nur so unglaublich wenig aufeinander und waren so tief in ihre eigenen Gedanken versunken, wie ich es niemals für möglich gehalten hätte. Es war *so* absurd, dass man es eigentlich keine zwei Minuten hätte aushalten können. Nun war die Tochter aber … nun ja, Sie erinnern sich … sie war so wahnsinnig laufstegmodellhaft schön, dass ich mir fleißig einredete, dass das ja alles auch als kleine Fallstudie betrachtet werden konnte. Anders ausgedrückt: Es war mir total egal.

»Wird schon gutgehen …«

Das klappte aber nur so mittel.

Diese Begegnung der dritten Art blieb mir natürlich im Gedächtnis, und da ich damals bei Tisch eh nicht mitkam – keiner hätte das vermocht –, malte ich mir noch vor Ort aus, wie es wäre, wenn diese Menschen nur ein winziges Stückchen mehr die Orientierung verlieren würden. Wirklich nur ein GANZ KLEINES Stückchen …

Ich war bei Familie Alzheimer zum Essen eingeladen und auf die Minute pünktlich. Dass mich keiner erwartet hat, brauche ich an dieser Stelle nicht zu erwähnen, oder? Nach endlosen Diskussionen an der Tür, diversen Versuchen seitens der Hausherren, mich als Staubsaugervertreter wieder loszuwerden, und mehrmaliger Versicherung meinerseits, dass ICH derjenige bin, für den sie den Tisch gedeckt haben, saßen wir dann endlich alle am großen Esstisch.

Vater Alzheimer. Mutter Alzheimer. Tochter Alzheimer. Und ich.

Der Einfachheit halber habe ich die Tischkonversation im Folgenden in Dialogform verfasst. So können Sie, liebe Leserin, lieber Leser, leichter dem »Verlauf der Themen« folgen – falls man von so etwas überhaupt sprechen kann …

Vater: Oh, wie schön! Das Essen ist schon fertig. Wer spricht das Gebet?

Tochter: Ich!

Lange Pause.

Vater: Oh, wie schön. Das Essen ist schon fertig. Wer spricht das Gebet?

Tochter: Ich!

Ralf: Okay.

Wieder lange Pause.

Vater: Oh, wie schön. Das Essen ist schon fertig. Wer spricht das Gebet?

Ralf: Dürfte ich vielleicht das Gebet sprechen?

Vater: Eine sehr schöne Idee, junger Mann!

Ralf: Danke. Lieber Gott, wir danken dir für die tollen Speisen hier. Amen.

Vater: Oh, wie schön. Das Essen ist schon fertig. Wer spricht das Gebet?

Tochter: Ich!

Ich hatte eine GENIALE Idee …

Ralf: Herr Alzheimer, das war gerade aber wirklich ein sehr ergreifendes Tischgebet!

Vater: Ach, wirklich?

Ralf: Ja, wirklich. Guten Appetit alle zusammen!

Vater: Guten Appetit!

Mutter: Guten Appetit!

Tochter: Guten Appetit!

Vater: Guten Appetit!

Mutter: Guten Appetit!

Tochter: Guten Appetit!

Vater: Guten Appetit!

Ralf: Hm, das schmeckt aber gut.

Vater: Reichst du mir bitte mal die Erbsen, Schatz?

Mutter: Was?

Vater: Da, die Erbsen!

Mutter: Wo?

Vater: Nein, mir!

Mutter: Was?

Vater: Reichen! Die Erbsen!

Mutter: Ja, die Erbsen reichen!

Vater: Das freut mich!

Nun versucht man natürlich in so einer prekären Situation, das Beste daraus zu machen. Ich versuchte es mit ein wenig Smalltalk …

Ralf: Äh, und was gibt's sonst so Neues?

Mutter: Genau, Schatz, wie war's im Büro?

Vater: Toll, ich bin befördert worden, zum stellvertretenden Geschäftsführer mit doppeltem Gehalt und eigenem Firmenwagen.

Ralf: Mercedes?

Tochter: Nein, ich heiß Nicole!

Mutter: Und ich Uschi. Und das ist Klaus.

Ralf: Was Sie nicht sagen.

Mutter: Genau. SAG doch auch mal was, Klaus, wie war's im Büro?

Vater: Im Büro?

Mutter: Ja, du hast noch nie etwas erzählt.

Vater: Wem?

Mutter: Mir! Du lässt mich einfach nicht an deinem Leben teilhaben!

Vater: Wer sind Sie?

Mutter: Was machen Sie in meinem Haus?

Ich wollte ihm helfen und flüsterte Klaus zu …

Ralf: Verheiratet!

Tochter: Wir beide sind miteinander verheiratet?

Äh, sie war wirklich SEHR schön …

Ralf: Jap.

Vater: Dann sind Sie ja unser Schwiegersohn!

Ralf: So sieht es dann wohl aus.

Mutter: Und wer ist sie?

Ralf: Das ist Ihre Tochter.

Mutter: Na, sieh mal einer an. Das ist aber schön, dass die ganze Familie endlich mal wieder beieinander sitzt!

Vater: Eigentlich hätten wir mit dem Essen ja noch gar nicht anfangen dürfen. Wir haben ja noch nicht mal gebetet. Das wollen wir mal flugs nachholen …

Ralf: GOTT HILF MIR!

Vater: Amen!

Mutter: Amen!

Tochter: Amen!

Ralf: AAAAAMEEEEEEEENN!!!

Mamas kleine Sprachschule

»Dingens«

Mütter sprechen anders.

Spricht Ihre Mutter eine Fremdsprache? Nein? Da wäre ich mir nicht so sicher! Meine kann laut eigenem Bekunden keine einzige. Was aber nicht stimmt. Eine beherrscht sie aus dem Effeff, die »Dingens«-Sprache. Und die macht mich verrückt.

Hierbei handelt es sich um eine der Schlumpfsprache nicht unähnliche Art, sich auszudrücken. Wer oder was die Schlümpfe sind, daran können Sie sich sicher noch erinnern. Auch die Schlümpfe lassen, wenn sie ein Wort nicht aussprechen oder ihrer Welt eine »schlumpfigere« Färbung geben wollen, das betreffende Wort einfach aus und ersetzen es durch »schlumpf«. Ein Beispiel zur Verdeutlichung: Wenn Papa Schlumpf sagen möchte, dass alle in Gefahr sind, dann hört sich das ungefähr so an: »Meine lieben Schlümpfe, schlumpft euch schnell in Sicherheit, bevor Gargamel euch schlumpft, uns in seinen großen Kessel schlumpft und mit Messer und Schlumpf aufschlumpft.«

Erinnert Sie das an jemanden? Genau. Mich erinnert das fatal an meine Mutter. Nur will Mama nichts schlumpfen. Mama formuliert auch keine sinnfreien Sätze wie: »Mein lieber Sohn, wenn du das nicht aufmama, dann muss Mama den Rest Pudding wegmama.«

Nein, es ist viel schlimmer!

Meiner Mutter fallen, wie sicher vielen anderen Müttern auch, die entsprechenden Worte einfach nicht sofort ein, und um sich die lästige Suche nach dem richtigen Begriff zu ersparen, setzt sie an die frei gewordene Stelle in ihrem Satz einfach »Dingens«. Ungemein praktisch. Für sie! Für den Zuhörer weniger.

Gut, wenn das fehlende Wort einfach ist – sie vergisst auch schon mal Worte wie »Schuhlöffel« oder »Kaffeemaschine« – und man sich den Sinn aus dem Zusammenhang erschließen kann, dann geht es ja noch.

Mama fehlte zum Beispiel mal das Wort Teller. Simpel.

»Hol mal die Dingens aus der Vitrine, wir wollen gleich essen«, kann sich ja jeder noch zusammenreimen. Was ist aber hiermit?

»Och, gestern war es schön, da waren wir in Dingens und haben die leckeren Waffeln gegessen.«

Ein meiner Familie nicht wirklich nahestehender Mensch wird mit dieser Aussage absolut nichts anfangen können und mit angestrengtem Gesichtsausdruck einsam zurückbleiben, da er nicht wissen kann, wo zum Henker die herrlichen Köstlichkeiten serviert werden. Wenn man als Sohn aber weiß, dass Mama, wenn sie Hunger auf Waffeln hat, immer, ausschließlich und unausweichlich in das eine Café im Bergischen fährt, dann bedarf es keiner Nachfrage und man entgegnet bloß: »Schön.«

Erhöhen wir aber den Schwierigkeitsgrad, dann wird es rapide anspruchsvoller: »Hol mal die Dingens aus dem Dingens.«

Was soll das denn sein? Man MUSS doch nachfragen, oder? Mama findet das überhaupt nicht. Wenn ich dann verzweifelt wissen will, was diese alt…ersweise Frau denn um Himmels willen gemeint haben könnte – was übrigens IMMER falsch ist –, dann kriege ich die Quittung: »Wie ›was ist Dingens‹? Du weißt doch, was ich meine.«

Herzlich Willkommen bei Dingsda für Erwachsene. Mehr Informationen kriegen Sie nicht. Sei es, weil Mama schlichtweg nicht zugeben will, dass ihr das blöde Wort »Taschentücher« nicht eingefallen ist, aus reiner Schadenfreude oder weil ihr das eigene Sprachparadoxon tatsächlich als völlig schlüssig erscheint. Ich weiß es nicht. Es spielt leider auch keine Rolle.

Und leider weiß man auch immer noch nicht, was genau das Orakel bei Köln denn nun zum Henker haben will.

Ich holte ihr eine Flasche Wasser … Falsch.

Ich brachte eine gemütliche, flauschige Decke … Mööp.

Dann schleppte ich einfach alles an, was mir zwischen die Finger kam. Ein Sofakissen – Nein. Ein Stück Kuchen – Nö. Den Kaktus von der Fensterbank – »Was soll das denn?«. Waschlappen, Nagelschere, dicke Socken, Kugelschreiber, Fernbedienung, Handy, Nachttischlampe, Gartenschlauch, Automatten, Fahrrad, Eingangstüre, Pflastersteine, Straßenlaterne und den Mann im Mond.

Fehlanzeige.

Und bevor Sie fragen: NATÜRLICH habe ich irgendwann haaresbreit vor einem Nervenzusammenbruch und reif für die Olympiade versucht, ihr klar zu machen, dass ich nicht Gott bin und nicht wissen KANN, was Dingens DIESMAL zu bedeuten hat, und nachgefragt. Sie kam nicht drauf. Lange.

Dann plötzlich bekam ich die Antwort, dass sie doch nichts anderes gemeint haben könnte, als … (Trommelwirbel) … einen Föhn. Lag ja auf der Hand.

Dass man auch auf den kleinen Wasserfleck auf der Couch, den man trocknen wollte, hätte mit dem Finger zeigen können, darauf habe ich sie dann aber nicht hingewiesen. Ich wollte mir das nächste Ratespiel doch nicht kaputt machen.

Jetzt wusste ich also endlich, *was* ich ihr bringen sollte. Gott sei's gepriesen!

Aber WO war das Ding? An seinem üblichen Platz war der Föhn nämlich nicht und »aus dem Dingens« konnte vieles bedeuten.

»Der ist in der Garage im Werkzeugschrank. Papa hat ihn irgendwie für den Lack am Auto gebraucht.«

»Und wo genau?« Der Schrank war riesig.

»In der dritten Dingens von oben.«

Ich nehme mal an, dass auch Sie, liebe Leserin, lieber Leser, eine Mutter haben, die hin und wieder in ähnlichen, Ihnen fremden Sprachen fabuliert. Vielleicht haben Sie auch einen Onkel, eine Oma oder eine Großtante, die in Sprachen noch unbekannter Exoplaneten mit Ihnen kommunizieren. Will sagen, höchstwahrscheinlich haben Sie irgendwo in der Familie jemanden, der so ähnlich spricht wie meine Mutter. Und deshalb sind Sie auch bestens auf das kleine Quiz vorbereitet, welches ich für Sie aufgeschrieben habe.

An den Schluss dieses Fremdsprachenkurses hier gehört nämlich ein kleines Rätsel, dachte ich mir, ein Miniatur-Abschlusstest sozusagen!

Lesen Sie sich die Zeilen gut durch und überlegen Sie, was sie heißen könnten. Notieren Sie Ihre Antwort ruhig gleich darunter direkt ins Buch, ich habe extra Platz gelassen. Schauen Sie erst danach nach den Lösungen.

Wenn alles falsch ist, herzlichen Glückwunsch! Sie sind auf wundersame Weise normal geblieben.

Wenn die Hälfte falsch ist, dann belegen Sie den Durchschnitt und sehen Ihre Mutter sehr gesunde alle drei bis vier Wochen.

Wenn alles richtig ist … dann gnade Ihnen Gott. Dann sind Sie verloren und wohnen wahrscheinlich noch bei Mami.

1. Dingens oder nicht Dingens, das ist hier die Frage.

Sein oder nicht sein, das ist hier die Frage.

2. Es war die Nachtigall und nicht die Dingens, die eben jetzt dein banges Ohr durchdrang.

   Es war die Nachtigall und nicht die Lerche, die eben jetzt dein banges Ohr durchdrang.

3. Wer »Ding« sagt, muss auch »ens« sagen.

   Wer A sagt, muss auch B sagen.

4. Ich – bin – ein – Dingens.

   Ich – bin – ein – Berliner.

5. …er kann mich am Dingens lecken.

   … er kann mich am Arsche lecken.

6. Veni, vidi, dingens.

   Veni, vidi, vici. (Ich kam, ich sah, ich siegte.)

7. Yes, we dingens!

   Yes, we can!

8. Carpe dingens!

   Carpe diem. (Nutze den Tag!)

9. Hier bin ich Mensch, hier darf ich dingens.

   Hier bin ich Mensch, hier darf ich sein.

10. I have a dingens.

    I have a dream.

Und? Wie haben Sie abgeschnitten?

Wenn Sie jetzt überhaupt nichts richtig beantworten konnten … Wenn Sie die ganze Zeit, während Sie dieses Kapitel lasen, gedacht haben: »Wovon redet der Mann?«, dann muss ich mich bei Ihnen entschuldigen. Dann sind Sie entweder als Waise groß geworden oder …

…Ihre Mutter spricht Bummens!

TIPP: Sollte Ihnen mal furchtbar langweilig sein und Sie wissen einfach nicht, was Sie mit sich anstellen sollen. Und sollte Ihnen dann auffallen, dass Sie Mama eigentlich schon lange nicht mehr besucht haben. Und sollten Sie dann auf die Idee kommen, dass das doch jetzt eine gute Gelegenheit wäre … Machen Sie es nicht!

Wechstaben verbuchseln

Meine Mutter macht hier und da gerne mal einen Scherz, erzählt einen Bilderwitz aus der HÖRZU – nein, da haben Sie völlig recht, eigentlich geht das *nicht* – oder erinnert sich an einen lustigen, anrüchigen Spruch aus der Vergangenheit – mit Vorliebe gerade dann, wenn Freunde oder Geschäftskollegen daneben stehen. Kein Problem. Ist ja trotzdem lustig und mit den Jahren wird es weniger schlimm, weil man Übung darin hat.

Ob es nun der Satz: »Wenn Sie so bumsen, wie Sie parken, kriegen Sie ihn nie rein« ist, den sie großzügig geparkten Wagen hinter die Windschutzscheibe klemmt, oder sie zum Abschied ein »Auf Wiederschiss« schmettert, spielt keine Rolle. Knapp hinter der Grenze sind sie alle und nur dadurch tolerabel, weil meine Mama eben eine lustige, kleine, ältere Dame ist, der man das natürlich verzeiht. Wenn kein anderer dabei ist.

Ihr mit Abstand liebster Spruch aber ist »Huch, jetzt habe ich die Wechstaben verbuchselt«. Gott sei's gedankt, ein eher harmloses Exemplar ihres so reichen Sprichwortschatzes. Den bringt sie nicht zuletzt deshalb so häufig, weil es ihr einfach unglaublich oft passiert – das Wuchseln verbechstaben.

Ob Sie nun an frischer »Seterpilie« riechen sollen oder »Nick

Jackelson« einen neuen Film gedreht hat. Ob »Willi Robbinson« wieder mit Take That zusammen ist oder Sie einen »Cermedes« fahren. Immer wieder geraten Mama die Buchstaben so durcheinander, dass man zwar noch versteht, was sie sagen will … aber nicht immer.

Manchmal sind es sogar ganze Worte, die bei ihr den Platz tauschen. Am liebsten aber Namen: »Hallo, Herbert, hier ist der Ralf. Ach nee. – Hallo, Mama, hier ist deine Tochter. Quatsch! – Hallo, Fra… Hallo, Wal… hallo, Mar… Hallo, mein Sohn.« Sie geht dann eben kurz die ganze Familie durch, dann passt das schon.

Gott sei Dank passieren ihr diese Verwechslungen nur verbal. Ich habe mal überlegt, was geschehen würde, wenn Mama diese sporadisch auftretende Artikulationsbeinträchtigung auch in Schriftofrm nicht verdhniern knönte …

Stlelen Sie sich mal vor, was dnan los wär! Man wdüre dcoh kien Wrot mher vsherteen. Oedr dcoh? Wnen Mmaa mir ein paar Zileen shrieebn wrüde, in dem bei aleln Wtrören die Btshcauebn vrteuahcst wräen, knntöe man die dnan ncoh lseen?

Ahenscinned ja!

»Lbieer Rlaf, shöcn, dsas du zu Otresn zu uns kmmsot. Dien Sfvetaeitr und ich fueren uns sher!«

Gtot sei Dnak. Kien Pelorbm. Flals das aslo mal shcmimler wrid, wrede ich Mmaa onhe Sehiwtecrgiiken vtherseen knnöen.

Und wiel es so enien Sapß mhcat, hbae ich das gzane wrteeie Bcuh in dseier Art vafesrst.

War nur ein Srhcez!

Lernen Sie Mamasisch

Mütter sprechen noch eine Sprache, die wir anderen Lebewesen nicht immer gleich verstehen. Sie ist voll von geheimen Codes, Wortverdrehern und Gegenteilen, die auf den ersten Blick alle harmlos erscheinen, die Sie aber gar nicht verstehen KÖNNEN. Machen Sie sich also keine Vorhaltungen. Sie können nichts dafür.

Mama sagt oft das eine und meint das andere. Ein Macho würde jetzt einwerfen, dass das beim weiblichen Geschlecht des Öfteren vorkommt. Ich tue das natürlich nicht! Allerdings hat meine Mutter dieses Verfahren erst zur Blüte gebracht, wenn nicht sogar erfunden.

Mit der Zeit entwickelt fast jede Tochter und jeder Sohn ganz, ganz feine Antennen, um auf Mamas Äußerungen auch wirklich richtig reagieren zu können. Sei es wie gewünscht oder auch eben gerade nicht, weil man es einfach nicht mehr kann.

Verstehen Sie, liebe Leserin, lieber Leser, oft nicht, was Sie jetzt schon wieder falsch gemacht haben? Haben Sie Ihre Sinne noch nicht genug geschärft? Sie haben doch genau das getan, was abgesprochen gewesen war? Tja, und genau das war der Fehler! Dann sind Ihre Sinne vielleicht noch nicht so ausgeprägt, wie sie sein sollten.

Was Sie jetzt tun können? Wie Sie sich in Zukunft schützen können? Ganz einfach: Lesen Sie weiterhin sehr aufmerksam dieses Buch und vor allem gehen Sie die folgende Liste durch, um Mamas Sprache zu erlernen oder zumindest zu verstehen. Ich habe Ihnen ein paar der prägnantesten Aussagen aufgeschrieben und gleich daneben die eigentliche Bedeutung.

Ich hoffe von Herzen, dass ich Ihnen damit ein wenig helfen konnte …

Was Mama sagt...	Was es heißen soll...
»Das wär' doch nicht nötig gewesen.«	»Das war aber auch das Mindeste.«
»Natürlich musst du mich nicht anrufen.«	»Du MUSST mich anrufen! Ich will schließlich wissen, ob es meinem eigenen Fleisch und Blut gutgeht. Aber wenn das schon zu viel verlangt ist, dann melde dich halt nicht.«
»Du sollst mir doch nichts zu Weihnachten schenken.«	»Wehe, du vergisst mein Geschenk, dann nehme ich das persönlich, gebe es niemals zu und bin am Boden zerstört, weil mein Sohn mich nicht mehr liebt.«
»Komm einfach, wann du Zeit hast.«	»Komm gefälligst, sobald du kannst. UND KEINEN MOMENT SPÄTER!«
»Möchtest du noch etwas Nachschlag?«	»Wenn du nicht noch mehr willst, dann schmeckt es dir nicht und dann bin ich eine schlechte Mutter. Und DU bist schuld daran.«
»Wie gefällt dir die Hummelfigur, die ich dir geschenkt habe?«	»Sag mir, dass du genau die gleichen Sachen magst wie ich. LOS!«
»Kann ich dir helfen?«	»Ich helfe dir, ob du willst oder nicht!«
»Trotzdem!«	»Und wenn du noch so offensichtlich recht hast. Ich werde es zum Verrecken nicht zugeben. So!«

TIPP: Wenn es überraschend an der Türe klingelt, sprechen Sie durch die Nase und behaupten: »Ni ho hei tia meng deng peng.« Keine Ahnung, was das heißen könnte, aber es klingt definitiv so, als wären Sie ausgezogen. Falls Ihre Mutter das nicht schluckt, brüllen Sie mit tiefer, hustender Stimme: »Doswidanje moskowskaja putin smirnoff puschkin nastarowje!« Das sollte dann aber reichen.

Mütter sind perfekte Hausfrauen ... sagt man

Um es gleich klarzustellen und damit Alice Schwarzer sich gar nicht erst auf den Weg machen muss: Ja, es gibt auch Hausmänner, und Frauen können machen was sie wollen. Auch ich bin froh, dass wir bestimmte Rollenmodelle immer wieder in Frage stellen und sich alle Menschen entscheiden dürfen, was sie ganz persönlich mit ihrem Leben anfangen wollen. Solange sie putzen, waschen und bügeln können.

DAS WAR EIN SCHERZ, FRAU SCHWARZER! Berufskrankheit.

Springen wir aber mal dreißig Jahre zurück ...

Mama war emanzipiert. Mama war eine Vorkämpferin ihres Geschlechts. Mama hatte einen Job und ging sehr gerne arbeiten. Super, so muss es sein. Das macht mich heute noch stolz.

Mama ist aber auch in einer Zeit Mutter geworden, in der sich dieses Gerücht der perfekten, sich ausschließlich für die Familie aufopfernden Hausfrau hartnäckig hielt.

Wer kennt nicht den leckeren Apfelkuchen, den eben nur Mama backen konnte? Wer kennt nicht den pingeligen und nervigen Putzteufel, bei dem es in der Wohnung überall blitzte und blinkte? Und wer kennt nicht die blütenweiß gewaschenen, strahlenden Hemden, die man später nie wieder so hinbekommen hat?

Ich.

Ich kenne das alles nicht. Denn von diesem Gerücht hatte Mama anscheinend noch nie etwas gehört. Nicht jede Mutter ist Meisterin im Laternebasteln, kann eine Sachertorte mit verbundenen Augen aus popeligen Kühlschrankresten zusammenbacken oder Pausenbrote schmieren, die man auch wirklich isst. Es gibt Talente, die beherrschen den ganzen Kram und haben Spaß daran, und andere eben nicht. Früher wie heute. Fertig. Und meine Mama weiß bis heute noch nicht mal, wie Sachertorte geschrieben wird.

Das Ganze ist aus meiner Sicht kein großes Problem – und ich liebe sie natürlich trotzdem –, WENN man es sich bewusst macht und akzeptiert. Nur DAS hat Mama nie getan. Verbissen will sie einfach nicht wahrhaben, dass der liebe Gott das Hausfrauen-Gen anscheinend ungleich verteilt hat.

Gut, ich gebe zu – auch auf die Gefahr hin, dass Sie mich jetzt für spießig und piefig halten –, als kleiner Junge habe ich mir hin und wieder gewünscht, dass der Pfannkuchen NICHT die Konsistenz einer Frisbeescheibe gehabt hätte, für die Ich-kratz-mich-kaputt-Wollstrumpfhosen Weichspüler benutzt worden wäre und der Badeschaum NICHT nach Spüli gerochen hätte.

Ich meine, das kann doch nicht so schwer sein! Man kann doch versuchen, das, wofür man in Herrgotts Namen nun mal leider gerade die Verantwortung übernommen hat, richtig hinzukriegen, oder? Ganz gleich, ob man nun eine Zündkerze, eine Flugroute oder eine Windel wechselt …

Verzeihung.

Wie Sie sehen, haben meine Schwester und ich die Situation schon lange völlig akzeptiert und lieben unsere Mutter genau so, wie sie ist. Wir versuchen nur, schon aus eigenem Interesse, ihr den Ehrgeiz zu nehmen, in diesen Dingen NOCH perfekter zu werden, als sie es ja ohnehin schon ist.

Leider vergeblich.

Und das treibt uns in den Wahnsinn.

Mama und die Wäsche

Ich hatte Sportunterricht. Achte Klasse. Schwieriges Alter. Alles ist peinlich.

Der Lehrer pfiff: Alle sollten sich in der Mitte der Turnhalle aufstellen, damit er die Teams zusammenstellen konnte. Nichts Böses ahnend stand ich also mit den anderen Jungs in einer Reihe und einer fing plötzlich an zu lachen. Da ich nicht wusste, worum es ging, schaute ich ihn fragend an und wollte wissen, was denn so lustig war. Schließlich wollte ich mitlachen. Diese Bereitschaft änderte sich jedoch schlagartig, als mir klarwurde, dass er über MICH lachte. Über meine Füße. Über meine Hose. UND mein T-Shirt.

Ich war rosa.

Mama war mal wieder großzügig bei der Wäschesortierung gewesen und hatte den roten Pullover zusammen mit den weißen Sachen gewaschen. So weit eigentlich kein Problem, kann ja jedem mal passieren. Was aber NICHT jedem passieren kann, ist, dass man die verfärbten Sachen dann TROTZDEM in den Schrank beziehungsweise in die Sporttasche seines Sohnes steckt. Wodurch dieser dann – weil die Beleuchtung in der Scheiß-Umkleide so dreckig ist, dass man froh ist, die eigene Hand noch vor Augen zu sehen – in schickem, blassrosa Turndress aus Schweinchen-Socken, Homo-Hose und Prinzessinnen-Top mit seinem Hockeyschläger vor den Medizinbällen steht und nicht weiß, wo man mit sich hin soll.

In diesen Momenten LIEBT man seine Mutter. Man hat grenzenloses Verständnis, während alle anderen Mitschüler nachvollziehbarerweise in einen Lach- und Brüllchor einstimmen und man jetzt schon weiß, dass diese Geschichte die Jahre überdauern wird.

Nein, man hat natürlich KEIN VERSTÄNDNIS! In diesen Momenten lernt man hassen. Zum ersten Mal spürte ich, was dieses süße Gefühl von verzehrendem Verlangen nach grausamer Rache für eine Wärme ausstrahlen kann. Zum ersten Mal wurde mir klar, warum Norman Bates seine Mutter umgebracht hatte. Ja, in diesen Sekunden hätte ich ihm sogar dabei geholfen. Freudestrahlend.

Der Unterricht ging vorbei. Nach Jahren. Und ich kam am Nachmittag zurück nach Hause. Meine Mutter erwartete mich und fragte, wie es denn in der Schule gewesen sei.

Sie müssen verstehen, dass man in diesem Alter eine wild-emotionale Phase durchmacht. Alles ist immer schlimm und alles bedeutet gleich das Ende allen Seins. Wahnsinnig anstrengend. In diesem Fall aber natürlich zutreffend.

Ich knallte die Türen, wie es sich für einen jungfräulich pubertierenden Jungen gehört, und rannte in mein Zimmer. Ich wollte gleich hinter mir abschließen, entschied mich aber dagegen, weil meine Mutter mir dann nicht GEGEN MEINEN WILLEN hätte folgen können und die melodramatische Szene, die ich mir auf dem Heimweg ausgemalt hatte, ausgefallen wäre. Wär doch schade um die Inszenierung gewesen.

Nachdem ich ihr unter ganze zwei Minuten zurückgehaltenen Tränen erklärte, dass ich nie wieder etwas mit ihr zu tun haben wollte und dass der Lehrer mich in die Mädchengruppe gesteckt hatte – was er nur zum Spaß angedeutet hatte, aber das brauchte sie ja nicht zu wissen –, antwortete sie beschwichtigend: »Aber alles in Rosa kann doch auch ganz gut aussehen. Ich weiß gar nicht, was du hast.«

Ich blickte sie an – fassungslos – und spekulierte auf »Amputation«. Ich hatte das Wort in der Aufregung mit »Adoption« verwechselt. DAS konnte doch UNMÖGLICH meine Mutter sein! Ich musste doch als Baby vertauscht worden sein. Wie grausam konnte das Schicksal denn NOCH zuschlagen?

Da war noch Luft. Glauben Sie mir.

Es hat sich natürlich alles in Wohlgefallen aufgelöst und ich habe die Schmach überwunden – größtenteils. Ich muss aber zugeben, dass dieses unterschwellige Trauma wohl immer noch dazu führt, dass ich hyperventilierend an die Decke gehe, wenn jemand in der Nähe einer Waschmaschine etwas Buntes und Weißes zusammen in die Hand nimmt. Selbst Vanilleeis mit Amarenakirschen kriege ich seit dieser Zeit nicht mehr runter.

Das sollte aber nicht der einzige Wäscheunfall bleiben. Da ich mich an die vorherigen nicht erinnern kann, die es aber zweifelsohne gegeben hat, bleibt mir nur von den Folgenden zu berichten.

Ich hatte einen Lieblingspullover.

Hat nicht jeder irgendwann mal einen Lieblingspullover? Einmal in seinem Leben und dann nie wieder? Diesen einen Pullover mit dem perfekten Muster, dem perfekten Schnitt und dem perfekten … Wollanteil? Cool, warm und irgendwie ein Teil von einem selbst?

So einen hatte ich auch.

Dieser Pullover war das Beste, was man haben konnte. Ich war davon überzeugt, dass er mich in Robert de Niro verwandelte und nur durch ihn Monika überhaupt Notiz von mir genommen hatte. Nur ihm hatte ich zu verdanken, dass ich offensichtlich in die engere Wahl kommen sollte. Sie wissen schon.

Nun kommt natürlich im Leben eines jeden jungen Mannes der Abend der Abende. Zumindest denkt man das. Dass das dann noch lange dauert und man viele Abende der Abende vor sich hat, ist einem Gott sei Dank zu diesem Zeitpunkt noch nicht klar.

Jedenfalls hatte ich Mama gebeten, meine Lieblingssachen zu waschen, damit ich sie am nächsten Tag anziehen konnte. Das hat sie auch gemacht. Nur ein bisschen zu heiß.

Und so stand ich mit abstehenden Armen und meinem Kinderpullover in Größe XXS vor dem Spiegel und verabschiedete mich schon mal von Monika, ebenso von meinem Abend der Abende. Verschwommene Erinnerungen an rosa Turnhallen stiegen wieder in mir hoch, die ich nur mit großer Mühe niederkämpfen konnte.

Die Alternativen zum perfekten Outfit gingen mir durch den Kopf. Nur leider sind die Alternativen eben immer nur Alternativen. Mit viel gutem Willen und dem permanenten Schönreden meiner von ihrem schlechten Gewissen geplagten Mutter behielt ich das Ding an und hoffte, dass keiner so genau hinsehen würde. Auch das war eine falsche Entscheidung gewesen. ALLE sprachen mich SOFORT auf meinen neuen hautengen Stil an, der ja wohl ein neues Zeitalter der Mode einleiten würde. Und wer war wieder schuld?

Mama.

Aber es geht noch weiter ...

Jahre später, nachdem noch die ein oder andere Socke verschwand, Hemden alle Knöpfe, Jeanshosen ihre Farbe und Turnschuhe ihre markanten Streifen verloren, half mir Mama ausnahmsweise EINMAL mit der Wäsche, als ich bis über beide Ohren in Arbeit versank.

Was nach ihrer wirklich gutgemeinten Hilfe übrig blieb, war Folgendes:

Mein Cashmere-Pulli glich endlich einem flauschigen Angorahäschen. Mein Crushed-Hemd im Knitterlook war frisch gebügelt, die Flecken meiner Used-Look-Jeans mit Dr.Beckmann netterweise entfernt und in mein neues weißes Hemd anscheinend schicke hellbraune Streifen reingebügelt. An meinem Jackett war ein Knopf angenäht – leider der falsche … und außerdem fehlte gar keiner –, dunkelbraune Schuhe waren mit schwarzer Schuhcreme auf Vordermann gebracht worden und ein Schal, drei Socken und der halbe Trainingsanzug sind seitdem verschwunden.

Glauben Sie mir, ich liebe meine Mutter. Aber wenn ich sie noch einmal am Wäschekorb erwische, dann weiß ich nicht, was ich tue.

TIPP: Bei Besuchen: Ziehen Sie Mamas Lieblingspulli an, wenn Sie Geld brauchen. Ziehen Sie Ihren eigenen Lieblingspulli an, wenn Sie lebensmüde sind.

Nur Blumen putzen, äh, gießen … versprochen!

Ich will es kurz machen.

Immer wieder fragt mich meine Mutter, ob sie mir denn nicht irgendwie helfen könnte. Womit auch immer. Und vor einiger Zeit, als ich in den Urlaub fahren wollte, da hat sie mich gefragt, wer denn die Blumen gießt, während ich nicht zu Hause bin.

Tja, unvorbereitet ehrlich habe ich gedankenverloren in mich hineingenuschelt, dass ich das noch gar nicht wüsste, weil alle Personen, die in Frage kämen, auch nicht da wären. Und da war es auch schon zu spät.

Im selben Moment, in dem ich diesen folgenschweren Satz gedankenlos herausposaunt hatte, wusste ich, dass die Nummer gelaufen war. Da kam ich nicht mehr raus. Der Drops war gelutscht. Die Ente zu Wasser gelassen.

»Dann kann ICH dir doch helfen!«

»Ja, Mama, aber das muss doch nicht …«

»Dann kann ich meinem Sohn mal wieder was Gutes tun.«

»Jahaaaa, aber das ist doch ganz schön weit, wenn du immer zu mir fahren musst …«

Aber es war nichts mehr zu machen. Wie ich schon sagte: Die Falle war zugeschnappt. Und ich wurde das Gefühl nicht los, dass meine Mutter das von langer Hand geplant hatte. Ich versuchte noch den einen oder anderen zum Scheitern verurteilten Winkelzug à la »Mama, bereise doch lieber die ganze Welt, jetzt, wo du nicht mehr arbeiten musst!«, aber alle Argumente wurden mit Leichtigkeit widerlegt und mit ausgeklügelter Raffinesse ihrer Überzeugungskraft im Handstreich beraubt.

Sie MUSSTE sich darauf vorbereitet haben. Sätze wie »Das lass mal meine Sorge sein« oder »Ich kann ja wohl noch machen, was ich will« hätte ich ja erwartet. Aber »Man sollte auch nicht immer nur an sich denken in dieser egoistischen, nur auf den eigenen Vorteil bedachten Welt«??? Wer war *die* Frau und was hatte sie mit meiner Mutter gemacht?

Es war also beschlossene Sache.

Ich sagte Mama, wie sehr ich mich freue, dass sie mir hilft, und sie freute sich hingegen wirklich.

Nun ist wahrscheinlich jedem klar, dass eine Mutter, hat sie erst einmal den ungehinderten Zutritt zur Wohnung ihres Kindes, entgegen aller heiligen Versprechungen einfach nicht anders kann, als die eine oder andere Kleinigkeit noch mitzuerledigen.

»Wo man schon mal da ist.« Und was liegt da näher, als mal eben kurz durchzuwischen.

Ich will das aber nicht. Auf keinen Fall! Ich finde die Vorstellung, dass meine Mutter bei mir saubermacht, schrecklich, weil ich dann das Gefühl habe, gleich meinen Tornister packen zu müssen und zum Bus zu rennen.

Und außerdem … nun … ich erkläre es Ihnen an ein paar Beispielen …

Wenn man saubermacht, dann muss man Möbel, Vasen und vielleicht die Oma auch mal zur Seite räumen, damit man darunter, dahinter oder daneben wischen, saugen oder feudeln kann. Soweit die Theorie.

Man muss die Sachen danach aber auch unbedingt wieder zurück an ihren Platz rücken, damit die Wohnung einen zumindest ähnlichen Zustand erreicht wie vorher. Ansonsten spielt man Möbel-Memory und muss immer wieder aufs Neue Wege durch die Ausstellung finden. Meine Mutter muss diesen Gedanken extrem amüsant gefunden haben, denn als ich aus dem Urlaub zurückkam, hatte ich nach Betreten meiner Wohnung blaue Flecken an den Knien und dicke Schienbeine.

Damit aber nicht genug. Beim Zur-Seiterücken ist auch das eine oder andere zu Bruch gegangen. Allerdings hat sie sich nicht getraut, mir das zu beichten. Kein Wunder, sie hat ja nur die Blumen gegossen.

Und so bin ich dann nach meinem Urlaub und einem ersten gleich sehr langen, arbeitsreichen Tag mit Chips, Cola, Katze und meinem Fernsehsessel zusammengebrochen – mir ist schleierhaft, wie sie den geschafft hat.

Das Ölbild eines befreundeten Malers aus Berlin hat heute noch ein Loch, welches immer noch von hinten mit einem Pflaster zugeklebt ist. Was ich allerdings erst beim Umzug entdeckt habe.

Eine echt hübsche Vase, die mir meine damalige Freundin geschenkt hatte, brach, gerade noch völlig unversehrt, ohne Vorwarnung oder ersichtlichen Grund in sich zusammen. Von jetzt auf gleich. Ich dachte schon, ich hätte sie kaputtgeguckt. Damit hatte Mama natürlich ÜBERHAUPT NICHTS zu tun. Da sei ich dann wahrscheinlich selbst drangestoßen. Ich saß zehn Meter entfernt auf dem Sofa.

Sie muss Stunden, wenn nicht gar Tage damit zugebracht haben, die Vase genau so hinzustellen und zusammenzubasteln, dass man von den Bruchstellen nichts mehr sehen konnte. Und DESWEGEN gewinnt sie auch immer bei Mikado. Meine Wohnung war quasi das Trainingslager!

Außerdem hat Mama natürlich NICHT die Fenster geputzt und dicke Schlieren hinterlassen, so dass die Sonne nur mit Mühe durchkam.

Und auch nicht den frisch abgeschliffenen und wieder versiegelten Holzboden gesaugt, ohne die Bürsten auszuklappen, wodurch gleich wieder der gemütliche Eindruck entsteht, dass man hier schon zwanzig Jahre wohnt oder die Kölner Haie bei mir zu Hause ihr Training absolvieren.

Natürlich sind auch keine Sachen verschwunden. Wie mein Garderobenständer zum Beispiel. Sie stutzen, und das verstehe ich ... Ein Garderobenständer? Das kann doch nicht sein ... Doch, doch! An der betreffenden Stelle stand natürlich ein anderer, der dem Alten zum Verwechseln ähnlich war. Nur war der Neue eben neuer und hatte im Gegensatz zum Boden nicht die geringsten Gebrauchsspuren. Mama aber wusste von nichts und vermutete, dass die neue Möbelpolitur, die sie ausprobiert hätte, anscheinend ein echtes Zaubermittelchen wäre. Der Garderobenständer war aus Metall.

»Trotzdem!«

Kollateralschäden muss man also immer einplanen, wenn man seine Mutter in die eigenen vier Wände lässt. Wenn man sich darauf einstellt, dann sieht man dem vollständigen Verlust der eigenen Habseligkeiten viel gelassener entgegen.

Was sagt der Volksmund? Zweimal umgezogen ist wie einmal abgebrannt. Überträgt man das, müsste es wohl heißen: Zweimal Mama Blumen gießen lassen, ist wie einmal zum Sperrmüll gefahren.

Wenn Sie sich also mal verändern und vielleicht eh neu einrichten wollen, den Entrümpler aber sparen möchten, dann bitten Sie Ihre Mama doch mal wieder, Ihnen unter die Arme zu greifen. Die wird sich sicher freuen.

Aber setzen Sie sich langsam hin, wenn sie wieder weg ist!

TIPP: Wenn Ihre Mutter in Ihrer Abwesenheit zum Blumengießen kommen will, nageln Sie vor dem Urlaub einfach Möbel, Bettwäsche und Bücher fest. Das sollte als zarter Hinweis genügen.

In Teufels Küche

Unter uns. Mama darf das hier nie in die Hände kriegen. Wenn Sie der Eigentümer dieses Buches sind, dann geben Sie es bitte niemals aus der Hand. Und wenn Sie meine Mutter zufällig persönlich kennen, dann lesen Sie es … und verbrennen es sicherheitshalber danach. Bei Bedarf kaufen Sie einfach ein neues. Ein Schelm, wer Böses dabei denkt.

Und wenn meine Mutter Sie doch zufällig mit dem Buch erwischen sollte … dann essen Sie es auf. Schlimmer als das, was Sie gleich lesen werden, kann es nicht sein.

Mama kann nicht kochen.

Man kann es leider nicht ändern oder schönreden, und es ist ja auch überhaupt nicht schlimm. WENN sie es nicht trotzdem immer und immer und immer wieder versuchen würde und uns zwingt, zu Weihnachten, Ostern, Geburtstagen und auch mal zwischendurch, bei ihr zu essen. IMMER fällt auch IHNEN keine Ausrede ein. Wir haben unsere Mutter echt gern, aber wir rennen, wenn sie Rezepte ausprobiert.

Gerade beim Kochen hält sich das Gerücht der perfekten Hausfrauen ja sehr hartnäckig. Wenn man dann aber im fortschreitenden Alter immer häufiger in Restaurants gegessen hat, stellt man fest, dass man zum Beispiel bei »Brechbohnen« den Namen auch anders interpretieren kann. Man stellt fest, dass die Dinger knackig sein können und nicht zu Tode erkocht sein müssen. Langsam aber sicher bekommen Sie einen ganz neuen Eindruck von Gerichten, die Sie *so* noch nie kennengelernt haben. Nudeln können bissfest sein, Kakao gibt's auch ohne Haut und Tafelspitz ist *doch* Fleisch.

Sie wollen ab diesem Moment so wenig wie möglich in die alte, labbrige Welt zurück und vermeiden dies so lange es geht. Nur auf Autobahnraststätten mit ihren seit drei Wochen weitergarenden Gemüsepfannen, panierten Fischfilets und Gulascheintöpfen werden Sie immer wieder schmerzlich in die Vergangenheit zurückkatapultiert. Oder eben, wenn Sie sich nicht mehr wehren konnten und wieder zu Mama müssen.

Die Liste der Qualen ist lang, und eigentlich wollte ich sogar ein eigenes Buch nur zu diesem Thema schreiben, aber das hätte dann einen Titel gehabt wie »Schmitz' Bauchweh« oder »Schmitz kann nicht mehr«. Und das liest doch keiner.

Fünf Gerichte meiner Mutter sind absolut okay. Das möchte ich gleich am Anfang klarstellen, damit wir mit etwas Positivem beginnen. Der andere Teil wird ein bisschen länger.

Es handelt sich um: Hähnchenschenkel mit Weißbrotscheiben, Sauerbraten, Germknödel, Frikadellen und … äh … als Fünftes … … …. Mist, sind doch nur vier.

Die Zusammenstellung mag Ihnen merkwürdig erscheinen – ist sie ja auch – aber sie entspricht absolut den Tatsachen. Nicht gemogelt, nicht erfunden, kein doppelter Tortenboden.

Wie es nun ausgerechnet zu diesen sensationellen Gaumenfreuden der Haute Cuisine gekommen ist, kann ich nicht erklären. Tatsache ist aber, dass die Hähnchenschenkel immer kross, der Sauerbraten zart, die Germknödel heiß und die Frikadellen herzhaft sind.

So weit, so Schluss.

Denn leider, leider verlassen wir hier auch schon die kulinarischen Höhenflüge unseres Drei-Sterne-Gourmettempels und stoßen in Galaxien vor, die nie ein Mensch zuvor gesehen hat. Und dafür stehe ich mit meinem guten Namen. HippHipp-Hurra.

Mamas raffinierteste Rezepte

Mögen Sie Möhrensuppe? Mit Zwiebeln, kleinen Kartoffelstückchen, ein wenig Brühe, Salz und vielleicht ein bisschen frischem Ingwer drin? Ja? Ich auch. Mama hat ein tolles, *eigenes* Rezept ausgeklügelt.

Sie püriert die Möhren und lässt den Schnickschnack weg. Also die Zwiebeln, die Kartoffelstückchen, die Brühe, das Salz und den Ingwer natürlich auch. »Reduzierte Küche« müsste man das wohl nennen. Nach der Molekular-Küche sicher der nächste Renner. Das Gericht besteht also aus pürierten gekochten Möhren und … nix. Herrlich reduziert. Und fertig ist die Suppe.

Mit Liebe püriert.
Übrigens ein echtes Foto! Ich habe alle Gerichte festgehalten,
falls ich das später vor Gericht mal brauchen kann.

Klasse, ne? Keine Sorge, es geht ja gerade erst los …

Es folgen nun ein paar herrliche Gerichte zum Nachkochen.
Falls Sie während des Ausprobierens Zweifel bekommen, so
kann ich Ihnen versichern, dass auch ich das alles mal probie-
ren durfte. Und wenn ICH das schaffe, dann werden SIE es
auch überstehen. Das eine besser, das andere … nicht ganz so
gut …

Bratwurst mit dem, was noch da ist

Zutaten:
– 3 grobe Bratwürste aus dem Supermarkt
– 1 Eimer Krautsalat
– Silberzwiebeln aus dem Glas
– Mandarinen aus der Dose
– mehlig kochende Kartoffeln

Zubereitung:
Geben Sie die Bratwürste in eine Pfanne und vergessen Sie sie
wieder.

Öffnen Sie den Eimer Krautsalat und kippen Sie den Inhalt in eine Schüssel. Geben Sie ein Glas Silberzwiebeln und die wiedergefundene Dose filetierte Mandarinen von 1994 mit dazu. Kurz umrühren. Fertig.

Lassen Sie die Kartoffeln zu lange im Wasser und danach fast kalt werden.

Geben Sie alles irgendwie auf die Teller und servieren Sie …

»Trockene Schwarzwürste

mit einer gaumenfordernden Kreation aus

Kohl-, Pups- und Frische-Erinnerungen

auf zerfallenden Mehlbrocken«

Man beachte die subtile Serviettenbotschaft!

Guten Appetit!

Wiener Schnitzel surprise

Zutaten:
- Fertig panierte Schweineschnitzel aus dem Supermarkt-Tiefkühlregal (ich weiß, eigentlich müsste es Kalb sein)
- Pommes frites aus dem Supermarkt-Tiefkühlregal
- Gurkensalat aus dem Supermarkt-Kühlregal und …
- eine fest verschließbare Kühl-Tüte für den Weg nach Hause

Zubereitung:
Sie tauen die tiefgefrorenen Schweineschnitzel bitte NICHT auf und braten sie gleich in der Pfanne kurz an.

Parallel haben Sie auf dem Heimweg unbedingt vergessen, die Pommes frites mit in die Kühltüte zu stecken und schütten die labberig-mehligen Kartoffelstäbchen nun in den Ofen. Bitte nicht vorheizen, jetzt erst auf 250 °C stellen!

Den Gurkensalat langsam aus dem Plastikbecher herausgleiten lassen und schon mal auf den Tellern anrichten.

Die Schnitzel nach einmaligem Wenden bitte ebenfalls aus der Pfanne nehmen und auf die Teller geben.

Warten Sie bitte nun noch circa 20 Minuten, bis die Pommes frites hart sind.

Fügen Sie schließlich auch diese letzte Beilage hinzu und servieren Sie …

»Hellgelbes nach nichts schmeckendes Wasser-Schnitzel mit einer eiskalten Überraschung in der Mitte an warmgewordenem Gurkensalat und Pommes frites à la Beton«

Tjahaa, dagegen sieht der Herr Schubeck aber alt aus!

Guten Appetit!

Auflauf ohne Auflauf

Zutaten:
- Minisuppennudeln, weil man die ja eh noch hat und dann keine anderen kaufen muss
- drei Becher Sahne, weil die Milch im Kühlschrank natürlich schon schlecht geworden ist
- abgepacktes Rindergehacktes aus dem Supermarkt
- Glühwein
- Scheiblettenkäse kurz vor Ablaufen des Haltbarkeitsdatums aus dem untersten Fach Ihres Kühlschranks
- Salz, Pfeffer, Kümmel (Muskatnuss ist aus, aber Hauptsache, sie haben noch ein Gewürz integriert)

Zubereitung:
Nehmen Sie die metallene Auflaufform, die eigentlich ein Bräter ist, und pinseln Sie Boden und Wände nur bis zur mittleren Füllhöhe mit Diät-Margarine ein, weil Sie zu diesem Zeitpunkt noch denken, dass der ganze Kram schon nicht so hoch werden wird.

Braten Sie das Gehackte ohne Zwiebeln an, denn die haben Sie vergessen. In einem Rezept haben Sie mal gelesen, dass man mit Rotwein ablöschen kann, haben aber nur übriggebliebenen Glühwein von letztem Weihnachten im Haus. Der geht auch. Verteilen Sie das Bratgut im Bräter.

Kochen Sie die Minisuppennudeln auf KEINEN Fall vor, sondern geben Sie sie mit der Sahne zusammen über das Hackfleisch.

Befreien Sie alle Scheiben Scheiblettenkäse aus den Plastikhüllen und zerbröseln Sie sie über dem Auflauf, weil Sie zwar den richtigen Käse gekauft, die kaputte Reibe aber gestern weggeschmissen haben.

Zu guter Letzt bestreuen Sie das Ganze mit Salz, Pfeffer und Kümmel, damit die Gewürze sofort verbrennen und keinesfalls zum Gewinn des Gerichts beitragen können.

Lassen Sie alles bei 80 – 210 Grad so lange im Backofen, bis der Käse dunkelbraun ist, und holen das Ergebnis ohne den Garzustand zu checken heraus.

Servieren Sie …

»Halbgaren Minisuppennudel-Knirsch-Matsch
mit fein verbrannten Rändern in mildsüßer
Weihnachts-Kümmel-Rindersudsuppe
und einer Spur Zimt«

Das Auge isst eben mit.

Guten Appetit!

Das Schlemmer-Weihnachtsmenü
(aus der Zeit, bevor meine Schwester den Job des Kochens übernommen hat)

Zutaten:
für die Vorspeise:
– Ochsenschwanzsuppe aus der Dose im 6er-Vorteilspack aus dem Großhandel
– Knoblauch-Baguette zum Aufbacken

für den Hauptgang:
– drei Gläser vorgekochtes entbeintes Hühnchen im eigenen Wasser aus dem Supermarkt
– drei Tüten Maggi Fix Fertiggewürzmischung für Hühnerfrikassee
– vorgekochte Erbsen aus der Dose
– vorgekochte Minimöhrchen aus der Dose
– Uncle Ben's Express-Reis aus dem Beutel

für die Nachspeise:
– Löffelbiskuit

- Fertig-Philadelphia-Creme
- Tiefkühlhimbeeren aus dem Beutel
- Sprühsahne

Vor- und Zubereitung:
Vorspeise:
Wenn Ihre Familie an der Haustür klingelt, öffnen Sie schon mal alle Suppendosen, damit der Inhalt atmen kann. Begrüßen Sie dann alle herzlich und versprechen Sie, dass Sie sich diesmal ganz große Mühe gegeben haben mit dem Menü. Schicken Sie alle ins Wohnzimmer zu einem Aperitif »Mozart-Nougatlikör«, der drei Jahre auf dem Fenstersims über der Heizung gestanden hat, und verschwinden dann geheimnisvoll in der Küche.

Schütten Sie nun alle Suppendosen zusammen, stellen den Topf bei Stufe 12 auf den Herd und holen das tiefgefrorene, in der Mitte geknickte Knoblauch-Baguette aus dem kleinen Eisfach. Da Sie mit dem Brot zu spät dran sind, stecken Sie es für drei Minuten und bei höchster Leistung in die Mikrowelle, während Sie die Gäste zu Tisch bitten und bei einer selbst erzählten Geschichte die Zeit vergessen.

Nehmen Sie nun die deutlich einreduzierte Suppe vom Herd und das feuchtweiche Gummibrot ohne die nun vollständig ausgelaufene Knoblauchmasse aus der Mikrowelle.

Stecken Sie das Baguette vergeblich für zwei Minuten in den natürlich nicht vorgeheizten Backofen.

Kratzen Sie – warum auch immer – die leicht angebrannten Reste aus dem Topfboden, rühren diese noch unter, weil Sie denken, dass man sie von den Paprikastückchen sowieso nicht unterscheiden kann, und servieren Sie dann in einer großen porzellanweißen Keramikschüssel …

»Verkokelte Ochsenschwanzmatsche mit Stückchen
und lutschbarem Brotschlauch«

Besonders die schwarzen Bröckchen sind sehr gesund.

Hauptspeise:

Während Sie Ihre Gäste mit diesem Gaumenschmaus alleine lassen, bereiten Sie in der Küche schon mal den Hauptgang vor.

Geben Sie ausreichend Wasser in einen zu kleinen Topf und öffnen Sie alle Tüten der Fertiggewürzmischungen. Rühren Sie diese nun mit einem Schneebesen in das kalte Wasser ein, damit viele Klümpchen entstehen können, und stellen Sie DANN erst die Herdplatte auf 1.

Schütten Sie das Hühnchen-Wasser in den Ausguss und schneiden Sie das Fleisch in klitzekleine Würfel. Geben Sie diese nun zusammen mit den Erbsen und Möhren in den Topf und stellen die Platte auf Stufe 1,5.

199

Geben Sie nun parallel die Uncle-Ben's-Express-Reis-Beutel in einen neuen, zu kleinen Topf mit Wasser und stellen ihn auf eine andere Herdplatte mit Heizstufe 10.

Trinken Sie mit Ihren Gästen im Wohnzimmer noch ein oder zwei Gläser Likör und machen schon mal Bescherung.

Nachdem sie zwanzig Minuten später wieder in der Küche sind, rühren Sie einmal das Frikassee um, schneiden die Reisbeutel auf und servieren freudestrahlend auf den Tellern bereits angerichtet ...

»Brechfarbiges Klümpchenallerlei in einem Bett aus dunkelbrauner Reispampe«

»Da geht einem doch das Herz auf.«

Dessert:
Während sich Ihre Gäste übergeb... übergebührend wohlwollend über das diesjährige Weihnachtsmahl auslassen, kreden-

zen Sie bereits den schlauerweise am Morgen schon vorbereiteten Nachtisch…

»Mittlerweile durchgesifftes dreilagiges Löffelgelee im alten Glas zwischen alternierenden Schichten aus marmorierender Philadelphiacreme und breiigem Himbeerschleim, garniert mit zerlaufenen, schwitzenden Sahnewürsten«

———————

Dazu wird gereicht:

»Fast heißer Latte Macchiato in der Teetasse aus Filterkaffee, zu viel H-Milch und mit der Gabel gequirlten Blasen«

»Man weiß gar nicht, wo man anfangen soll, oder?«

» Guten Appetit!«

Verstehen Sie jetzt, was ich meine? Können Sie jetzt nachvollziehen, wovon ich die ganze Zeit geredet und worunter ich früher gelitten habe? Ich denke, dass Sie zumindest eine Ahnung davon bekommen haben. Und wenn nicht, wenn Sie immer noch zweifeln, dann kochen Sie doch fix eines der obigen Schmankerln nach und dann sprechen wir uns noch mal.

TIPP: Seien Sie stark erkältet – ob vorgetäuscht oder wirklich, ist egal –, wenn Sie wieder zu Mama zum Essen müssen (und so eine Mutter wie meine haben), und legen in einem unbeobachteten Moment ein Päckchen Taschentücher neben sich auf den Stuhl. Jetzt müssen Sie nur noch bei jedem Bissen niesen und das loszuwerdende Material ins Tuch spucken. Falls Sie ein schlechter Schauspieler sind: Gehen Sie einfach drei Tage lang vor dem Essen barfuß zur Arbeit.

Plan B

Sie haben doch sicher auch schon mal vor Ihrem Teller gesessen und sich das Hirn zermartert, wie Sie es vermeiden können, auch nur noch EINEN Bissen davon essen zu müssen. Ob im Restaurant, bei Ihrem Partner oder vielleicht sogar ebenfalls bei Ihrer Mutter. Wie in drei Teufels Namen schafft man es, das zähe Stück Fleisch, den sumpfig riechenden Fisch oder den penetrant Schweißfüße ausdünstenden Käse NICHT in den Mund zu stecken, ohne den stolzen Hersteller dieser Foltermittel zu brüskieren und so sicher wie das Amen in der Kirche augenblicklich auf den Tisch zu rei…?

Plan A:

Sie verfüttern heimlich Bissen für Bissen an unter dem Tisch sitzende Haustiere. Mit Hunden mag das durchaus funktionieren. Mit Kaninchen wird es schon schwieriger. Mit meiner Katze hat das nie hingehauen. Die hat immer nur stundenlang daran herumgeschnuppert, ein paar Mal dran geleckt, es mir von den Fingern gezupft … und es dann unter dem Tisch liegengelassen. Was für mich fatale Auswirkungen hatte, denn so musste ich es immer wieder unauffälligst zurückbefördern und … nun … es musste ja irgendwohin … Immer wenn man denkt »Schlimmer kann es nicht werden« *wird* es schlimmer!

Die Variante mit dem Hund – meine Schwester hat ja immer mindestens einen – ist auch nur zum Teil tauglich. Solange es sich um normale Speisen handelte, ging die Rechnung auf. Sobald es aber um Gerichte meiner Mutter ging, hat selbst der gerade noch gierig sabbernde Hund mitten im Zuschnappen gestutzt, gestreikt und im Wohnzimmer ein Nickerchen gemacht.

Diese Strategie fällt also aus.

Plan B: Es gibt Hoffnung!

Kommen wir nun also zur Lösung des Problems. Zumindest für einen gewissen Zeitraum.

Sie verstecken die »Lebensmittel« einfach. Ja, ich weiß, das Naheliegendste ist immer das Einfachste. Bei mir hat sich diese Verfahrensweise äußerst bewährt. Sie können die folgenden zehn Tipps für die Hosentasche also getrost nachmachen, sie haben prüfenden Blicken bereits standgehalten. Und damit Sie nicht alles behalten müssen und es leichter haben, können Sie für das nächste Fest bei Mama, den Besuch eines Horror-Restaurants oder vielleicht sogar ein Abendessen bei Ihrem Partner die Liste vorher einfach an den gekennzeichneten Linien heraustrennen und heimlich unter dem Tisch lesen.

Wo Sie Essen verstecken können:

Tipp 1: Spinat und grüne Gemüsesorten passen farblich hervorragend zu Blumen und Zimmerpflanzen.

Tipp 2: Kartoffelbrei ergibt eine völlig unauffällige, weiche zweite Tischdecke unter dem Original.

Tipp 3: Bratwürstchen in Kerzenständern fallen keinem auf. Achtung: Nicht abends versuchen. Die brennen schlecht.

Tipp 4: Sauerkraut – da sind Sie sicher auch schon selbst draufgekommen – hängt an Weihnachten, natürlich als Lametta, unentdeckt am Baum.

Tipp 5: Reis fällt in Zuckerdosen lange nicht auf.

Tipp 6: Frikadellen, mit der Gabel ein bisschen platt geklopft, sind dekorative Glasuntersetzer.

Tipp 7: Saucen oder Suppen stellen schon eine größere Herausforderung dar. Hier kann man nur aktiv werden, wenn der Gastgeber oder die Gastgeberin gerade den nächsten Gang holt. Im richtigen Moment alles geräuscharm und deswegen LANGSAM in herumstehende Vasen schütten. Nerven behalten.

Tipp 8: Salatblätter kleben sehr gut hinter Bildern und stehen nicht ab. Unbedingt das Dressing dran lassen, sonst ist die Haftung nicht von Dauer.

Tipp 9: Aus Kartoffeln lassen sich schnell geschmackvolle Dekopüppchen basteln.

Tipp 10: Schnitzel, Steaks oder Koteletts verschwinden sorglos in Jacketttaschen. Vor dem Waschen aber bitte wieder leeren. Sonst präsentiert Ihnen Ihre Waschmaschine einen Resteeintopf vom Allerfeinsten.

Zur Veranschaulichung können Sie auf den folgenden Fotografien sehen, wie perfekt und völlig unauffällig die Verstecke funktionieren.

So. Ich hoffe, ich konnte Ihnen mit diesen Hilfestellungen ein wenig die Angst vor dem nächsten Horror-8-Gänge-Menü – bei wem und wo auch immer – nehmen.

Allerdings hat die Sache auch einen Haken.

An die meisten Restmülldeponien, die ich bei den vielen Essen meiner Mutter eröffnet habe, kann ich mich noch erinnern. Aber leider nicht an alle.

Und wie zu dem genialen Zaubertrick oben das Verschwinden gehört, so ist natürlich Teil des Plans, dass man die Essensreste bei nächster Gelegenheit wieder entsorgt. Aber so sehr ich mich auch anstrenge, manches habe ich bis heute nicht wiedergefunden. Gott sei Dank sind meine Eltern irgendwann umgezogen … Die armen Nachmieter. Die haben bestimmt gedacht, wir hätten Oma im Keller vergraben.

Wie an der Länge dieses Kapitels unschwer zu erkennen ist, nimmt dieses Trau… dieses Thema einen großen Raum in unserem Mutter-Sohn-Kontinuum ein. Was wiederum nicht verwundert, wenn man bedenkt, dass die Schwierigkeiten nicht nachgelassen haben, sondern im Gegenteil zunehmen.

Wenn meine Mutter früher schon gerne die eine oder andere neue Versuchsreihe an uns Kindern ausprobiert hat, dann hat sich das mittlerweile durch die trizilliarden Kochshows nicht gerade verbessert. DANKE, HERR LAFER!!!

Tage über Tage musste ich einmal immer und immer wieder das Gleiche essen. Wobei eigentlich nur der Name immer der gleiche war. Was da auf dem Teller lag, hatte jedes Mal Seltenheitswert und hätte bisweilen von SETI[1] durchaus als neue Lebensform klassifiziert werden können.

---

1 *Search for Extraterrestrial Intelligence*

Die Klops-Invasion

Mama war hellauf begeistert von einem neuen Rezept Königsberger Klopse, das sie im Fernsehen gesehen hatte, und wollte es unbedingt nachkochen. Da es ihr aber nicht sofort gelang – keine SO große Überraschung –, wiederholte sie ihren Versuch immer wieder. Und wieder. Und wieder … Und da wir ja mittlerweile alle wissen, dass es niemals perfekt werden würde, können Sie nicht an eintausend Händen die Fehlversuche abzählen.

Mit Rindfleisch, mit Schweinefleisch, mit keinem von beidem – ich will nicht wissen, was es in diesem Fall war – und so weiter und so weiter … aber IMMER mit Kapern. Und ich HASSE Kapern! Was aber keinen interessiert hat. Und wenn Mamas Kochkünste sowieso schon den stärksten Mann vom Sockel hauen, dann besorgen es Kapern en suite doch ganz sicher.

Wollen Sie mal sehen, wie der Staffellauf über 300 Meter Fleischbällchen genau aussah? Gerne. Ich habe wie immer alles fotografisch festgehalten … für die Nachwelt, falls ich aus der Nummer nicht lebend rauskomme …

1. Tag:

Das erinnert doch … also … nun wirklich … »Abwischen …«

2. Tag:

Hier wurde am offenen Bein operiert.

5. Tag:

Schon ein wenig vorverdaut …

11. Tag:

Wenigstens fast keine Kapern … … dafür Cocktail-Kirschen
ICH WEIß DOCH AUCH NICHT,
WARUUUUUUUUUUUUUUUUUM!!!!

18. Tag:
Zur Abwechslung ... Suppe

23. Tag:
Kleines Ratespiel: Was sind die Klopse und was die Kartoffeln?

gefühlter 148. Tag:

Wenn kein Brennholz mehr da ist, sehr praktisch … Falls Sie die Sauce vermissen: die war unter FSK 18 nicht freigegeben.

Fazit

Liebe Leserin, lieber Leser! Wenn Sie jetzt denken, dass das alles hier eine große Abrechnung ist … dann haben Sie absolut recht.

Ich möchte Ihnen aber auch versichern, dass ich sehr froh bin, dass ich eben nicht so eine 08/15-alles-ist-ordentlich-Mama habe, sondern eine mit … – sagen wir … – »besonderen Talenten«. Ob sie nun kochen oder Wäsche waschen kann oder auch nicht, spielt im Grunde natürlich überhaupt keine Rolle. Sicher hätte ich mir gerne das rosa Tutu beim Hockey erspart, aber im Großen und Ganzen überwiegen bei weitem die lustigen, herzlichen und besonderen Momente.

Und dafür werde ich ihr auf ewig dankbar sein …,

… aber selbst kochen!

TIPP: Falls Sie eine ähnlich begabte Köchin als Mutter haben wie ich, lutschen Sie vor dem nächsten Mehrgänge-Menü dreißig Fisherman's Friends. Sie werden gut durch den Abend kommen. UND sie können frei durchatmen, wie Sie es noch nie erlebt haben.

Das Gegenteil von »gut« ist »gut gemeint«

Halluzinamuttis

Die Falle

Es fing ganz harmlos an.

Ich war krank. Nichts wirklich Dramatisches … nur kurz vorm Exitus! Eine Influenza allererster Kajüte. Ich weiß, ich weiß, Männer stellen sich immer besonders gerne an, aber das kann und muss ich in diesem Fall weit von mir weisen, auch wenn sicher niemand vor mir jemals solche unerträglichen Schmerzen ertragen musste. Ich hatte Fieber jenseits der Richterskala, Schüttelfrost mit Anlauf, meine Muskeln atrophierten schon, die Toilette war mein Freund und ich hatte Kopfschmerzen, als würden Pyrotechniker alle zwei Sekunden ein komplettes chinesisches Feuerwerk zünden. Mit Böllern!

Kurz gesagt, ich war zu absolut nichts mehr zu gebrauchen.

Leider befand ich mich zu diesem Zeitpunkt aber auch nicht in einer Beziehung, in der der treusorgende, liebevolle Partner gerne nach dem Rechten sieht, für einen einkaufen geht und Hühnersuppe kocht. Während ich, mich dann doch ein klein wenig selbst bemitleidend, stöhnend versuchte, das alles noch einigermaßen zu koordinieren – ich brauchte zum Spülen eines Tellers fast drei Stunden –, rief mich überraschend meine Mutter an. Eigentlich wollte sie nur mal wieder wissen, wie es mit Weihnachten aussieht – was, wie Sie ja sicher schon gemerkt haben, das ganze Jahr hindurch DAS Thema unserer Familie ist –, merkte aber natürlich an meiner sexy basstönenden Bronchialstimme sofort, dass ich zur Zeit nicht so ganz auf der Höhe war.

Nun ist es meiner Meinung nach so, dass Mütter auf diesen hilflosen Moment im Leben ihres mittlerweile entwachsenen Kindes unterschwellig immer schon gewartet haben, wie die Hyänen auf das lahmende Gnukalb … dass sie darauf irgendwie vorbereitet sind und dann blitzschnell reagieren, wenn die Situation sich ergibt. Was sicher unbewusst passiert, wie bei völlig normal am Leben teilnehmenden Menschen, die von einem Hypnotiseur ein Codewort eingetrichtert bekommen haben und dann plötzlich anfangen zu gackern, wenn sie dieses Wort hören. Und wenn eine Mutter dann am Telefon die Worte »mir geht's nicht gut« oder auch nur ein Niesen hört, – zack – dann gackert die auch. Das ist jetzt natürlich sinnbildlich gemeint. Es tritt eben eine bestimmte Reaktion ein … Mütter kommen dann sofort, knipsen den Schalter wieder zurück auf Rundumversorgung und los geht's.

Mamas wünschen sich natürlich nicht, dass es den eigenen Kindern schlechtgeht, aber das Gefühl, wieder so gebraucht zu werden wie anno »Ich muss mal«, ist eben auch nicht zu verachten. Und irgendwie, tja, irgendwie beschleicht einen – WENN MAN KRANK IST – ja auch so ein seltsam behütetes, heimeliges Gefühl, wenn Mama da ist. Man rutscht emotional noch mal in die ach so sorglose Kindheit zurück. Und für einen kleinen überschaubaren Zeitraum schließt man den Deal ab, dass davon nichts nach draußen dringen darf, man aber die Uhr eben noch mal kurz auf 1978 stellt. Denkt man, … wenn man krank ist.

Und so kam es, dass Mama mir anbot, zu mir zu kommen und sich um alles zu kümmern. Sie hätte ja genug Zeit. Noch mal: WENN MAN KRANK IST, also nur begrenzt zurechnungsfähig, dann erscheint einem diese Lösung als völlig logischer, ungemein praktischer, alle Probleme lösender und vor allem einfachster Schritt. Merkwürdigerweise zog in diesem Moment mein gesamtes bisheriges Leben an mir vorbei.

Tag 1 – Der erste Schritt

Der erste Tag verläuft wunderbar. Ich liege im Bett, schlafe die meiste Zeit und Mama werkelt, putzt, macht und tut. Ich bekomme heiße Suppe, die leider nach nichts schmeckt – was in diesem Fall aber nicht an Mama liegt, sondern an meinen kranken Geschmacksnerven –, die Wohnung wird gewischt, meine noch fehlende Arznei zum absolut überwiegenden Teil richtig besorgt, die Wäsche gewaschen und die Spülmaschine ausgeräumt. Klasse. Die Katze liegt in dieser Zeit allerdings nur noch vollgefressen in der Ecke, weil Mama den Napf den ganzen Tag über immer wieder mit Leckerli auffüllt. Kollateralschaden.

Am Abend werde ich dann zum ersten Mal wieder richtig wach. Ich schleppe mich durch den Flur zur Toilette und mein Blick fällt ins Wohnzimmer. Irgendetwas hat sich verändert. Ich bleibe kurz stehen. Ich kann nicht sofort sagen, was es ist, aber ich kann es fühlen.

Die Stühle stehen anders. – Nein, die sind wie immer. Die Vorhänge zugezogen. – Auch nicht. Das hatte ich noch selbst gemacht.

Aha! Auf meinem Sideboard, ganz unscheinbar und so harmlos dreinschauend, wie sie nur kann, steht eine kleine Duftkerze. Vanille.

Der Geruch ist so penetrant, dass ich ihn trotz meiner zerstörten Nasennebenhöhlen eindeutig wahrnehmen und Mama es offensichtlich nicht lassen kann. Ich habe sie zwar beim Einfädeln unseres kleinen Sonderabkommens gebeten, dass sie nichts verändern oder hinzufügen soll, aber die Versuchung ist anscheinend zu groß gewesen, »die Wohnung ein bisschen netter zu machen«. Was nicht nötig ist, denn meine Wohnung IST nett.

Nun muss man natürlich aber auch den Ball flach halten – wenn man krank ist sowieso –, denn wir reden hier ja nur von einer popeligen Duftkerze. Ich gebe Mama ganz höflich und so lieb wie möglich zu verstehen, dass ich Vanille leider auf den Tod nicht ausstehen kann und dass sie den Stinker – das habe ich natürlich anders formuliert – furchtbar gerne mit nach Hause nehmen kann. Was sie dann auch ohne großes Aufheben tut. Schwein gehabt.

Und trotzdem beschleicht mich danach so ein merkwürdiges Gefühl – ich glaube, man nennt es Vorahnung –, welches eine ganze Zeitlang einfach nicht mehr verschwinden will. In meinem Fieberwahn tue ich es aber als Halluzination ab, schlurfe wieder ins Bett und schlafe augenblicklich ein.

Tag 2 – Erste Gebiete sichern

Am nächsten Tag kommt Mama recht früh, werkelt irgendetwas in der Wohnung herum, spricht dabei permanent mit sich selbst – mir ist jedenfalls keine weitere Person vorgestellt worden – und macht mir Frühstück … was anscheinend nicht so schwer ist, denn der Kamillentee ist fast heiß und der Zwieback überwiegend noch nicht zerbröselt.

Es ist eine ambivalente Situation, in der man sich bereits am zweiten Tag befindet. Mochte man am ersten die vertrauten kleinen Nebengeräusche aus dem Wohnzimmer zur Beruhigung noch ganz gerne, so wird es tags drauf schon schwieriger, dem etwas abzugewinnen. Man ist dann eben doch schon erwachsen, möchte seine eigenen vier Wände für sich und seine Wunden in Ruhe lecken und auskurieren. Außerdem ist es auch nur bedingt von Vorteil für den Erkrankten, wenn jemand alle zehn Minuten ins Zimmer kommt um »nur mal nachzusehen, ob man noch schläft«. DANN tut man das natürlich nicht mehr.

Aber wir wollen ja nicht undankbar sein. Schließlich ist Mama die Einzige gewesen, die sofort und ohne zu murren in die Bresche gesprungen und einem zur Seite geeilt ist. Da muss man sich nicht so anstellen. Ist ja nur für die ersten schlimmsten Tage.

Mal wieder auf dem Weg zur Toilette schaue ich am Nachmittag flüchtig ins Wohnzimmer. Die Couchkissen haben einen Knick, auf dem Fenstersims steht eine Porzellankatze und auf dem Sideboard ZWEI Duftkerzen. Schokolade.

Mit Schweiß auf der Stirn, der Frisur auf halb acht und in völlig zerlegenem Jogginganzug stehe ich im Flur und stutze. Irgendetwas will mir dieses Bild sagen. Es ist so, als wollte mich die Szene vor irgendetwas warnen. Aber ich komme nicht drauf, gehe ins Bad, danach ins Bett und schlafe wieder augenblicklich ein.

Tag 3 – Die Mobilmachung

Am dritten Tag wache ich erst auf, als Mama schon da ist. Unglaublicher Krach kommt aus dem Wohnzimmer, ein kaum unterdrücktes Fluchen und anschließende Stille.

Ich schlafe wieder ein.

Erneut werde ich wach, weil irgendetwas in der Wohnung umgefallen ist. Wieder leises Fluchen. Was um Himmels willen macht sie denn da?

Die Tür springt auf und meine Mutter kommt mit einem Tablett Frühstück ins Zimmer. Zwieback und Kamillentee.

Ich will sie gerade fragen, was denn da so großen Krach gemacht hat, da holt sie ein Thermometer aus der Tasche und fragt mich fröhlich, ob wir nicht mal schauen sollen, ob das Fieber von ihrem »kleinen Liebling« schon zurückgegangen ist. Und ob Sie's glauben oder nicht, nachdem ich nicke und das Thema »Kleiner Liebling« später unbedingt nochmal ansprechen möchte, will sie mich doch glatt auf die Seite drehen und mir das Ding in den Hintern jagen! Ich war zwar kurz vor dem Delirium, aber DAS habe ich noch genau mitbekommen. *UND NATÜRLICH UNTERBUNDEN!*

Das sei die allerbeste Messmethode und das hätten wir ja schließlich immer so gemacht. Trotz hämmernder Kopfschmerzen mache ich ihr nun sehr eindrücklich klar, dass wir an dieser Vorgehensweise in der Zwischenzeit etwas geändert haben. Und zwar schon seit ich sieben Jahre alt geworden bin. Ich informiere sie über das von mir erstandene, dem neuen Jahrtausend angemessene digitale Modell in meinem Badezimmerschrank, welches sehr bequem, völlig steril und die Menschenwürde respektierend im Ohr die Temperatur extrem zuverlässig misst. Sie entgegnet noch, dass sie das alles doch sowieso schon hunderttausendmal gesehen habe und ich mich nicht so anstellen solle, fügt sich dann aber, und ich bin Guantánamo gerade noch mal entkommen.

(Hier hätte ich schon die Reißleine ziehen müssen, oder? Ich weiß. Sie, liebe Leserin, lieber Leser, sitzen jetzt wahrscheinlich den weiteren Verlauf erahnend über diesen Zeilen und winden sich, wie wir es früher als Kinder immer bei der gruseligen Stelle in Schneewittchen getan haben. Sie flüstern wahrscheinlich gerade genau wie damals in sich hinein: »Renn weg, Schneewittchen! Sie kommt. Bring dich in Sicherheit!« Und genau wie damals bleibt das dusselige Schneewittchen eben doch und beißt in den Scheiß-Apfel. Beziehungsweise: … lässt sich fast ein Thermometer hinten reinjagen.

Zu meiner Verteidigung kann ich aber anführen, dass ich wirklich kurz davor gewesen bin, Oberschwester Mama endgültig auf eine andere Station versetzen zu lassen. Aber dann ist man halt doch immer noch furchtbar krank und hat sich an die praktische Hilfe schon gewöhnt und redet sich ein, dass das sicher die einzige kurzfristige Verwirrung gewesen ist und dass es schon nicht wieder vorkommen wird und … und … und …

Außerdem will man vielleicht auch der weise, über den Dingen stehende Sohn sein, der mit seiner Bedürftigkeit der Mutter ja auch ein Stück weit wieder die Möglichkeit gibt, ihre alte Versorgungs-Rolle spielen zu dürfen … Nur warum? Warum? Das frage ich mich seitdem immer wieder.)

Ich kündige meiner aufopferungsvollen Betreuung also nicht, rede aber beschwörend auf sie ein, dass ich das mit dem Thermometer absolut nicht möchte. AUCH NICHT, WENN ICH SCHLAFE!

Noch dazu erinnere ich sie vorsichtig an meine Worte von gestern, dass ich Duftkerzen, auch nicht in der Schokoladenversion, und Porzellanfiguren nicht so richtig klasse finde. Ich würde mir eigentlich ganz gerne selbst Dinge für meine Wohnung kaufen, weil ich dann ganz sicher sein kann, dass sie zu allem passen. Ist nicht böse gemeint.

Ganz verständnisvoll und ruhig – zu mehr bin ich allerdings auch nicht fähig – ermahne ich mit dem nettesten Lächeln, das ich in dem Zustand zuwege bringe, daran, dass es wirklich nur um die Grundbedürfnisse wie Essen, Schlafen, Einkaufen ginge und dass alles Weitere gerne vernachlässigt werden könne, bis ich wieder auf dem Damm sei. Damit würde sie mir schon wahnsinnig helfen und mehr würde ich gar nicht von ihr verlangen wollen.

»Ist ja gut. Reg dich doch nicht so auf wegen der beiden kleinen Kerzen. Ich wollte dir ja nur eine Freude machen. Ich mache es NIE wieder.«

Hundemüde und mit einem Kopf, durch den ich bei jeder kleinsten Erschütterung »Die Glocken, Esmeralda, die Glocken!!!« brüllen könnte, versuche ich ihr klarzumachen, dass ich das so nicht gemeint habe. Ich wolle ihre Hilfsbereitschaft ja gar nicht in Frage stellen, sondern einfach nur verhindern, dass sie sich zu viel Arbeit mache.

Kleine Notlüge, versuchen wir alle. Und klappt nie. Der Schuss geht immer nach hinten los, also lassen Sie es, weil Sie damit unbedachterweise einen Freifahrtschein, quasi einen Blankoscheck ausgestellt haben. Über mein Argument hocherfreut entgegnete sie nämlich: »Na, da mach dir aber mal keine Gedanken, mein Sohn. Das macht mir nichts aus. Das mache ich doch gerne.«

Als sie später weg ist und ich durch den Flur in die Küche gehe, um mir eine neue Flasche Wasser zu holen, sind die Vorhänge abgenommen, stehen bunte Blümchen auf einem Deckchen auf dem Tisch, meine teure chinesische Vase ist verschwunden – jetzt weiß ich, was umgefallen ist – und der Kühlschrank durch Harzer Roller kontaminiert.

Beim Zurückschlurfen schweift mein Blick über das Sideboard: Vier Duftkerzen. Lavendel.

Tag 4 – Der Angriff

Mama sitzt an meinem Bett und macht dieses Gesicht eines zurechtgewiesenen Kindes, das angeblich nicht weiß, was es falsch gemacht hat. Sie weiß es ganz genau.

Ganz sachlich und wirklich sehr einfühlsam habe ich ihr klargemacht, dass das nicht unsere Abmachung gewesen ist.

»Ich hatte noch so viel Zeit und die Vorhänge sahen so dreckig aus.« Sahen sie NICHT. Nur damit Sie's wissen. »Es war ja nur gut gemeint. Und das mit den Duftkerzen war ein Missverständnis. Ich dachte, du magst nur die beiden Sorten nicht.« Auch gelogen. Sie sind mein Zeuge. Blättern Sie einfach zurück und schauen Sie nach. Was ich gesagt hatte, war völlig unmissverständlich. Moment mal, warum rechtfertige ich mich überhaupt?

»Was ist denn schon dabei? Du liegst doch eh krank im Bett

und kriegst davon nichts mit. Und wenn ich wieder weg bin, dann kannst du ja wieder alles ändern, wenn du es nicht magst. Aber vielleicht gefällt dir das eine oder andere sogar! Mir ist doch sonst auch langweilig. Was soll ich denn sonst den ganzen Tag machen?«

»Komm, meine Kleine. Schau nur! Schöne Äpfel habe ich hier. Komm, ich schenk dir eine Hälfte. Du kriegst die rote Seite und ich esse die helle. Beiß nur rein, mein Kind, beiß nur rein ...«

Renn, Schneewittchen, um Himmels willen, renn!

Aber das grenzdebile Schneewittchen rennt ja bekanntlich nicht, weil es in seiner infantilen Naivität zu bescheuert ist – oder zu krank –, der Wahrheit offenes Auges ins Gesicht zu blicken.

Kraftlos wie ich bin, halbwegs überzeugt von ihren Argumenten und erfolgreich eingeschüchtert durch die Mir-ist-so-langweilig-tu-mir-doch-den-Gefallen-Mitleids-Masche   bricht auch dieser Damm und Mama kann machen, was sie will.

»Siehste. War doch gar nicht so schlimm.«

Kurz nachdem die Tür ins Schloss fällt, höre ich draußen vor dem Fenster eine durchdringende, schizophrene Stimme selbstzufrieden in sich hinein kichern. Aber das habe ich mir im Fieberwahn sicher nur eingebildet.

Tag 7 – Krieg
Drei Tage später.

Nach der Hochphase meiner Erkrankung stehe ich nachts auf, weil mal wieder die Natur ihr Recht verlangt ... und knalle im Dunkeln mit dem Knie vor etwas, was da eigentlich gar nicht stehen dürfte.

Ich mache das Licht an und sehe ... eine andere Wohnung. Also, es ist schon meine eigene Wohnung, denn sie ist genau so geschnitten wie meine, sie sieht nur ganz anders aus. Die Möbel stehen nahezu alle an einem anderen Platz. Meine komplette Einrichtung ist neu zusammengestellt und anscheinend für jemand anderen neu gestaltet worden. Nur für wen?

Ich explodiere. Soweit ich das in dem Zustand kann. Ich koche. Kann auch noch das Fieber sein. Was um alles in der Welt hat sie sich denn dabei wieder gedacht? Das kann doch alles nicht wahr sein!

Gut, die eine oder andere Umstellung ist durchaus eine Verbesserung, aber das tut überhaupt nichts zur Sache.

Wo ist das Telefon? In der neu komponierten Innenarchitektur finde ich mich nicht auf Anhieb zurecht, verheddere mich in einem alten Flokati-Imitat von Oma, ramme mir die Ecke meines Sechzigerjahre-Sessels in die Nieren und ballere mit dem Kopf gegen eine Lampe. Ach, hier hängt die jetzt.

Wo zum Henker ist das Telefon?

Na logisch, neu drapiert im Flur auf dem schwenkbaren, kleinen Beistelltisch meines alten Ledersessels aus dem Keller steht mein ultramodernes Alessi-Telefon. Mann, sieht das … gar nicht so schlecht aus! Auf die Idee bin ich noch gar nicht gekommen. Verdammt!

Das spielt keine Rolle. Es geht hier um die Rettung der Ehre. Um die Aufrechterhaltung meines Abnabelungsprozesses vom Elternhaus. Um nicht weniger als die Wiederherstellung meines autarken, erwachsenen Ichs. ES GEHT UM MEIN LEBEN. Wenn ich DAS weiter zulassen würde, so viel weiß ich, dann hätte ich nie wieder Sex. Scheiß doch auf den coolen Telefonsessel. DAS ist es nicht wert.

Allerdings ist es auch schon drei Uhr zweiunddreißig in der Nacht.

Meine Mutter so spät noch wecken …? Ganz der weise Sohn, den wir ja zu Beginn schon ziemlich dämlich fanden, beruhige ich mich wieder, mache das Licht wieder aus und gehe ins Bett. Mama die Standpauke ihres Lebens zu halten kann auch bis morgen warten.

Kurz bevor ich das Licht lösche, fällt mein Blick auf das neu platzierte Sideboard.

Und auf eine zum Halbkreis geformte DuftkerzenKETTE. Cappuccino.

Und wenn Sie jetzt denken: »So, mehr geht nicht. Das Ende der Fahnenstange ist erreicht.« Dann muss ich Ihnen leider mitteilen, dass Mama da noch 'ne Menge Fahnen dazuhängen konnte.

Tag 10 – Der Untergang

Raten Sie mal! Genau.

Erneut ein paar Tage später und nachdem ich Mama absolut nachhaltig klargemacht habe, dass es so nicht weitergehen könne – ja sogar damit gedroht habe, ihr den Schlüssel wieder abzunehmen –, wache ich viel zu früh morgens gegen halb sechs auf. Ich habe unglaublich schlecht geschlafen. Irgendwo hat anscheinend jemand Verrücktes mitten in der Nacht seine ganzen Bilder aufhängen müssen. Trotzdem fühle ich mich aber schon deutlich besser und habe anscheinend nur noch leicht erhöhte Temperatur.

Ich mag zu früh wach werden eigentlich ganz gerne. Alles ist noch ruhig. Man weiß um die vielen Menschen, die noch selig in ihren Betten liegen. Die ersten Sonnenstrahlen kitzeln den Horizont und alles ist noch unschuldig. Nur ein paar Vögel begrüßen schon den neuen Tag und man fühlt sich den anderen so entrückt und gleichzeitig ein Stück voraus, so als würde der ganze Tag nur einem allein gehören.

Ich stehe auf und fühle mich tatsächlich erheblich besser, wie ein neuer Mensch, …

…der den Lichtschalter nicht mehr findet!

Mit verschlafenen Augen und im noch stockdunklen Flur taste ich an der Wand entlang und suche verzweifelt nach einer Möglichkeit, Licht zu machen. Was ist los?

Wieso ist der Lichtschalter weg? Bin ich denn wirklich schon so bescheuert, dass ich vergessen habe, wo die Dinger in meiner eigenen Wohnung sind? Habe ich doch noch Fieber? Dann frage ich mich allen Ernstes, ob ich TATSÄCHLICH immer schon nach links um die Ecke gegriffen habe, um Licht zu machen. Kann ich mich so dermaßen irren? Und WENN ich bislang immer woanders draufgedrückt HABE, wieso kann ich mich dann auch daran nicht erinnern? Spooky, sehr spooky, finde ich.

»Vielleicht gehe ich mal zum Neurologen.« Aber soweit mir bekannt ist, gibt es bislang noch keine außergewöhnlichen Fälle von Demenz in unserer Familie. Bis auf Tante Hertha natürlich.

Und dann ertaste ich plötzlich etwas Glattes, Eckiges. Auf der ANDEREN Seite der Wand!

Gleißendes Licht explodiert und meine Augenlider schließen sich reflexartig bis auf kleine Schlitze. Wenn das Ausmaß einer Katastrophe so groß ist, dass Ihr Bewusstsein nicht in der Lage ist, alles auf einmal zu verarbeiten … dann macht es das eben Stück für Stück.

Das Positive ist, die Möbel stehen noch an ihrem Platz.

Das ist es dann aber auch schon.

Diesmal hat sich die Wohnung um die Möbel drumherum komplett verändert. Und wenn ich sage »verändert«, dann meine ich auch »VERÄNDERT«!

Die reduzierte Raufasertapete im stylischen hellgrauen Farbton ist Geschichte. Stattdessen erstrahlt von den Wänden ein Retromuster aus den achtziger Jahren, dem alten Testbild der ARD nicht unähnlich. Der frisch verlegte Laminatboden ist ersetzt durch einen beigen Kunstfaserhochflorteppich. Die Lampen sind unisono gegen bunte fröhliche Modelle ausgetauscht, die dunkelbraune Küche in Weiß neu verkleidet, Couch und Schrank in Mauve gleich neu besorgt. Alle liebevoll wohlplatzierten, reduziert eingesetzten Accessoires gehören der Vergangenheit an. Dafür ist keine freie Fläche mehr zu erkennen, die NICHT mit diversen Glasvasen, Design-Clowns oder einem rot bemalten Holzstuhl mit ausgefräster Uli-Stein-Comic-Zeichnung zugepflastert ist. Selbst die anthrazitfarbenen Handtücher im Bad sind von denen mit dem lustigen Streifenmuster aus Mamas Keller verdrängt worden.

Außerdem ist die Wand vom Essbereich zur Küche großzügig durchbrochen und eine praktische Durchreiche, ebenfalls im Stil der achtziger Jahre, eingesetzt worden. Die Lichtschalter wurden größtenteils erfolgreich versetzt, diverse Wände neu hochgezogen und ein Dachschrägenfenster mit herrlich freiem Blick ins Schlafzimmer des drei Meter entfernt wohnenden Nachbarn eingebaut. Was will man mehr.

Schreikrampf oder stoische meditative Ruhe? Tränenströme oder Lachanfall? Einweisung in die Geschlossene oder Mord? In dieser Situation – ich stehe immer noch mit dem Finger am Lichtschalter im Flur – gehen Ihnen viele Optionen für adäquate Reaktionen durch den Kopf.

Wer hat von meinem Tellerchen gegessen? Wer hat in meinem Bettchen geschlafen?

Ich habe doch nur wenige Stunden geschlafen. Wie kann das sein? Wie schafft man das?

Damals gab es doch auch noch keine Tine Wittler, die mit hundert testosteronverseuchten Profihandwerkern das Haus wildfremder Leute befällt und in Minuten so umbaut, dass Ikea gleich Katalogfotos machen kann.

Inmitten dieses … neuen Eindrucks sitzt übrigens meine Katze und findet sich offensichtlich auch nicht mehr zurecht. Wenigstens ist die noch da.

Auf dem Sideboard zwei volle schwere Kerzenständer. Apfelduft.

Letzter Tag – Finale

Habe ich mich vertan und stehe in der Wohnung vom Nachbarn?

Diesmal bin ich wirklich den Tränen nahe.

Diesmal rufe ich Mama an.

»Die Wohnung war doch viel zu groß für dich allein und die Katze. Herbert und ich haben alles auf Vordermann gebracht und ziehen, bis es dir besser geht, in dein Gästezimmer. Wir haben schon gepackt und machen uns gleich auf den Weg. Ist das nicht schön? Jetzt kann ich in den nächsten Monaten jeden Tag für dich da sein. 24 Stunden lang! ÜBERRASCHUNG!!!«

Ich schreie.

Ich schreie sie nicht an. Ich schreie einfach nur meinen Seelenschmerz in die Welt hinaus. Ich schreie die böse Hexe an, die Schneewittchen kalt lächelnd vergiftet hat. Ich schreie so laut ich kann … so laut, wie ich in meinem ganzen Leben noch nie geschrien habe, …

…und wache schweißgebadet mitten in der Nacht auf.

Es ist ein Traum gewesen. Ab den Cappuccinokerzen ist alles nur ein hässlicher, fiebriger Albtraum gewesen. Gott sei Dank! Sie können sich meine Erleichterung nicht vorstellen … mein aufatmendes Herz, von dem eine erdrückende Last in riesigen Brocken, ja Bergen, nach und nach abfällt … meinen wiedergewonnenen Lebensmut, der mir wieder Hoffnung gibt, dass ich mein Schicksal DOCH in den eigenen Händen halte.

Ich treffe eine unumstößliche Entscheidung. NIEMALS werde ich es so weit kommen lassen wie in diesem Albtraum.

Ich will gerade aufstehen, um mir ein Glas Wasser zu holen, als ich innehalte.

Dazu müsste ich ja das Licht anmachen …

Lieber nicht.

»Das ist doch viel leckerer …«

Mama hat während dieser Phase auch netterweise für mich eingekauft.

Hat Ihre Mutter schon mal für Sie eingekauft? Und bringt sie dann auch wirklich das mit, was Sie besprochen oder aufgeschrieben haben? Schwein gehabt. Meine nicht.

Weil sie davon ausgeht, dass zwar die Warengruppe ungefähr stimmen, aber bei weitem nicht das identische Produkt besorgt werden muss, sah mein Kühlschrank, als ich wieder bei Bewusstsein war, eigentlich nach ihrem aus. Andererseits hat sie bei Dingen, die sie gar nicht finden konnte, anscheinend einfach ins Regal daneben gegriffen. Egal, was da stand. Oder sie hat Sachen gekauft, die einfach nur so klangen wie das gewünschte Produkt. Ich weiß es doch auch nicht.

Ich hatte ihr unter Aufbietung aller Ressourcen, die ich in meinem desolaten Zustand noch zur Verfügung hatte, einen hieb- und stichfesten Einkaufszettel gemacht, mit dem nun wirklich nichts schiefgehen konnte.

Nun ja.

Ich habe Ihnen der Einfachheit halber mal meinen Zettel und die Liste mit den Sachen, die sie dann tatsächlich besorgt hat, nebeneinander aufgeschrieben.

Urteilen Sie selbst …

Ralfs Einkaufsliste	Mamas Besorgungen
1 l Bio-Vollmilch	3 l H-Milch 1,5% »Die hält sich doch viel länger!«
Margarine mit Joghurt	Butterblock »Du brauchst jetzt was auf die Rippen.«
Vollkornbrot vom Bäcker	Aufbackbrötchen »Den Bäcker habe ich nicht gefunden.«
Bio-Joghurt	Buttermilch »Kann man ohne Löffel essen.«
Frische Früchte	Mandarinen aus der Dose »Dann musst du die nicht schälen.«
Nutella	Nusspli »Ist doch dasselbe.« Ralf: »IST ES NICHT!«
Putenbrustauf- schnitt	Schweinskopfsülze »Viel leckerer!«
1 Tüte Äpfel	1 Glas Apfelmus (...siehe Früchte.)
Geräucherte Lachs- scheiben	Fischstäbchen »Ach, der sollte aufs Brot?«

4 Geflügelwürstchen	2 grobe Mettwürste »Fett ist Geschmacksträger.«
2 Putenbrustfilets von der Fleischtheke	Abgepackter Leberkäse aus dem Kühlregal »Der hält ewig, falls du ihn jetzt nicht essen willst.«
2 Bio-Zucchini	2 Salat-Gurken »Da hab' ich mich wohl vergriffen.«
Knäckebrot	Zwieback »Wenn man krank ist, isst man Zwieback. Was früher gut war, kann heute ja nicht schlecht sein.«
Stilles Wasser	Sprudel mit Himbeergeschmack »Sonst kannst du doch gleich Leitungswasser trinken.«
Tempotaschentücher	Haushaltsrolle »Ist doch viel praktischer!«
Kamillentee	Kamillentee Ralf: »Ich werd verrückt!«

Ich habe, wie Sie sehen, die Antworten, die Mama mir auf mein Nachfragen gegeben hat, danebengeschrieben. Für alles, wirklich alles gab es eine absolut plausible Erklärung. Es stimmt schon: Ich kaufe anscheinend immer die falschen Sachen.

Ich mag aber nun mal die falschen Sachen! Sollte ich ein nächstes Mal also nicht verhindern können, werde ich mal total verrückte Sachen aufschreiben, das genaue Gegenteil von dem, was ich eigentlich brauche. So was wie »Kalbshirn in eigenem Saft« anstatt »Mousse au chocolat«. Vielleicht klappt das ja.

Moment, Moment …

Sie werden es nicht glauben … und da soll noch mal einer sagen, es gäbe keine Zufälle! Just in diesem Moment, WIRKLICH UND WAHRHAFTIG – ich habe ja gerade über die Einrichtungskompetenzen meiner Mutter geschrieben – komme ich ins Wohnzimmer, weil sie kurz bei mir ist und wir über das Buch sprechen wollen, und was sehe ich auf meiner Couch? WAS LIEGT DA UND TUT SO, ALS SEI ES SCHON IMMER DA GEWESEN?

Das gibt's doch gar nicht!

Wissen Sie, was sie mir geantwortet hat, als ich sie gefragt habe, wo denn die Blumen-Kissen plötzlich herkämen? Ich zitiere mal den folgenden Originalwortlaut …

»Ich habe gedacht, die könnten dir gefallen. Die Farben passen doch toll.«
»Ja, Mama, aber das Muster!«

»Ich dachte, du freust dich.«

»Geht so. Aber wenn sie dir so gut gefallen, dann nimm sie gerne mit zu dir. Die passen genau so gut, wenn nicht noch viel besser zu deiner violetten Couch!«

»Okay, Ralf, das mache ich.«

Die liegen, wenn ich noch mal ins Wohnzimmer komme, immer noch da.

Jede Wette!

> **TIPP:** Falls Sie über ausreichend monetäre Mittel verfügen: Mieten Sie beim nächsten Umzug einfach zwei Wohnung neben- oder untereinander. So können Sie, falls Mama das Licht noch nicht gesehen hat, bei einem Überraschungsbesuch einfach zu »Herrn Müller« werden oder, falls es doch schon zu spät war, kurz noch den »dummerweise fehlenden Kaffee« an der Tanke holen und dafür auf dem Sofa nebenan leider fast eine Stunde brauchen. Eine Palette Kaffee können Sie dort ja schon mal bunkern.

Einem geschenkten Gaul … kann man nicht entkommen

Im Grunde freut man sich ja immer, wenn man etwas geschenkt bekommt.

Bei Mama möchte ich da aber eine Ausnahme machen. Ich möchte nicht undankbar erscheinen, aber sie hat eine ganz eigene Art, Geschenke für ihre Opf… ihre Mitmenschen auszusuchen. Sie schenkt, was ihr selbst gefällt. Was die ganze Sache natürlich gleich viel einfacher macht, muss man sich doch nicht stundenlang in den anderen hineindenken. »Nein, nein, dem wird schon gefallen, was mir gefällt. Der hat ja schließlich Geschmack.« Und irgendwie ist diese Annahme auch auf eine seltsame Art und Weise logisch. Im Grunde könnte man es dabei belassen. Wenn da nicht die Geschenke wären.

Man weiß doch schon gar nicht mehr, wohin mit dem ganzen Kram. Wirklich in die Wohnung stellen kommt nur in absoluten Ausnahmefällen in Frage. Mir fällt zwar gerade keiner ein, aber man soll auch nichts ausschließen.

Dass einem alles dummerweise heruntergefallen ist, funktioniert auch nur in begrenztem Maße. Nicht nur, weil ja nicht ALLES aus Versehen kaputtgehen kann, sondern auch, weil man einen original arabischen Läuferteppich so oft fallen lassen kann, wie man will. Der bleibt ganz.

Und Vorsicht mit Weiterverschenken! Erst einmal fehlen die Sachen. Und wenn Mama dann plötzlich nach dem schicken, riesigen blauen Kristall-Imitat-Aschenbecher fragt, den sie Ihnen geschenkt hat – obwohl Sie noch nie in Ihrem Leben geraucht haben –, dann haben Sie den nicht parat. Außerdem ist »Weiterverschenken« deshalb keine gute Idee, weil irgendwann alle Ihre Bekannten denken, dass Sie den Geschmack einer Dame fortgeschrittenen Alters haben. Das wäre natürlich ebenfalls kontraproduktiv, denn dann können Sie sich Mamas Fundstücke auch gleich in die Bude stellen.

Verkaufen geht natürlich auch nicht, weil Sie die Sachen nicht loswerden. Außer Mama kauft das Zeug ja keiner.

Was bleibt also? Man verstaut den ganzen Kram irgendwo und holt ihn zu den Besuchen von Mama wieder raus. Aufwendig, aber der einzige logische Schluss.

Und damit Sie mir glauben, habe ich mich mal durch meinen Kel… ähm … ach, was soll's, ja, durch meinen Keller gewühlt und diverse Devotionalien abgelichtet. Im Folgenden finden Sie also eine kleine Auswahl an Mamas aufwendigst zusammengesuchten Kleinoden besonderen Geschmacks, gegen die ich mich in den letzten Jahren nicht erfolgreich wehren konnte.

Die anderen von mir zusätzlich angemieteten Kellerräume habe ich mal außen vor gelassen. Das würde den Rahmen dieses Buches dann doch sprengen.

Asiatische Elefanten aus Fernost. Wer braucht die nicht?

Ein Schneemann mit Schnee. Bei uns im Rheinland fällt ja auch nicht so viel, da ist es gut, dass man sich mit dieser Hilfe noch daran erinnern kann. Danke, Mama!

Ein schicker Kerzen …
äh, -ständer?

Das absolut passende
Geschirr für jeden
Junggesellen.

Es ist entweder ein
Kerzenhalter, Weihrauch-
gefäß oder eine Opferschale
für rituelle Beschneidungen.
Sollten Sie's wissen,
schreiben Sie mir, BITTE!

Eine schicke gelbe Fußmatte. Ich hatte schon eine, aber der Trend geht ja zur Zweitmatte.

Richtig gesehen. Es IST eine Anglerhose. Ich habe noch nie in meinem Leben geangelt. Aber eine zu haben, kann ja auch nicht schaden. Ich könnte ja irgendwann mal mitten in der Nacht plötzlich aufwachen und unbändig anfangen wollen, zu angeln. Und dann! Zack ... kann ich SOFORT loslegen.

Plastikobst! Darf angeblich in keinem Haushalt fehlen, weil es immer gut aussieht, falls man mal kein frisches mehr im Haus hat. Und außerdem wird das ja NIE schlecht. Ist das nicht praktisch? Und ja, das weiße ist ein Ei. Damit der Besuch nicht den schrecklichen Eindruck bekommen kann, dass man keine Eier im Kühlschrank hat? Mal ehrlich, ich würde aber auch im Boden versinken.

Den obligatorischen Paravent haben wir doch ALLE im Keller stehen, oder? Ich glaube mittlerweile, dass die Dinger nur noch zu diesem Zweck hergestellt werden. In die Wohnung stellt die doch schon lange keiner mehr.

Ich weiß es doch auch nicht!

TIPP: Mieten Sie einen zweiten Keller für Mamas Geschenke und holen Sie sie nur bei Besuchen wieder raus. Die Geschenke.

Hände hoch oder ich helfe dir

Herbert, mein Stiefvater, ist ein unglaublich patenter Kerl und wahnsinnig hilfsbereit. Eine tolle Eigenschaft. Alle schätzen ihn dafür sehr. Was er noch nicht weiß, das schafft er sich einfach kurzerhand drauf und steht einem zur Seite. Er hat das erstaunliche Talent, sich jede Fertigkeit für die unterschiedlichsten Bereiche anzueignen und bis ins kleinste Detail alle Handgriffe zu studieren und zu perfektionieren. Toll!

Und WENN er dann mal was anpackt, ja DANN ... geht das auch todsicher in die Hose. Deckenlampen, Christbaumspitzen, Fahrradschläuche, Staubsaugermotoren oder auch der eigene Wagen ... alles ist hinterher schlimmer dran als vorher. Wofür wir ihn eigentlich noch viel lieber haben, als wenn er MacGyver persönlich wäre. Er gibt sich doch solche Mühe!

Natürlich traut sich niemand, dieser Seele von Mensch etwas von den zu Tode reparierten Dingen zu sagen, und alle bestätigen immer nur, wie toll alles wieder funktioniert, obwohl man heimlich den Elektriker, den Gasmann oder die Feuerwehr gerufen hat. Diese Handhabe der Situation macht es natürlich keinesfalls besser, weil er so motiviert beim nächsten Mal umso mehr Elan entwickelt. Ein Teufelskreis.

Nun ja, ich hoffe trotzdem, dass auch Sie, liebe Leserin, lieber Leser, dichthalten. Sollten Sie Herbert kennen oder kennenlernen, zeigen Sie ihm bitte nicht dieses Buch. Und wenn es sich gar nicht mehr vermeiden lässt, dann behaupten Sie einfach, das Buch hätte ein anderer Ralf Schmitz geschrieben. Das mache ich auch so.

Jedenfalls, wenn man nun um das handwerkliche Geschick meines Stiefvaters weiß … UND darum, dass er eben am allerliebsten an seinem eigenen Wagen herumbastelt und alles selbst macht, weil er das natürlich genau so gut kann – »wenn nicht besser« – wie die überteuerten Profi-Werkstätten … DANN bekommt man manchmal so ein komisches, leicht hysterisches Kribbeln im Bauch, wenn man mit im Auto sitzt und er den Anlasser betätigt.

Ich will damit sagen, dass es nicht immer nur um kleine Ungeschicklichkeiten geht, sondern bisweilen auch ums nackte Überleben. Rette sich wer kann, wenn Herbert neue Lampen anbringt! Nicht nur, dass die Dinger meistens nur ein paar Stunden hängen. Nein, auch die Leitungen sind meistens falsch verdrahtet, wodurch das Betätigen des Lichtschalters zur Harakiri-Aktion werden kann.

Was glauben Sie, was passiert ist, als er dabei geholfen hat, meinen neuen Teppich zu verlegen? Mal abgesehen von den mit Epoxitharz fixierten Leisten, die laut seiner Aussage »jetzt so knüppelhart fest sitzen, dass man die NIE wieder abkriegt« – wer will schon irgendwann wieder ausziehen oder umdekorieren –, hatte der Boden jetzt Hügel. Die Klebemasse – ICH WEIß, MAN NIMMT EIGENTLICH TEPPICHDOPPELKLEBEBAND – war wohl ein bisschen klumpig geworden. Das würde sich aber legen und die Dellen mit der Zeit verschwinden. Ich müsste nur ein paar Mal drüberlaufen und schon wären die nicht mehr zu erkennen. In ein paar Monaten. Höchstens in ein, zwei Jahren. Ich falle heute noch über Mount Herbert im Flur.

Man überlegt immer wieder, wie man vielleicht doch aus der Nummer wieder rauskommt. Wie aber macht man einem mit Wasserwaage, Phasenprüfer und Ersatzmuffe bewaffneten Herbert klar, dass man nicht will, dass er den Spülkasten repariert oder den antiken Tisch auf Vordermann bringt? Genau. Gar nicht.

Vor kurzem hat er Letzteres meiner Schwester anget... für meine Schwester getan. Sie hat wohl irgendwann dem Drängen nachgegeben und ihn an ihren alten, zugegeben mit deutlichen Gebrauchsspuren versehenen, aber für sie wohl unglaublich wertvollen Lieblingsesstisch gelassen. Herbert hat ihn mit in seine Kellerwerkstatt genommen, geschliffen, gebeizt und lackiert, und mittlerweile essen wir alle auf dem Boden. Also, nicht GANZ auf dem Boden ... die Beine des Tisches sind beim Schleifen nur leider immer kürzer geworden, weil sie einfach nicht gleich lang werden wollten. Und so sitzen wir jetzt immer auf Kinderstühlchen. Weil er nämlich im Nachhinein auch versucht hat, die Stuhlbeine anzupassen. Irgendwie asiatisch.

Ich denke mal, dass fast jeder einen liebenswürdigen Herbert in seiner Familie rumflitzen hat, der mit einem dankbaren Lächeln auf den Lippen auf der Leiter in der Küche steht und die Oberschränke fallen lässt.

Natürlich sind diesen Menschen ihre Missgeschicke immer furchtbar peinlich, wodurch das gesamte Ersparte für die Instandsetzungen und Entschädigungen draufgeht. Aber zur Einsicht, dass man vielleicht doch nicht ganz so geschickt ist, wie man es gerne wäre, führt das leider auch nicht. Nun könnte man natürlich gemein sein und diese hilfsbereiten Engel mit den Teufelshänden immer nur dann bitten, einem unter die Arme zu greifen, wenn man eine neue Einrichtung braucht und ausprobieren will, was deren Versicherung so hergibt. Aber das verbieten natürlich Moral, Ehre und Anstand. Wir haben es auch nur ein einziges Mal gemacht.

Die Couch sieht klasse aus.

Kommunikation ist alles

Psychotricks

Macht Ihre Mutter auch manchmal so merkwürdig zweideutige Andeutungen? Und sagen Sie sich auch immer wieder, dass Sie diesmal nicht darauf hereinfallen werden? Pustekuchen. Das kann kein Sohn und keine Tochter.

Meine Mutter hat ja mittlerweile gelernt, wie man eine SMS schreibt. Dumm gelaufen. Und welcher Idiot hat es ihr beigebracht? Sie erinnern sich. Man sollte eben vorsichtiger sein, wenn man sich darüber aufregt, dass die eigenen Eltern so unglaublich rückständig sind und sie doch mehr mit der Zeit gehen sollten. Man sollte vorsichtig sein, wenn man ihnen ein Handy aufdrängt, ihnen die Handhabung erklärt und kurz, wirklich nur kurz, stolz auf die modernen Eltern ist. Manche Sachen sind besser, wie sie sind, und sollten nicht verändert werden. Wenn Ihre Mutter, liebe Leserin, lieber Leser, kein Handy will, dann belassen Sie es um Himmels willen dabei. Schreiben Sie lieber hin und wieder mal einen schönen richtigen Brief oder besuchen Sie Ihre Mutter zum Kaffee. Analog, aber sicher.

Damit Sie die ganze Tragweite meiner Warnung verstehen, erzähle ich Ihnen mal folgende Geschichte. Sie ist absolut exemplarisch, in Variationen hundertmal vorgekommen, und genau so, wie ich sie aufgeschrieben habe, passiert.

Ich kriege eine SMS mit den Worten »Mir geht's gut. Mach dir keine Sorgen. Gruß, Mama«

Was soll das denn? Was soll man denn davon halten? Mama schreibt einfach nur aus Lust und Laune? Hat sie wieder einen spontanen Mutter-vermisst-Sohn-Anfall? Oder hat sie wieder zu viel Harzer Roller gegessen und die tödlichen Dämpfe haben ihr das Hirn zerbröselt? Oder will sie mich tatsächlich mit einem perfiden Plan in den Wahnsinn treiben?

Ach was, die Worte haben nichts zu bedeuten. Es wird so sein wie immer. Nichts Wichtiges … Genau!

Und wenn doch was ist? Und wenn diesmal doch etwas hinter diesem doofen Spruch steckt, den sie hin und wieder bringt: »Eines Tages wirst du es vermissen«? Schrecklich, oder?

»Mama, hör auf damit, meine Möbel umzustellen, wenn du zum Blumengießen da bist.«

»Eines Tages wirst du es vermissen.«

»Mama, ich möchte nicht, dass du mich immer noch fragst, ob ich warm angezogen bin.«

»Eines Tages wirst du es vermissen.«

Und wenn diesmal doch was dran ist? Mama ist natürlich nicht mehr die Allerjüngste … Und letztens hat sie auch so 'ne komische Bemerkung gemacht, als wir von Tante Erikas plötzlichem Tod geredet haben. Himmel noch mal …

Sie haben den Hörer schon in der Hand. Und legen ihn wieder hin. Sie WISSEN, dass nichts ist. Sie WISSEN, dass es ein ganz gemeiner Trick ist. Und trotzdem … wollen Sie sich wirklich, falls DOCH etwas nicht stimmt, den Rest Ihres Lebens Vorwürfe machen, dass Sie Mama im Stich gelassen haben, als es ihr schlecht ging? Das mit dem Trick glaubt Ihnen doch keiner. SIE sind das herzlose Monster, das seine Mutter allein gelassen hat, als es einsam in ihrer Wohnung mit ihr zu Ende ging.

Verdammt, ich fühle es. Diesmal ist es kein Getue, diesmal droht wirklich etwas Schreckliches. Sie war zurückhaltender als sonst, das bedeutet nichts Gutes … jetzt will man aber auch wissen, was los ist. Hat sie Alzheimer? O nein. Hat sie was Schlimmeres? Wie lange hat sie noch? Sie wählen ihre Nummer …

»Hallo, mein Sohn. Wie schön, dass du mich anrufst!«

»Hi, Mom, wie geht's dir denn?«

»Wie soll es mir schon gehen? Blendend, jetzt, wo ich deine Stimme höre.«

»Du hast letztens so komische Andeutungen gemacht.«

»Kann ich mich nicht dran erinnern. Nimm das nicht so ernst, ich bin in den Wechseljahren. Hi hi. Aber wo ich dich gerade dran habe … willst du uns im Urlaub nicht besuchen kommen? Wir würden uns so freuen …!«

Es IST eine Falle. Immer. Passen Sie gut auf sich auf!

> **TIPP:** Schreiben Sie eine hübsche Postkarte mit den besten Wünschen aus dem Urlaub und dass Sie in frühestens acht Wochen wieder da sind. Für die etwas Langsameren: Sie sind gar nicht weg!

Man geht besser nicht ran

Wir haben ja nun schon ausführlich geklärt, dass man bei Mamas Anrufen besser nur dann ans Telefon geht, wenn man sich für die nächsten Wochen noch nichts vorgenommen hat. Nun ist Mama aber nicht die Einzige, die Sie stundenlang an den Hörer ketten kann. Generell den meisten Gesprächen gegenüber freudig aufgeschlossen und gerne mit all den lustigen und verrückten Familienmitgliedern im Kontakt stehend, sind diese aber hin und wieder ebenfalls, wenn auch auf ganz unterschiedliche Art und Weise, in der Lage, Ihnen eine Frikadelle ans brennende Ohr zu quatschen. Das Problem ist nur, dass Sie hier durch unterschiedliche Erfahrungswerte noch nicht automatisch mit Skepsis reagieren. Das wollen wir hiermit ändern.

Rrrrrring …

Diesmal weiß man gleich, wer dran ist, weil zeitgemäß im Display der Name erscheint. Winnie und Mama sind es demnach nicht. Es ist …

Meine Schwester

»Hey, Bruderherz, ich dachte, ich melde mich mal wieder bei dir.«

Feine Sache, klappt immer, und wir tauschen uns gerne aus. Es hilft schon ungemein, wenn man sich mal wieder ein bisschen über die liebe, aber irgendwie immer verschrobener werdende Mutter aufregen kann und der andere es sofort versteht. Sollten Sie keine Geschwister haben, liebe Leserin, lieber Leser, besorgen Sie sich welche.

Es hat aber nicht NUR Vorteile.

Zuerst bekomme ich als ausgewandertes Familienmitglied – Sie erinnern sich: zehn Kilometer – sofort, ungefragt und ungefiltert den neuesten Klatsch und Tratsch der Familie serviert. Es wird merkwürdigerweise vorausgesetzt, dass man permanent auf dem Laufenden bleiben will. Wobei mir eine grobe Richtung in den allermeisten Fällen schon reichen würde.

Mama findet den neuen Italiener um die Ecke schlecht, was meine Schwester nicht verstehen kann.

»Der macht nämlich SO leckere Gnocchi. Die Pizza darf man nicht essen, das stimmt. Die schmeckt wirklich nach nichts, weil der schlechtes Mehl nimmt, aber alles andere ist völlig in Ordnung. Mama hat eben keinen Geschmack. Besonders die Lasagne! Man MUSS die Lasagne essen, wenn man da hingeht.«

Gut, dass ich das jetzt weiß. Stellen Sie sich vor, ich wäre eines Tages ohne diese Information gestorben. Nicht auszudenken!

Den Katzen geht's gut, nur Shira hat sich den Magen verdorben ... hat wohl draußen 'ne alte tote Maus angeknabbert.

»Ha, ha.«

Sie waren auch schon mit ihr beim Tierarzt, der aber Entwarnung gegeben hat. Alles topp.

Apropos Arzt: Sie war selbst auch gerade da, bei ihrem natürlich, und hat ihre Blutwerte checken lassen. Sie hatte sich in den letzten Tagen manchmal so ein bisschen schwummerig gefühlt.

»Und?«

»Nix.« Alles in Ordnung. Nur 'ne Hormonumstellung.

Aha.

Mit dem Lange-weg-Bleiben würde es mein Neffe ja auch langsam übertreiben. Sie hält sich ohne Zweifel für eine moderne Mutter, aber sich einfach nicht mehr melden, wo er doch jetzt das tolle neue Handy von Oma geschenkt bekommen hat. Das muss doch nicht sein. Wofür hat er das denn dann?

Warten Sie auch auf den eigentlichen Punkt, den Kern dieser Unterhaltung, den Grund ihres Anrufs? Keine Sorge ... der kommt nicht.

Ich höre es im Hintergrund klappern und komme zum ersten Mal zu Wort: »Entschuldige, dass ich dich unterbreche, aber was ist denn das für ein Krach da bei dir?«

»Nichts, wieso?«

Meine Schwester weiß genau, dass ich es nicht leiden kann,

wenn sie während unseres Gesprächs ... während ihres Familienrapports tausend andere Dinge erledigt. Nicht, weil ich das so berühmte weibliche Multitasking in Frage stellen will oder ihre damit verbundene Überlegenheit dem männlichen Geschlecht gegenüber nicht ertrage – das haben Sie gerade angenommen, geben Sie es zu! Vielmehr weil die Geräusche mörderlaut sind, mein Trommelfell ständig aus heiterem Himmel vor Zerreißproben gestellt wird, und ich sie nicht mehr verstehe, weil ich so viel Distanz wie möglich zwischen Hörer und Ohr bringen muss. UND weil sie immer wieder abgelenkt ist und mitten im Satz plötzlich aufhört zu sprechen. So viel zum Multitasking.

Sie hat natürlich DOCH gerade noch etwas anderes gemacht. An den mir schon bestens vertrauten Geräuschen erkenne ich, dass sie parallel die Spülmaschine ausräumt. Da dieses kleine Versteckspiel schon zur Tradition gehört, bin ich darin mittlerweile so geschult, dass ich dem CIA bei internationalen Abhörmissionen sicher von großem Nutzen sein könnte.

Das Scheppern der aufeinanderkrachenden Porzellanteller, verstärkt durch das empfindliche Telefonmikrofon und die höhenverstärkende Leitung, dröhnt noch tief in meinen Gehirnwindungen bis runter zum Wurzelchakra, als ich so gerade noch verstehe: »Nichts. Ich mache nichts!«

Ich hole gerade Luft, als es auch schon weitergeht ...

Mein Schwager hat sich in den Zeh geschnitten. Der Hund wird immer älter. Die Nachbarin trägt eine Plastikhaube, wenn sie im Regen einkaufen geht. Das sieht unglaublich scheiße aus.

»Schwester, ... das ...«

Ihr neues Moped verbraucht ja so wenig Sprit, dass sie unglaublich viel Geld sparen. Mit ZWEI EURO kommt sie EINE WOCHE lang in die Stadt und wieder zurück. Das muss man sich mal vorstellen. Und gut für die Umwelt ist es ja auch.

»Sag mal ...«

Ihre beste Freundin will heute noch vorbeikommen und ihr die Haare machen. Die ist ja Friseurin, wie ich weiß. Vielleicht wieder Strähnchen oder ... ähm .... oder äh ....
ähhhhh ....

»Schwester, du sitzt am Rechner und schreibst eine E-Mail.«
Ist natürlich Ü-BER-HAUPT-NICHT-WAHR!

Aaaalsoooooo ... Mama hat sie gestern mal wieder wegen Weihnachten angesprochen. Unglaublich anstrengend. Das ist doch nicht zu fassen. Jetzt sollen wir uns im Juni schon entscheiden, wann, wo, wie und vor allem bei wem wir die Festtage verbringen wollen.

Am liebsten wäre meiner Schwester, wir kommen an Heiligabend alle zu ihr und Punkt. Oder wir treffen uns bei unserer Mutter und sie kocht diesmal wieder, aber ... Sie denkt einen Moment lang nach ...

DIESEN Moment – man muss seine Gelegenheiten nur erkennen – nutze ich und falle ihr dreist ins Wort. Ja, so bin ich. Ein ungehobelter Klotz.

Nach einer Floskel zum zeitlich natürlich höchstdringenden Weihnachtsproblem – man wird ja seit 2000 Jahren von heute auf morgen überrascht – versuche ich das Gespräch auf seinen tieferen Sinn zu lenken, auf die Intention, die sie ja zweifelsohne verfolgt haben muss, als sie meine Nummer wählte. Anders ausgedrückt:

»So jetzt komm mal auf den Punkt, Schwester, warum hast du mich überhaupt angerufen?«

Wir haben inzwischen achtundvierzig Minuten »parliert«, beziehungsweise einer der anderen zugehört. Mein Essen ist kalt. Ich müsste schon DRINGENDST seit einer halben Stunde auf dem Weg zur Aufzeichnung von »Genial daneben« sein. Aus lauter Rücksicht auf heißen Kohlen sitzend, und weil man die eigene Schwester nicht abwürgen will, habe ich aufmerksam zugehört ... eine Botschaft, Frage, familiäre Schwierigkeiten oder irgendein anderes schreckliches Problem erwartend, bei dem ich helfen soll. Und was antwortet mir mein geliebtes Schwesterherz auf die Frage nach des Pudels Kern?

»Wieso? Wegen nichts! Ich wollte einfach mal wieder ein bisschen quatschen.«

Bevor man jetzt anfängt über Frauen im Allgemeinen und Schwestern im Besonderen und über gefährliche Kombinationen aus beidem zu schwadronieren, muss man gleich auch das Positive sehen. Während Mama die Themen so wild durcheinander wechselt, dass man nicht weiß, ob es um alte Socken oder gefallene Preise für Schweinerippchen geht, kriegt meine Schwester immerhin noch Kausalketten zustande. Und nachdem ich ihr klargemacht habe, dass ich jetzt wirklich keine Zeit mehr habe und leider dringend los muss, weil mich unsere Mutter heute auch schon angerufen hat und ich deswegen deutlich im Verzug bin, höre ich zum Abschluss ein verständnisvolles: »Ach ja, die Mama, die wird man auch nicht wieder los.«

Klack.

Natürlich bin ich froh, dass ich ein gutes Verhältnis zu meiner Schwester habe. Natürlich bin ich froh, dass wir uns so entspannt unterhalten können. Irgendwie. Aber muss es denn immer so lange sein? Und es wäre ja auch nicht so schlimm, wenn sie und Mama die Einzigen wären, die den Tagesrhythmus durcheinanderbringen können.

Aber es gibt noch diverse andere Kandidaten. Zum Beispiel …

Meine Oma
»Ja, wer IST da?« Oma hat noch ein analoges Telefon mit Wählscheibe. Ist bestimmt mittlerweile ein Vermögen wert, weil sie die Einzige ist, die noch so ein uraltes graues Nachkriegsmodell mit Häkelspitze auf ihrer Kommode stehen hat.

»Wie, wer ist da? Oma, DU hast MICH doch angerufen.«

»Ach ja. Aber ich könnte mich ja auch verwählt haben!«

Absolut überzeugende Antwort. Sie hat ja kein Display, auf dem man die Nummer noch mal hätte überprüfen können. Der Verifizierungsprozess bezüglich des angewählten Teilnehmers funktioniert also noch mittels altmodischer und längst überholter Verfahrensweise … der Sprache.

»Oma, schön, dass du anrufst. Was kann ich für dich tun?«

»Also, pass mal auf, Ralf! Du weißt doch, dass ich immer zum Friedhof muss.«

Ist mir durchaus bekannt, weil das seit dreißig Jahren so ist.

»Und, Ralf, sonst so, wie geht's dir sonst?«

Äh. Haben Sie auch gerade den Faden verloren? Ja? Ich auch. Oder besser noch: meine Oma. Die hat nämlich vom einen auf den anderen Satz vergessen, warum sie mich angerufen hat. In einem so hohen Alter ist das natürlich völlig normal und da macht das auch nichts. Es wäre auch unhöflich, die ältere Dame auf so etwas hinzuweisen. Leider macht dieser Umstand das Gespräch, welches übrigens *genau* so stattgefunden hat, nicht gerade flüssiger.

»Was wollte ich …? Ach, ja: Ralf, ich muss morgen zum Friedhof.«

»Okay?«

»Und da wollte ich dich fragen … Ja, was wollte ich dich noch mal fragen?«

Ich soll sie bestimmt abholen und hinfahren.

»Geht es dir gut? Hast du viel zu tun?«

»Ja, alles gut. Vielleicht komme ich morgen mal vorbei, Oma, so ganz zufällig, dann könnten wir auch mal wieder zum Friedhof fahren. Nur so 'ne Idee.«

»DAS passt mir aber gut. Das wollte ich sowieso in dieser Woche noch machen.«

Wusste ich es doch.

»Und was machen die Kinder?«

»Äh, ich habe noch keine, Oma.«

»Ach, stimmt, das war ja deine Schwester. Und der Hund?«

»Ich hab' 'ne Katze.«

»Seit wann?«

»Ungefähr so lange, wie du mich kennst, Oma.«

»Nein.«

»Doch.«

»Ralf, hör mal, ich muss morgen zum Friedhof …«

»Ich fahr' dich, Oma.«

»Ich danke dir.«

»Wann soll ich dich denn …?«

Tuut – tuut – tuut – tuut …

Winnie

Sie erinnern sich an den Namen, oder? Die Verschwörungstüte. Richtig.

Winnie ist ein absolut patenter Kerl. Hilfsbereit, ein wenig schüchtern, das Herz am rechten Fleck und der harmloseste Mensch unter der Sonne. Klar, er hat diesen Verfolgungs-Tick – ich übertreibe übrigens nicht: Winnie gibt es tatsächlich –, aber er ist ein echter Freund. Er setzt sich für einen ein, ist loyal, wahnsinnig höflich, war bei den Pfadfindern, sogar kurz Messdiener – bis zu der Erkenntnis, dass sie einem das Gehirn waschen – und hatte bisher immerhin schon eineinhalb Freundinnen. Die letzte wusste allerdings nichts davon.

Woher seine weltumspannenden durchgeknallten Illuminati-Phantasien kommen, weiß ich nicht, und meistens finde ich sie auch nur lustig. Manchmal aber, da können sie ganz schön nerven. Ein Beispiel gefällig?

Mitten in der Nacht läutet mein Festnetztelefon. Winnie ist dran.

»Ich bin tot.« Bedeutende Stille.

Das kann nicht sein, wie ich ihm versichere, denn er ist ja am Telefon.

»Ich bin BALD tot.« Wieder Stille.

Auch das, so versuche ich ihm im Halbschlaf auszureden, wird nicht der Fall sein, denn *so* alt ist er nun auch wieder nicht. Der Scherz verhallt und zum dritten Mal kehrt Stille ein. Gerade als ich denke, dass er vielleicht im Gegensatz zu mir wieder eingeschlafen ist, sagt er: »Komm vorbei!«

Nicht sofort auf diese großartige Idee eingehend versuche ich meinem *noch* besten Freund klarzumachen, dass es halb vier Uhr morgens und der Zeitpunkt vielleicht ein wenig ungünstig gewählt ist. Winnie ist anderer Ansicht. Man muss auch mal spontan sein.

Nachdem ich Winnie auf den Zahn fühle, gesteht er mir panische Angst. Er ist mit den Nerven völlig am Ende. Wie immer eigentlich.

Er war so wahnsinnig und verblendet, blauäugig und naiv und weltfremd und hat ein Paket für seine Nachbarin angenommen. Oh Gott! Für die Hübsche, die er schon seit zweieinhalb Jahren klasse findet und er sich nicht traut, sie anzusprechen. Er ist halt auch nur ein Mann und hat sich eben von seinen Trieben leiten lassen. Natürlich. Auch *mein erster* Gedanke. Winnie, das notgeile Schwein.

Jetzt steht dieses Paket auf seinem Wohnzimmertisch und er hätte ja gleich gedacht, dass damit etwas nicht in Ordnung sei. *Es tickt!*

Okay, an der Stelle war mir klar, dass mein Kurz-vor-der-Klapse-Freund Winnie nicht unter paranoiden Verschwörungstheorien leidet, sondern unter SEHR paranoiden Verschwörungstheorien. Es reicht angeblich nicht für einen medizinischen Befund, ich glaube aber, dass er sich einfach nur perfekt verstellen kann, wenn er bei den Ärzten sitzt. Denen traut er nämlich auch nicht. Eigentlich niemandem. Nur mir. Meistens.

Er will am Telefon nicht darüber sprechen. Man weiß ja nicht, wer da alles mithört. Die Telekom steckt da ganz sicher auch mit drin. Wenn er jetzt das EINE Wort sagen würde, dann schrillten Detektoren im Pentagon Alarm und dann wäre aber Ende im Gelände.

Auf meine aufrichtig neugierige Frage, was das denn für ein Wort sei, stöhnt Winnie, dass er das ja wohl schlecht sagen könne, weil dann die Bullen bei ihm vor der Tür stehen würden. Wenn nicht noch Schlimmeres.

Was sollte das denn sein? Die Zeugen Jehovas?

»B – O – M – B – E«, buchstabiert er flüsternd.

»Eine Bombe?«

James Bond ist außer sich. Wie ich denn so gedankenlos sein könne. JETZT wären sie auf unserer Spur … DANKE!

Ich versuche ihn zu beruhigen, indem ich auf ihn eingehe, und erkläre, dass wir ja nichts verbrochen haben. Selbst wenn »sie« nun auf uns aufmerksam geworden sind, kann doch gar nichts geschehen, weil wir die langweiligsten Menschen auf diesem Planeten sind. Ich habe in meinem ganzen Leben noch nicht mal gekifft! Das Verbotenste, was ich jemals gemacht habe, war, mit der Bahn schwarz von Köln nach Leverkusen zu fahren. Aus Versehen.

Das würde alles keine Rolle spielen. Da wären schon ganz andere im Knast gelandet und man hätte sie nie wieder gesehen.

»Wer denn?«, möchte ich wissen. Nun, namentlich kenne er da auch keinen, aber das gehöre ja wohl zum Allgemeinwissen, wenn man nur wüsste, wo man suchen muss.

Es ist mittlerweile viertel vor vier Uhr.

Ich überlege einen Moment, ob *das* der Moment ist, an dem ich ihm eröffne, dass ich Spezialagent bin und schon seit Jahren nur aus *einem* Grund in derselben Stadt wohne wie er. Um ihn zu beobachten.

Die CIA, der Mossad UND der BND haben mich, Agent

ooSchmitz, beauftragt, ihn – und nur ihn – zu beschatten, weil er die wichtigste Person für das Überleben der gesamten Menschheit ist. Ohne es zu wissen, birgt sein Gehirn die Lösung für die wichtigsten Probleme unserer Zeit: die Formel für ein Medikament zum Überleben des nuklearen Winters nach dem Dritten Weltkrieg, Baupläne eines Motors für absolut ressourcenfreie Mobilität und das beste Rezept für Frankfurter Kranz.

Aber ich lasse es. Er würde es noch nicht verkraften.

»Winnie, wie kommst du denn nur immer auf so was?«

Er erläutert mir die völlig logische Herleitung und gleichzeitige Aufdeckung der unwiderlegbaren Zusammenhänge …

Er war vor drei Wochen bei der Post. Dort hat er ein Paket mit alten Spielekonsolen aufgegeben, welche er bei eBay kurz zuvor versteigert hatte.

Dieses Paket ist wieder zurückgekommen, weil es den Adressaten nicht gibt. Was ihn damals schon stutzig gemacht hat. Weil ich Idiot es nicht sofort kapiere, erklärt er mir nachsichtig, dass sie nur herauskriegen wollten, wo er wohnt. Dass seine Adresse auch im Telefonbuch steht, ist irrelevant, weil man da nicht sicher sein kann, ob es sich auch um den Gesuchten handelt. Man braucht den persönlichen Kontakt, um die betreffende Person eindeutig zuordnen zu können. Sehen Sie, man lernt nie aus.

Weiter liegt ja ganz klar auf der Hand, dass sie nun endlich zur Offensive übergehen können, nachdem sie ihn ausfindig gemacht haben. Sie schicken eine Minibombe mit Betäubungsgas oder Ähnlichem, um ihn zu entführen. Warum denn nicht direkt an ihn persönlich, will ich wissen. Ach, ich naiver Einfaltspinsel.

Verschleierung! Völlig logisch. Wenn sie ihn für ein Verhör entführen wollen, dann darf es doch keine Beweise zum Beispiel bei der Post geben. Sonst würden doch die anderen – ja, an die hatte ich natürlich noch nicht gedacht – auch aufmerksam. Nein, nein, das Ganze war schon hochprofessionell von langer Hand geplant. Schließlich sei die hübsche Nachbarin, die sich so schamlos in den letzten Jahren an ihn herangemacht hat, genau zum gleichen Zeitpunkt eingezogen wie er. Selbstsicheres Lachen. Und an Zufälle glaube er nicht. Das mit der Paketannahme sei dann nur noch der letzte Kniff gewesen.

Was man nun genau versuchte, vor der Welt zu verbergen … was für ein so wahnsinnig geheimes Wissen er in sich trüge, wüsste er zwar auch nicht, aber das sei sicher auch Teil des Plans.

Ich überlege einen weiteren Moment, ob ich ihm von Agent 00Schmitz erzähle, verwerfe den Gedanken aber schnell wieder. Er würde es glauben.

Es ist vier Uhr und ich erkläre meinem ehemaligen Freund Winnie, dass ich jetzt NICHT zu ihm kommen werde. Ich versichere ihm, dass in dem Paket ein Wecker, maximal eine für die meisten Menschen völlig harmlose Kuckucksuhr steckt und dass er sich gefahrlos wieder hinlegen und schlafen könne.

Er hat KEIN universelles Wissen. Die CIA, der Mossad, noch nicht einmal der BND haben Interesse an ihm, das wüsste ich quasi aus erster Hand, und wenn er mich jetzt nicht in Ruhe ließe, dann würde ICH ihm ein Paket schicken.

Ich wünsche ihm in den nächsten Tagen viel Spaß mit seiner Nachbarin, dränge ihn, spätabends nicht mehr so viel Alkohol zu trinken – er war nämlich voll wie 'ne Haubitze – und meine Nummer wegzuschmeißen.

Ich lege auf und falle augenblicklich in tiefen Schlaf.

Dann explodiert etwas. *Oh Gott!*

Mittags gab's Rosenkohl.

Verwählt

Nachdem Sie nun eine Menge Gründe gelesen haben, nicht ans Telefon zu gehen, wenn die Familie oder Freunde anrufen, möchte ich Ihnen zum Ausgleich aber auch ein paar kurze Argumente *für* das Behalten Ihres Anschlusses liefern.

Ich habe die interessantesten »Verwähler« meiner Verwandt- und Bekanntschaft mal zusammengetragen, die es bei mir aus Versehen haben klingeln lassen. Diese Direkttasten sind aber auch eine böse Falle.

Die Erste:

»Na, bist du schon nackt?« Das war Tante Brigitte. Die Peinlichkeit bleibt für immer unter uns, das habe ich ihr versprochen.

Ich muss allerdings gestehen, dass ich ein paar Augenblicke mitgespielt habe. Was DA für Ausdrücke gefallen sind, das würden Sie nicht glauben. Ehrlich gesagt … nun ja, habe ich selbst erst zu spät kapiert, dass das meine Tante war. Die Bilder kriege ich nie wieder aus dem Kopf. Wir gehen uns seitdem aus dem Weg. Also … ich ihr zumindest.

Die Zweite:

»WAS FÄLLT IHNEN EIGENTLICH EIN, MIR SO EINEN MIST ZU VERKAUFEN?«

Mama ist dran.

»Du hast dich verwählt.«

»WAS FÄLLT IHNEN EIN, MICH EINFACH ZU DUZEN? DAS IST JA WOHL DIE HÖHE!«

»Hey, ich bin's. Worüber regst du dich denn so auf?«

»ICH VERBITTE MIR DIESE PLUMPE VERTRAULICHKEIT. ICH HABE GERADE BEI IHNEN SCHUHE GEKAUFT UND BIN DAMIT NOCH NICHT MAL BIS NACH HAUSE GEKOMMEN.«

»Das stimmt nicht. Bei mir …«

»UND *OB* DAS STIMMT! JETZT REDEN SIE SICH NICHT RAUS. DIE DINGER SIND SCHROTT. BEIDE ABSÄTZE SIND AB-

GEBROCHEN UND ICH KOMME JETZT ZURÜCK UND WILL
MEIN GELD WIEDERHABEN.«

»Okay, kommen Sie vorbei.«

»GEHT DOCH.«

Geht doch.

Und der Dritte:

»Hallo, Martin. Ich muss dir was sagen. Ich bin tot.«

»Winnie, geh endlich ins Bett!«

> **TIPP:** Kaufen Sie sich ein Telefon, das nur dann klingelt, wenn Sie auch in der Verfassung sind, sich zu unterhalten. Und dann sagen Sie mir, wo man das Ding kaufen kann.

Grammatikstunde: Dritte Person unsichtbar

Werden Sie auch manchmal unsichtbar? Einfach so, von jetzt auf gleich? Mir passiert das regelmäßig schon seit meiner frühesten Kindheit. Merkwürdigerweise aber nur, wenn Mama dabei ist.

Zum Beispiel stehen wir letzten Sommer mitten in der Stadt, weil wir uns nach dem Erwerb eines neuen Akkus für ihr Handy ein Eis gekauft haben, als eine ihrer Kegelschwestern, »dat Roswita«, wie sich herausstellt, plötzlich um die Ecke biegt.

Alle begrüßen sich, beziehungsweise ich stelle mich höflich vor, und – peng – bin ich weg. Von jetzt auf gleich verschwunden und unsichtbar. Ich weiß nicht, wo ich dann hin bin, aber ich muss weg sein, denn meine Mutter spricht ab da nur noch in der dritten Person Singular von mir.

Wie stolz sie doch auf ihren Sohn ist. Und dass er ja so viel arbeitet und sie ihn kaum noch sieht, aber das ginge schon in Ordnung. Man hat beim Ralf ja schon früh gemerkt, dass er zum Theater gehen würde. Sie schaut dabei hin und wieder in meine Richtung und ich habe sogar das Gefühl, dass sie mir direkt in die Augen blickt, aber das ist sicher nur ein lustiger Zufall.

Rein theoretisch könnte ich mich an der Schilderung ja trotzdem beteiligen, schließlich bin ich dabei gewesen, aber ich traue mich nicht, denn höchstwahrscheinlich, so vermute ich, kann ich auch nicht mehr sprechen.

Hach, was hat ihr Sohn schon immer für einen Quatsch gemacht. Der hat sich immer so lustige Sachen ausgedacht und sie dann vorgeführt.

»Ist doch so, oder Ralf?«

Huch, bin ich wieder da?

Nein, kann nicht sein, war sicher nur rhetorisch gemeint. The magnificent, magical and incredible Schmitz bleibt verschwunden.

»Schon im Kindergarten hatte er so einen viel zu großen Zylinder auf, der ihm während der Vorstellung immer ins Gesicht rutschte. Er war der niedliche kleine Zirkusdirektor, der die Nummern ansagte und die Mädchen-Pferde durch die Manege scheuchte.«

Auch exzessives Winken wie ein von seinem Beruf besessener Flugzeugeinweiser bringt leider überhaupt gar nichts. Ich hab's wirklich probiert.

»Das hat sich ja wie eine Linie durch die ganzen Jahre hindurchgezogen. Schon in der Schule war er immer in der Theater-AG. IMMER die Hauptrolle. Was haben die Leute gelacht.«

»Na, da ist das Hobby aber zum Beruf geworden, oder?«, fragt plötzlich dat Roswita in meine Richtung.

Unglaublich! Anscheinend bin ich JETZT also kurz sichtbar!!! Ich hole Luft um zu antworten … da bin ich auch schon wieder weg.

»Willst du mal ein paar Bilder von früher von meinem Sohn sehen, Roswita?«

Ich werfe sofort ein, dass das ja jetzt nicht unbedingt sein muss, aber ich Dussel habe natürlich nicht bedacht, dass meine Theorie von eben stimmen könnte und man jemanden, der unsichtbar ist, natürlich auch nicht hören kann. Ohne also auch nur eine Sekunde innezuhalten, wird das einem Poesiealbum nicht unähnliche, fast platzende Portemonnaie aus der Tasche gezaubert und diverseste Fotos präsentiert, die niemals in fremde Hände gelangen dürfen.

»Wie herzallerliebst, wie goldig, wie süß!!!« Gott sei Dank kann mich keiner sehen, sonst wär mir das entsetzlich peinlich.

Nach den Bildern wird sich noch über die Strumpfhosen-Geschichte kaputtgelacht, bei der der Ralf damals *so* süß gewesen ist, und gleich anschließend über seine erste Freundin und die damaligen, unglaublich dramatischen Szenen während seiner Pubertät getratscht. Anstrengend ist er in der Zeit ja schon gewesen, aber so sind sie halt, die Kinder.

Weil es langsam an Körperverletzung grenzt und es mir in meinem geisterhaften Dasein rapide langweilig wird, rufe ich plötzlich einfach mal »*Buh!*«. Sie erschrecken sich schon. Klappt also doch. Aber sie verstehen es nicht. Überhaupt nicht! Sie lachen und Mama erzählt sofort, dass der Ralf das früher auch schon immer gemacht hat.

Da bin ich einfach gegangen. Nicht geschlichen. Nicht auf leisen Sohlen davongemacht. Einfach gegangen.

Hat keiner gemerkt.

Gesprächsfetzen

Manchmal lässt einen der letzte Streit mit Mama einfach nicht mehr los. Geht es auch oft nur um Kleinigkeiten, so werde ich dieses Ohnmachtsgefühl, dass Mama NIEMALS verstehen wird, was ich meine, in den seltensten Fällen schnell wieder los. Meistens schleppe ich den Kram noch stundenlang mit mir herum.

Nun habe ich mir aber Gott sei Dank einen Beruf ausgesucht – oder er mich –, bei dem es nicht ganz so schlimm ist, wenn man mal ein wenig mit den Gedanken durcheinandergerät. Wenn mir zum Beispiel auf der Bühne Mama und unsere Unterhaltung von vor ein paar Stunden nicht aus dem Kopf gehen, dann nutze ich das einfach, spreche es an und baue die Geschichte in meine Show mit ein.

Wie macht das aber ein Bestattungsunternehmer, der gedanklich eigentlich noch im letzten Streit mit seiner Mutter steckt, gerade aber neue Kundschaft hat? Fällt es da nicht unglaublich schwer, sich zusammenzureißen? »… und Friede ihrer Seele. Sie hat mich … sie hat uns … sie hat sich lange gequält. Gott sei Dank kommt sie jetzt endlich unter die Er… an Gottes Seite!«

Oder ein Chirurg? »… ich habe alles wieder aufgeräumt, Schwester Claudia. Da! Die Milz, die Nieren, das Herz, der Magen. Alles wieder sauber und ordentlich an seinem Platz. Und wenn Sie jetzt noch weiter meckern, dann gehe ich zu Pap… zum Professor und Sie kriegen einen Verweis. So.«

Gut, ein Müllmann – Verzeihung, korrekter: »sanitation worker« – hätte wohl eher weniger Schwierigkeiten. Der kann seinen Frust ganz einfach »wegschmeißen«. Kleines Wortspiel.

»… und weg mit dir. Und noch mal. Und NOCH MAL! Oh, Mama, du riechst aber schon streng … du musst uns leider verlassen.«

Richtig kompliziert wird es aber, wenn Sie in einem Beruf arbeiten, der in jeder Sekunde Fassung und Souveränität von Ihnen verlangt.

Was machen Sie, wenn Sie sich gerade bis aufs Blut mit Ihrer nervenaufreibenden, bockigen, keinem Argument zugänglichen und Sie in Sekundenbruchteilen auf die Palme bringenden Mutter über die Familie gestritten haben … aber gerade vor einer hochkarätigen Zuhörerschaft interessierter Investoren stehen und DIE wichtige Rede zur Sicherung Ihrer eigenen Firma halten müssen?

»Meine sehr verehrten Damen und Herren,
lieber Onkel Klaus …,
Quatsch, Verzeihung!

Wie Sie ja alle BESSER wissen … Wie Sie alle wissen, haben wir uns hier versammelt, um uns anzuschreien … um uns besser kennenzulernen.

Ich freue mich, dass so viele verschieden sind … erschienen sind, denn es wird sicher ein äußerst elendiger … lebendiger Rausschmiss … Austausch.

Lassen Sie mich in Herrgotts Namen … äh, bitte … zunächst erklären, was wir hier genau anstellen … herstellen.

In unserer Firma werden nicht nur Schrauben und Nieten … ja, Nieten erpresst … gepresst, nein, auch Mütter … äh, Muttern sind bei uns erledigt … werden bei uns gefertigt. Durch unglaublich flexible Maschenstrick … Maschinen MIT frustrierbaren … justierbaren Krampfadern … Kugellagern, können wir ultraschnell provozieren … produzieren.

In der Produktendkontrolle sind wir extrem peinlich … kleinlich. Und auch wenn Sie mir mal wieder nicht zuhören … wenn Sie mir nicht glauben, dann gebe ich Ihnen darauf Pief und Zwickel … Brief und Siegel, dass verwöhnt, ich? … ich persönlich mit meiner Mutter Klagen ... mit meinem guten Namen dafür Tiraden sehe ... gerade stehe.

Wir wollen den Sarg gleich ordern ... den Markt erobern! Wir wollen nicht meckern, sondern kotzen ... nein, nicht kleckern, sondern klotzen.

Die ganze Welt liegt uns zu Füßen. Nicht nur Chima, Papa-Neuguinea, die Tschechoslomakei oder Tante Schikistan, nein, auch Mamadivien, Onkel Lutzemburg, Schwesden und der mittlere Opa ... Osten zählen zu unseren fiesen Wunden ... besten Kunden.

Und sehr bald werden wir auch in den Niederlagen ... Niederlanden ganz hinten ... vorne in den Annalen ... Regalen stehen.

Glauben Sie mir! Wir ziehen einsam ... gemeinsam ihre Macht ... in die Schlacht. Wir sind Muttertiere ... Musketiere der Abzugshaube ... des Königs Schraube und werden nicht eher muhen ... ruhen, bis wir unsere Miele ... Ziele erreicht haben.

Sollten Sie Zweifel an der Unverschämtheit ... Umsetzbarkeit dieser Abnabelungsprozesse ... Ablaufprozesse haben, so machen wir Ihnen gerne eine Szene ... zeigen wir Ihnen gerne die Fertigungsstraße und hauen Ihnen aufs Ohr ... schauen mal ins Labor.

Vorher möchte ich aber Ihre kulinarischen Zerwürfnisse ... Bedürfnisse mit einem kräftigen Klaps auf den Hintern ... mit einem Häppchen Lachs gerne lindern.

Seien Sie Maläste ... meine Gäste!«

Sie sehen, liebe Leserin, lieber Leser, dass es bezüglich Ihrer Mutter sogar eine Rolle spielt, welchen Beruf Sie ausüben, um nicht in größte Schwierigkeiten zu geraten.

Nun können natürlich nicht alle Menschen die gleichen Berufe ausüben. Aber man kann sich vorbereiten. Und dazu soll dieses Buch gerne beitragen. Wenn Sie diesem Ratgeber weiter aufmerksam folgen, dann wird sich Mama zwar nicht verändern, aber Sie kommen besser klar.

Auf jeden Fall.

Wahrscheinlich.

Toi toi toi!

> **TIPP:** Laden Sie sich eine Löwengebrüll-App auf Ihr Handy und … nee, lassen Sie das. Das glaubt Ihnen selbst Ihre Mutter nicht.

Es war einmal ...

... da lebte in einem weit, weit entfernten Land, noch hinter den siebenundzwanzig Bergen bei den siebenundzwanzig Zwetschgenbäumen, der kleine weißblonde Raffaelo.

Glücklich und zufrieden wohnte er zusammen mit seiner Großmutter Altröschen in einem kleinen, gemütlichen Haus am Rande der Stadt. Er kümmerte sich liebevoll um sie und passte darauf auf, dass ihr nichts geschah. Sie hatte sich nämlich vor Jahren an einem verzauberten Spargel gestochen. Seitdem vergaß sie fast alles und schlief immer wieder plötzlich ein, bis sie jemand wachküsste. Und das konnte in ihrem Alter schon mal etwas dauern.

Raffaelo stand in den Diensten der launischen Eiskönigin Frosta, die mit ihrem Daumen des Grauens einen jeden sofort zur Statue gefrieren lassen konnte, wenn sie ihn damit nur an der Wange berührte. Königin Frosta regierte allein, war ihr Mann Stinkegnom doch schon vor Jahren verschwunden. Wie immer auf der Suche nach der nächsten Toilette hatte man ihn seitdem niemals wieder gesehen.

Leider war die Eiskönigin seit diesem Zeitpunkt noch viel launischer geworden, als sie es ohnehin schon gewesen ist. Und ihre Manie, das ganze Reich permanent umzudekorieren, hatte groteske Züge angenommen.

Ihre Untertanen litten sehr darunter, dass ihre Häuser, jedes Mal, wenn sie nach Hause kamen, völlig neu eingerichtet und komplett umgestaltet waren. Oder auch plötzlich ganz woanders standen! Die Straßen wurden jeden Tag versetzt, so dass man heute vielleicht noch wusste, wo es langging, morgen aber schon den Weg nicht mehr fand. Bäume wurden stündlich verpflanzt, wodurch die Vögel auf falschen Nestern hockten. Ja, sogar Menschen wie der alte Bettler am Dorfbrunnen wurden neu drapiert und saßen mit ihrer Sammelbüchse plötzlich mitten im Wald.

Ja, die Zeiten waren schlechter geworden und unserem kleinen Raffaelo war das nicht entgangen. Empfand er auch großes Mitgefühl für seine Landsleute, so sehnte er sich danach, endlich das Elfenreich seiner Schwester Schwelfe, seines Schwagers Schwafer und deren Sohn Schweffe kennenzulernen. Dort musste es wunderschön sein, die Bäume noch fest verankert und die Sonne jeden Tag am gleichen Platz … also, auf ihrer vorgeschriebenen Bahn.

Und so kam es, wie es kommen musste. Das Fernweh, die Neugier nach der Welt da draußen und die Lust auf Abenteuer erstürmten unaufhörlich das Herz des kleinen Raffaelo, und eines Tages konnte er sich nicht mehr dagegen wehren. Er bat um eine Audienz bei der Königin und verlangte untertänigst und mit tief empfundenem Dank für alles, was sie für ihn getan hatte, dass er aus ihren Diensten entlassen werde.

Doch Königin Frosta war nicht gewillt, ihn gehen zu lassen. Und zwar so GAR nicht. Zutiefst verletzt von solcher Undankbarkeit saß sie auf ihrem eisigen Thron und verweigerte ihm seinen Wunsch. Sie zeterte und wütete und verbuchselte die Wechstaben, dass sie ihn niemals gehen lassen würde.

»Niemals! *Röhst du?*« Raffaelo erhellte ihr mit seinem warmherzigen, positiven Wesen die kalten, einsamen Stunden und sie konnte den Gedanken nicht ertragen, dass das aufhören sollte. Das würde sie verhindern. Schließlich war sie die Königin und konnte machen, was sie wollte. Und wenn es gegen ihre Meinung auch noch so viele vernünftige Argumente gab, dann: »Drotztem!«

»Wachen! Sperrt ihn fosort ein! Ich schünwe, dass er ab sofort unter dänstiger Teobachtung steht und dieses Schloss mienals wieder lervässt. Du hegörst mir, meine kleine Spüßseise, mir ganz allein.«

Da war Raffaelo aber anderer Ansicht, entwischte den auf ihn zueilenden Soldaten in letzter Sekunde und floh geistesgegenwärtig … äh, durch die Küche!

Er rannte wie der Teufel zu seinem Haus, das glücklicherweise noch an derselben Stelle stand wie noch vor einer Stunde, weckte Altröschen mit einem schnellen Kuss auf die Wange, packte hektisch noch ein wenig Proviant in eine Tasche und entkam mit seiner Großmutter den Häschern Frostas um Haaresbreite.

Abseits der Straßen, auf ihrem Weg ins Elfenreich, führte es sie schon bald durch einen tiefen, dunklen Wald. Immer finsterer wurde es und die Bäume immer dichter, so dass sie schon nach kurzer Zeit nicht mehr die Hand vor Augen sahen.

»Ich weiß nicht mehr, wo wir sind«, gab Raffaelo zu. »Ich finde den Weg nicht mehr.«

Stille.

»Großmutter?«

Raffaelo konnte sie nicht sehen. Er tastete blind durch die Dunkelheit, konnte sie aber nirgends finden. »Groß-mutter, wo bist du?«, rief er verzweifelt. Doch keine Ant-wort. Keine Reaktion.

Oder doch? Hatte da nicht gerade ein Zweig geknackt?

»Wer ist da?«, fragte er in die Finsternis. »Ich kann dich nicht sehen.«

»Aber ich dich!«, kam es zurück. Eine junge, liebliche Stimme sagte: »Mein Name ist Sehbine. Ich sehe was, was du nicht siehst ... und das ist eingeschlafen.«

»Wie kannst du denn hier noch etwas erkennen?«, fragte Raffaelo.

»Ich kann alles sehen, was andere nicht sehen können. Egal, ob es eigentlich zu dunkel, zu weit weg oder zu tief im Herzen verschlossen ist. Aber egal, jetzt hole ich euch erst mal hier raus.«

Gesagt, getan, fanden sie mit Sehbines Hilfe in weni-gen Augenblicken wieder ins Licht. Was für eine Wohltat.

»Mein Name ist Raffaelo und so eine wie dich könnten wir gut gebrauchen. Meine Großmutter Altröschen und ich sind auf der Flucht vor den Soldaten Königin Frostas und um jede Hilfe dankbar. – Was sagst du? Magst du uns ein Stück begleiten?«

»Raffaelo, süßer Name. Ich wohne hier gleich um die Ecke. Lass mich nur kurz ein paar Sachen holen, dann werde ich gerne dafür sorgen, dass ihr auf eurem Weg immer wisst, wo es langgeht.«

Ein neuer Freund war gewonnen und ihre Chancen damit gestiegen, ihr Ziel wirklich zu erreichen.

»Entkommen? Dieser kleine Lump ist entkommen? Wie konnte das gassieren, Peneral?«

»Majestät, er war einfach zu flink. Aber alle Truppen sind bereits in Bewegung. Wir werden ihn bald haben und zurückbringen.«

»Das will ich fohfen!«

Frosta trat einen Schritt näher auf einen der Soldaten zu. Langsam, ganz langsam hob sie ihre Hand vor sein Gesicht. Schweiß trat ihm augenblicklich auf die Stirn, aber er traute sich nicht, sich zu bewegen.

»Hast du ihn entwischen lassen, du feinältiger lämdicher Nutznichts?« Sie spreizte ihre Finger und reckte ihm ihren Daumen entgegen. Panik erfasste die Gesichtszüge des jungen Mannes. Er wollte noch nicht sterben.

Doch es war zu spät. Ihr schleimiger, übelriechender Daumen berührte seine Wange und augenblicklich erstarrte er zu Eis.

»Ebeilt euch mit der Chuse! Und schickt mir meine Schteswer Gönikin Waldkraut. Sie soll mir felhen, den kleinen Rauseißer zu dinfen.« Alle stürmten nach draußen. Wenn sie schon Angst vor Frosta und dem Daumen des Grauens hatten, dann noch viel größere vor der ständig erkälteten, depressiven Waldkraut mit ihren blutunterlaufenen Augen und ihrem Gnom Bohne, der ihr immer neuen Kaffee einschenken musste. Überall, wo sie ging und stand, trank sie das Zeug. Dick, bitter, schwarz. Aber das war es nicht, wovor es den Menschen am meisten graute. Königin Waldkraut besaß die Fähigkeit, direkt nach deinem Herzen zu greifen. Sie brachte jeden dazu, sofort zu verzweifeln und sich selbst das Leben zu nehmen.

»Kennt ihr mich?«, fragte so ein merkwürdiger kleiner Mann, als Raffaelo, Großmutter Altröschen und Sehbine an eine Lichtung kamen. Sie kannten ihn nicht.

»Wisst ihr, wie ich heiße?« Nicht direkt, aber sie hatten eine Vermutung. Der einzige Knilch, der diese dämliche Neurose mit seinem eigenen Namen hatte, war eigentlich nur Stiefstilzchen, der Stiefvater von Rumpelstilzchen. Er hatte eine Profilneurose so groß wie Riesen-Hämorrhoiden, weil sein angeheirateter Sohn viel berühmter geworden war als er selbst. Vielleicht hätte er sich besser etwas anderes überlegt, als es mit der gleichen Nummer zu versuchen.

»Na? Na? Na? Ihr wisst es nicht. Oder? Ha. Ihr wisst es nicht.«

»Du bist Stiefstilzchen«, sagte Sehbine.

»Gar nicht wahr.« Doch, es stimmte. Man konnte es in seinen Augen lesen.

»Wer seid ihr denn schon? Ist mir doch egal. Eure Namen kenne ich ja auch nicht.«

»Unsere Namen sind Raffaelo, Altröschen und Sehbine. Angenehm.«

»Mir nicht. Solche Klugscheißer wie ihr können einem ja den ganzen Spaß verderben … So'n Dreck.«

Und damit war er verschwunden.

»EINE TASSE TEE HATTE ICH NOCH

GERNE. ABER DANN IST ES GENUG!«

Ohrenbetäubender Lärm drang an ihre Ohren. Nicht auszuhaltender, entsetzlicher Krach riss an ihren Trommelfellen und warf sie, sich vor Schmerzen windend, auf den Boden …

»MIT DREI STÜCK ZUCKER!«

Alles vibrierte. Ihre Gehirne drohten zu platzen. Was mochte das sein?

Die drei konnten niemanden sehen.

Doch … Moment. Dort hinten, weit entfernt, saß eine kleine, alte, schrullige Dame mit lila Kompotthütchen an einem niedlichen Tisch, mitten im Wald, und trank Tee. Sie konnte das doch nicht gewesen sein? Sie war doch viel zu weit weg.

»Oh, Besuch!«

Doch. Sie war's.

Sehbine bestätigte unter Aufbringung all ihr noch zur Verfügung stehenden Kräfte, dass die letzten Worte aus dem Mund der alten Dame gekommen waren. Sie hatte es gesehen.

Sie alle mussten da so schnell wie möglich weg. Nur noch ein paar Augenblicke weiterhin in der Nähe dieses Megaphons und sie wären tot. Und stocktaub noch dazu. Großmutter Altröschen kriegte das natürlich mal wieder nicht mit, weil sie schon wieder eingeschlafen war. Raffaelo küsste sie blitzschnell auf die Wange und wollte gerade schreien, dass sie losrennen solle, da erblickte sie mit dem ersten Wimpernschlag den gemütlichen Teetisch – dafür haben Omas auf jede Entfernung 'ne Nase – und sprintete los.

Alle Versuche, sie aufzuhalten, waren vergebens. Oma Altröschen reagierte auf keine Warnung und steuerte zielsicher auf die alte Dame mit dem Hütchen zu. Was blieb Raffaelo und Sehbine übrig? Sie konnten sie ja nicht einfach ihrem Schicksal überlassen, seufzten und hechteten hinterher.

Als sie bei dem Tisch ankamen, waren eben dieser und die Dame noch viel kleiner, als sie erwartet hatten. Und gerade als diese den Mund aufmachte, tief Luft holte und etwas sagen wollte, bewegte sich ein Stein – ja ein Stein – auf der anderen Seite der Teetafel.

»Stopp! Sag um Himmels willen nichts mehr! Du hast die Leute genug verwirrt«, sprach der Stein, der nur langsam wieder Farbe bekam und sich in einen kleinen Menschen verwandelte. In einen Zwerg, um genau zu sein.

»Gestattet, dass ich mich vorstelle: Mein Name ist Minnie und das ist meine Großmutter, der schreckliche Brüllzwerg. Vielleicht habt ihr schon mal von ihr gehört. Verzeiht, wenn ich mich versteckt hatte, aber ich wusste ja nicht, wer ihr seid. Und ich habe oft so eine schreckliche Angst.«

»Und du kannst dich in einen Stein verwandeln?«

»Dagegen kann ich nichts machen, passiert automatisch. Eigentlich ziemlich praktisch. Ich verwandle mich in einen Stein und niemand kann mir mehr etwas tun. Allerdings kann ich mich auch nicht von alleine wieder zurückverwandeln. Wie soll das ein Stein auch machen? Ich muss immer warten, bis es von selbst wieder aufhört.«

»Cool. Willst du unser Freund sein?«

»Ja, ist okay.«

Fertig.

Keine Sekunde zu früh hatte unsere kleine Armee Zuwachs bekommen, denn von oben hörten sie plötzlich ein gewaltiges Niesen. Königin Waldkraut! Sie waren verloren ...

Schon griff sie ihnen ans Herz, noch bevor der schreckliche Brüllzwerg etwas hätte unternehmen können. Altröschen schlief ein, Minnie wurde augenblicklich zu Stein. Was für eine Armee. Blieben also nur noch Sehbine und Raffaelo. Doch was konnten sie schon tun?

»Da ist er ja! Ich habe ihn endlich gefunden. Ihr anderen werdet nun vor Kummer verzweifeln und euch selbst erlösen, aber dich mein Lieber, dich werde ich zurück zu meiner Schwester bringen. Dahin, wo du hingehörst. Hatschi.«

Mit diesen Worten schwebte sie auf ihrer fliegenden Kaffeemaschine und einer vollen Tasse in der Hand zu ihnen herunter auf den Boden. Raffaelo konnte sich keinen Deut bewegen. Tiefe Kälte umgab sein Herz und riss ihn in den Abgrund. Nichts hatte mehr Sinn, nichts gab es plötzlich mehr, wofür es sich zu leben oder zu kämpfen lohnte. Sein Herz gab auf. Mochte doch alles zu Ende sein, es war ihm egal …

Und wie soll es in einem Märchen anders sein, sprang in letzter Sekunde ein Ritter in glänzender Rüstung aus dem Gebüsch und stürzte sich heldenhaft auf … also, vielmehr stolperte er dümmlich über eine Wurzel, verlor die Kontrolle und kurz danach sein gezücktes Schwert. Das flog meterweit durch die Luft und traf die böse Waldkraut böse ins Herz. Was natürlich ihr abruptes Ableben bedeutete. Aber lange hätte sie es eh nicht mehr gemacht. Magengeschwür.

Sofort ließ die eiskalte Umklammerung alle Herzen los und die Freunde konnten aufatmen.

»GOTT
SEI
DANK!«

Alle waren wieder da und Großmutter Altröschen von
Zwerg Minnie schnell wachgeküsst.

»Na, das ist ja mal gründlich in die Hose gegangen.
Himmel, was für eine Sauerei. Das ist mir aber unangenehm. Gestatten, Ritter Friedhelm von Burg Fallenlassen.«

»Warum tut Ihnen das leid, edler Ritter Friedhelm? Sie
haben uns das Leben gerettet!«

»Ach, wirklich? Eigentlich wollte ich nur schnell mal
austreten und danach noch mein Schwert polieren. Ich
habe Ihnen geholfen? Das wäre das erste Mal gewesen.«

Auch Ritter Friedhelm schloss sich schnell dem kleinen,
sympathischen Grüppchen an, und so wuchs die Gemeinschaft immer weiter. Gemeinsam machten sich jetzt Raffaelo, Sehbine, Oma Altröschen, Zwerg Minnie, Ritter

Friedhelm von und zu Fallenlassen und der schreckliche Brüllzwerg auf den Weg ins Reich von Schwelfe und Schwafer.

Zumindest wollten sie das …

Königin Frostas ständig angepisster Briefadler Rolf versperrte ihnen plötzlich den Weg und flatterte vor ihren Köpfen nervös auf und ab.

»Oh, Mann, ey, jetzt kann ich der Chefin die ›Gute Nachricht‹ vom Abkratzen ihrer Schwester überbringen, oder was? Na, danke schön, ihr Hornochsen. Da wird ja wieder die Hölle los sein. Na ja, ich soll euch auf jeden Fall sagen, dass, wenn ihr Penner nicht sofort aufgebt und Raffaelo – was für'n Scheiß-Name – für immer zurückkommt, sie das ganze Land mit ihrem Ekeldaumen in eine Eiswüste verwandeln wird. Er soll wieder an ihrer Scheiß-Seite sitzen und alles essen, was sie ihm Scheiße nochmal kocht. Ach, du dickes Ei. Mein Beileid. So, Nachricht überbracht, ihr Pissnelken. Tschüss.«

Rolf knallte noch vor diverse Äste, kapitulierte zweimal vor Ritter Friedhelms Rüstung, ballerte vor einen imposanten Stein, der langsam wieder Farbe bekam, und schon war er verschwunden.

Sie brauchten einen Plan. Aufgeben kam natürlich überhaupt nicht in Frage, aber eine andere Lösung, Raffaelo und vor allem das Land zu retten, wollte ihnen auch nicht einfallen. Sie mussten zum Orakel und es befragen. Zum weisen Orakel Quark.

»Uafff uollllt ihr fffffon ir? Uafff iffft eur Egeeea?«, fragte das weise Orakel Quark. Es sah ein bisschen so aus, als hätte es keine Zähne und irgendwie zu dicke Backen. Aber das war sicher nur eine optische Täuschung.

Und selbst wenn es so gewesen wäre, hey, es war das Orakel. Wer alles weiß, muss ja keinen Schönheitswettbewerb gewinnen, oder? Man verstand leider nur so schlecht, was es sagte. Und das ist dann schon ein wenig von Nachteil, wenn man die weisen Worte zwar vernehmen darf, aber im Zweifel nichts damit anfangen kann …

»Wir wollen Eiskönigin Frosta davon abbringen, Raffaelo zu verfolgen und das ganze Land einzufrieren. Wie können wir das bewerkstelligen, großes Orakel? Wie können wir sie besiegen?«, brachte Sehbine ihr Anliegen vor.

»Ui, na aaa haat ir öich aer uas fffforgenommn. Iiie ale Chhhachtl iss n hhaataa Knochn. Aaer ie Öösun is aaaainfach: Fffffindt as Chtiiiiifchtiiiiltchen unn wringt es ssssu iiaa. Ffffärtich.«

»Na, toll. Danke!«

Der Brüllzwerg brüllte ihnen allen aus der Seele. Gab es dafür irgendwo eine Übersetzung? Einen Dolmetscher?

Und ja, den gab es. Sehbine konnte den Menschen und

anscheinend auch Orakeln wahnsinnig praktisch durch ihre Gabe direkt ins Herz schauen und allen anderen somit erzählen, was Quark gemeint hatte. Sie sollten Stiefstilzchen finden und zu Königin Frosta bringen. Das wär's schon.

Stiefstilzchen? Oh nein, sie waren dem kleinen Mann zu Beginn ihrer Reise ja schon einmal begegnet. Wenn sie das geahnt hätten. Aber wo mochte er in der Zwischenzeit hingegangen sein? Sie machten sich auf den Weg zu dem Platz, wo sie ihn das letzte Mal gesehen hatten.

»Er kommt nicht ruzück und meine Tesschwer ist tot???«

Wir überspringen an dieser Stelle mal den ganzen Sermon mit Flüchen und grausame Rache nehmen und so und kommen gleich zum Wesentlichen: Briefadler Rolf hatte die Ermordung Waldkrauts aus sicherer Entfernung beobachtet und erstattete, nachdem er einige der Fenster mal wieder auf ihre Stabilität überprüft hatte, der Königin Bericht:

»Euer kackdämliches Fräulein Schwester ist erlöst worden und die ganzen anderen Wichser sind auch putzmunter. Die Scheiße ist mal gründlich danebengegangen, Chef. Tja, Arsch lecken.«

»Oh nein, mein lieber Lorf, oh nein ... noch sind sie nicht vadon kegommen. Noch bin ich Gönikin und werde ihnen schon geizen, wer hier das Gasen hat.«

Mit hasserfüllter Miene trat Frosta ans Fenster, hob beschwörerisch ihre Arme gen Himmel und ...

... Sehbine krachte mitten im Wald vor ein Mehrfamilienhaus aus den Achtzigern. Wo kam das denn so plötz-

278

lich her? Das war doch vor einer halben Sekunde noch nicht da gewesen.

In den verschiedenen Etagen glotzten überraschte Menschen aus den Fenstern, die alle nicht so ganz wussten, wo sie denn nun auf einmal waren.

Die eifersüchtige Königin machte ihre Drohung wahr und gestaltete das ganze Land immer schneller um. Niemand konnte mehr sicher sein, ob er in einer Minute noch da war, wo er war, oder vielleicht schon ganz woanders. Und gerade als Raffaelo fragen wollte, aus welcher Stadt das Haus denn käme, machte es »Plop« und schon war es wieder verschwunden.

Merkwürdig, dass es keinen von ihnen traf. Wenn Frosta ihre Untertanen doch so leicht verschieben konnte wie Figuren auf einem Schachbrett, warum dann nicht gleich Raffaelo zurück ins Schloss holen? Die Lösung war simpel.

Sie bewegten sich. Die ganze Zeit war die Gemeinschaft unterwegs gewesen, hatte nie geruht oder sich lange an einem Ort aufgehalten. Das musste es sein, das machte es der Eiskönigin so schwer, sie zu orten und zu fassen zu kriegen. Also mussten sie nur weiter in Bewegung bleiben.

Außerdem wäre das Märchen ja sonst auch schon längst zu Ende gewesen.

»Na, wie heiß ich? Da kommt ihr im Leben nicht drauf.«

»Du bist Stiefstilzchen. Zum hundertsten Mal«, erwiderte der Riese Lutziganto, der es sich mit seinem schiefen Kopf auf einer Bergkuppe bequem gemacht hatte. Zu seinen Füßen saßen außerdem seine Frau Rapunzelore, ein besoffener Landstreicher Namens Wüllü und dessen Ehefrau, die Drachin Magmagitte, die – wie sich das für einen Drachen so gehört – Feuer spucken konnte. Alle machten einen entsetzlich genervten Eindruck.

»Okay, dann du hier, äh Knüllü. Wie ist mein Name? Schwierig, was?«

»Also mein Name ist Wüllü und deiner ist immer noch Stiefstilzchen.«

»Aaaalles klar. Ganz ein Kluger. Na bitte … bitte … hier, wie sieht's denn mit dir aus … Mata Hari?«

»Wenn du noch einmal meinen Namen falsch aussprichst, dann brenne ich dir 'ne Tonsur in die dürftigen Locken, Stief-Stilz-Chen!«

»Bitteschön, bitteschön. Ihr wollt es auf die ganz harte Tour. Wenn ihr bis in drei Tagen meinen Namen nicht herausgefunden habt, dann hole ich der Königin ihr Kind. So, da habt ihr's. Jetzt ist aber Ruhe im Karton, was? Das verschlägt euch die Sprache, was? Ha!«

»Die Königin hat überhaupt kein Kind. Nur so etwas Ähnliches. Diesen Typen, der wie was zum Knabbern heißt. Raffaelo oder so. Der arme Kerl«, antwortete Rapunzelore.

»Falsch. Falsch!!! Ätsch! Mein Name ist nicht Raffzahnello, liebe Cappuccino. Aber einen Versuch hast du noch. Also?«

»Jetzt hör mal zu, du laufendes Standesamt. Wenn du Nervbacke mit Namen **STIEFSTILZCHEN** jetzt nicht bald die Biege machst, dann baller ich dir mit meiner Tonne Haar einen vor den Latz, dass du nicht mehr weißt, wie dein blöder Name geschrieben wird.«

Raffaelo, der mit seinen Gefährten in sicherer Deckung das letzte Gespräch belauscht hatte, trat nun näher.

»Ich kenne deinen Namen nicht. Wie lautet der denn?«

Stiefstilzchen war perplex. Das war ihm seit Jahren nicht mehr passiert. Mit diesem genialen Kniff gewannen sie schnell die Sympathie und das Vertrauen des kleinen Nervsacks, dessen Namen wir nun alle zur Genüge gehört haben.

Mit dem Versprechen, dass es weit fort noch jemanden gab, der nicht wusste, wie es hieß, und sich total gerne totraten würde, überzeugten sie das profilneurotische Männlein mitzukommen. Sie hatten keine Zeit mehr zu verlieren. Oma Altröschen war nicht nur eingeschlafen, sondern bereits eingefroren. Genau so wie Minnie, der gar nicht mehr aus seinem Steinsein zurückkkam. Auch der Brüllzwerg war schachmatt, weil er sich in der Kälte eine schwere Bronchitis zugezogen hatte. Und Sehbine konnte die Augen nicht mehr aufhalten – Bindehautentzündung.

Also mussten Raffaelo und das Stiefstilzchen sich alleine auf den Weg machen. Dem Riesen Lutziganto hatte er versichert, dass dieser den kleinen Quälgeist sofort los werden würde, wenn er sie beide mit nur ein paar Schritten auf seinen Schultern ins Schloss der Eiskönigin tragen würde. Das ließ sich dieser nicht zweimal sagen und rannte mit den beiden Passagieren los. Gut, das Land litt dadurch schon ein wenig und ein paar Berge, Flüsse und Wälder gibt es seitdem nicht mehr, aber ein bisschen Schwund ist immer. In Nullkommanichts standen sie vor der Tür zum Audienzsaal Frostas und klopften.

»Rehein!«

Wie es das Orakel Quark vorausgesehen hatte, lösten sich alle Probleme auf einen Schlag auf. Und der Schlüssel war die Liebe. Kaum erblickte die launische Königin das Stiefstilzchen, war es um sie geschehen. Auf ewig wollte sie seinen Namen erraten, die Hochzeit sollte gleich morgen sein.

Durch die wiedergefundene Wärme in ihrem Herzen tauten das Land und die Menschen wieder auf, begannen die Blumen wieder zu blühen und blieben ab sofort auch an ihrem Platz.

Raffaelo, so wurde Frosta nun klar, musste sein eigenes Leben leben, musste sich ohne sie zurechtfinden in der Welt und ohne ihre Kochkünste auskommen. Manches war eben hart. Sie hatte verstanden, dass man einen Menschen zwar festhalten kann, aber nicht dessen Seele. Und so ließ sie ihn ziehen …

… schnell in die Welt hinaus, in der er eine vergessliche Prinzessin namens Nicole traf, die auf ewig seinen Namen vergaß.

Und den Schlusssatz überlassen wir natürlich demjenigen, der als Einziger die schönsten und romantischsten Worte finden kann: Rolf.

»Und wenn sie verdammt noch mal nicht gestorben sind, dann leben die Penner eben noch heute.

Was für eine gequirlte Scheiße.«

Warum ich diese Geschichte erzählt habe? Was die Moral von der Geschichte ist?

Ganz einfach!

Man kann sich seine Familie nicht selbst bauen. Man kann sie sich nicht wünschen, backen oder schnitzen. Aber man kann sie so nehmen, wie sie eben ist. Das verhindert so manche Verzweiflung und nebenbei sicher auch das eine oder andere Magengeschwür.

Und außerdem hat es unglaublichen Spaß gemacht, meine Familie in ein Märchen zu verpacken. Sollten Sie auch mal machen. Befreit ungemein.

»Ende«

Es wird einmal ...

Schmitzomanie

Die unendliche Familie

Schmitz ist nun wirklich kein besonderer Name. Man muss das Kind auch mal beim gleichen nennen. Aber er steht für eine große, um nicht zu sagen gigantische Familie. Und das ist irgendwie schon ein schönes Gefühl.

Und obwohl mein Nachname ja nun wirklich eher an einen inflationär verbreiteten Sammelbegriff erinnert, werde ich des Öfteren auf ihn angesprochen und gefragt, ob ich mir damit denn einen Künstlernamen zugelegt habe. Mal ehrlich, hätte ich dann »Ralf Schmitz« genommen? Nichts gegen meinen Namen, ich wollte nie einen anderen, aber WENN man sich schon einen tollen Künstlernamen aussuchen darf, nimmt man dann nicht lieber »Herbert Maria von und zu Schaumburg« oder »Harald Schmidt«? Äh ... Moment ...

Wie auch immer, um die Sache dann zu vereinfachen, erkläre ich gerne, dass ich halt nach etwas Besonderem gesucht habe, und behaupte, mein richtiger Name sei »Dieter Müller«. Kleiner Spaß.

Nun begab es sich aber seltsamerweise vor kurzem hier in Köln, dass diese Frage innerhalb kürzester Zeit mehrmals hintereinander an mich herangetragen wurde. ELFMAL, um genau zu sein. Kein Witz, ich hab' mitgezählt. Warum nun plötzlich so viele Menschen ausgerechnet an einem einzigen Tag genau DAS von mir wissen wollten, ist mir bis heute schleierhaft. Das waren alles furchtbar nette Leute, aber *elfmal hintereinander*: »Ist Schmitz eigentlich Ihr Künstlername?« Das geht doch auf keine Kuhhaut.

Ich habe verzweifelt die versteckte Kamera gesucht und keine gefunden. Es wollte mir auch keiner einen hervorragend ausbaldowerten Streich spielen.

ELFMAL: »Ist Schmitz eigentlich Ihr Künstlername?«

Ich habe meinen Namen an diesem Nachmittag so oft hintereinander gehört, dass ich ihn irgendwann nicht mehr aus dem Kopf bekommen und dann plötzlich überall gelesen habe. ÜBERALL! Und da hat es klick gemacht …

Wir sind halt eine große Familie, dachte ich mir, das stimmt schon. Und über die eine oder andere sehr entfernte Ecke sind wir alle miteinander verwandt. Nun sind wir zwar nicht so zahlreich wie die Chinesen …,

… aber wir arbeiten anscheinend heimlich daran. Überlegen Sie doch mal, wo Sie uns schon überall finden! Auf fast jedem Lkw, um nur ein Beispiel zu nennen. Wir haben so viel gebaut, gegründet und erfunden, dass man als Außenstehender leicht den Überblick verlieren kann und den Wald vor lauter Bäumen nicht mehr sieht.

Ich will ja nicht sagen, dass wir die Weltherrschaft an uns reißen wollen …,

… aber lange kann es nicht mehr dauern! Wir sind überall! Wir sind schon in jeden Winkel vorgedrungen, haben schon von fast allen Bereichen alltäglichen Lebens Besitz ergriffen. Unbemerkt, langsam, aber mit viel Geduld haben wir uns überall breitgemacht und unseren so unscheinbaren Namen heimlich eingeschleust.

SCHMITZ. Mit diesem omnipräsenten, an jeder Ecke wieder-kehrenden Mantra sickert unser Name immer tiefer in jedes Un-terbewusstsein und wird zu einer akzeptierten Selbstverständ-lichkeit. Durch diese allgegenwärtige Präsenz, die so selbstver-ständlich harmlos daherkommt, wird der baldige Machtwech-sel nahezu unbemerkt, ohne Widerstand und watteweich von-statten gehen …

Wenn Ihnen etwas einfällt, wovon sprechen Sie dann? Genau, dann haben Sie einen »Gedankenschmitz«. Wollen Sie Ihre Ein-gebung notieren, brauchen Sie im Zweifel einen »Anschmit-zer«. Zack.

Wenn Sie gutbürgerlich essen gehen, was bestellen Sie sich wahrscheinlich? Ein »Wiener Schmitzel«. Und womit? Mit »Pommes Schmitz«! Da haben wir's doch.

Wen haben die etwas älteren unter den Leserinnen und Lesern damals zum Bundeskanzler gewählt? Richtig: »Bundeskanzler Helmut Schmitz«.

Wenn Sie Ihrer Liebsten zum ersten Mal näher kommen, was überkommt Sie dann? »Schmitzewallungen.« So sieht's doch aus.

Ich habe es Ihnen gesagt, wir sind überall. Wenn man einmal sensibilisiert ist, dann gibt es kein Zurück mehr, dann offenbart sich einem die ganze Wahrheit, oder!?
Sie glauben, das war's schon? Aufgepasst …

Sie gehen spazieren und ein Gewitter überrascht Sie. Natürlich mit »Schmitz und Donner«! O ja, wir haben auch einen guten Draht nach ganz, ganz oben.

Sie waren in der Oper und fanden den Abend eher »durchschmitzlich«? Kein Problem, kaufen Sie sich beim nächsten Mal Karten für die erste Reihe, dann wird es sicher ein »Schmitzenabend«.

Wenn Sie mit dem Auto fahren, wo sitzen Sie dann am liebsten? Auf dem Fahrer- oder lieber auf dem »Beifahrerschmitz«? Oder als gut Betuchter vielleicht sogar auf dem »Rückschmitz«? Hauptsache nicht auf dem »Schleuderschmitz«!

Wenn's lustig werden soll, erzählen Sie dann nicht auch gerne mal »einen guten Schmitz«? Da lag meine Berufswahl doch nahe.

Von »Brief-, Papiereinzugs-, Lüftungsschmitzen« und Tausenden, ja Abertausenden anderen Dingen, die Ihnen jeden Tag begegnen, will ich gar nicht erst anfangen …

Es wird immer mehr und immer mehr werden. Und KEINER wird sich davon befreien können. Irgendwann heißen WIR ALLE »Schmitz«. Wäre das nicht wunderbar? Ja, dann findet der Name seinen Weg auch in unsere Alltagssprache. Dann reden wir alle »Schmitzer Dütsch«!

Wir gehen ins Schmino und sehen uns einen schönen Schmulze-Film an, essen dazu Nachmitz mit Käse und trinken einen Becher Schmiranda.

Dabei schauen wir dem schmönen Geschmöpf an unserer Seite tief in die Augen und gestehen unsere Schmiebe. Danach kriegen wir ein paar kleine Schmitzis und mit unserem Disposchmitzionskredit bauen wir uns eine schmucke Schmütte. Ach, wie schmön! Und wenn sie nicht geschmorben sind, dann schmitzen sie noch heute.

Na, Angst bekommen? Es wäre eh zu spät. Es ist vorbei. Das Spiel ist aus. *DIE MACHTÜBERNAHME STEHT UNMITTELBAR BEVOR!!!*

»Du bist ja gar nicht so klein wie im Fernsehen!«

Ähh ... Dieser Satz, und nur dieser Satz hat das Potential mich zurückzuholen, wenn ich wie in diesem beschriebenen Fall mitten in der Fußgängerzone stehe, elf Menschen meinen richtigen Namen erfragt haben und ich mich meinen Allmachtsphantasien nicht mehr entziehen kann. Napoleonkomplex, was soll ich machen.

Wenn man aber gleich im Anschluss den anderen Satz hinterherschickt – was sehr oft vorkommt –, dann reißt es mich sofort heraus aus dieser absurden Illusion größenwahnsinniger Parallelwelten. Gott sei Dank.

Und auch ein bisschen schade.

Schade? Sind Sie sicher?

Wenn es die Schmitzens nicht werden, dann wird es ganz sicher unseren Undercoverabteilungen Schmidt, Schmitt und Schmid gelingen. Oder dem Zweig der Müller, Meier und Fischers ...

So oder so. **Es gibt kein Entkommen! Das Ende der Welt, wie Ihr sie kanntet, ist nah! Wir werden wieder über die Galaxis herrschen!!!**

Jetzt, **ja, jetzt ...**

»Du bist ja gar nicht so klein wie im Fernsehen!«

Ich danke Ihnen.

Vorfreude

Wissen Sie, wer ich manchmal gerne wäre? Mein Opa.

Erst einmal natürlich, weil ich meinen Großvater leider nicht kennenlernen durfte, mir so die Erfahrung aus erster Hand fehlt und ich deshalb gerne wüsste, wie das so ist, ein alter Mann zu sein. Aber auch noch aus einem anderen Grund.

Opas dürfen alles.

Auch wenn es schon länger mit den Gelenken nicht mehr so gut läuft, die Zähne nachts ins Glas kommen und die Haare nur noch in den Ohren wachsen, kann man sich dafür doch im Grunde fast alles erlauben, wenn man jenseits der siebzig unterwegs ist. Weil die anderen alle Rücksicht nehmen müssen. Herrlich!

Von den paar Typen, die einen an der Bushaltestelle mit »Ey, was willssu, Alder? Geh mir nisch aufen Sack, ääh!« begrüßen, mal abgesehen.

Ich kann mir dann beim Einkaufen helfen lassen, obwohl ich das selbst noch auf die Kette kriege, und keiner wird was merken. YES!

Ich kriege im Bus immer den besten Platz. Und wenn nicht, dann haue ich dem pickeligen Jungen eben mit meinem Stock auf den Kopf oder lass mich fallen und behaupte, er hätte mich geschubst. Was meinen Sie, wer bald gemütlich aus dem Fenster guckt? Hach, was für ein Spaß!

Aber das Schönste wird sein: Ich kann dann jede Pupsnase im Straßenverkehr anzeigen! Ich hab' ja sonst nix zu tun. Da freue ich mich schon so lange drauf! Alle werden zwar sagen, dass ich ein verbitterter, alter Miesepeter bin, aber … *NA UND?*

Freifahrtschein!

Keine Rücksicht mehr auf die Nachbarn nehmen: Wegen seniler Bettflucht morgens um fünf Bodenübungen. Was sollen die machen? Mich rausekeln? Mein Mietvertrag ist nach dreißig Jahren unkündbar und ich eh bald tot.

Keine Rücksicht mehr auf hysterische Mütter mit Kinderwagen nehmen: »Gehen SIE doch aus dem Weg! – Und außerdem ... Ihre Kinder sind potthässlich!« HA!

Keine Rücksicht mehr auf all die verrückten Herberts und Herr Hartmanns, die in Mercedes-Limousinen durch die Innenstadt kriechen: ICH BIN DANN SELBST EINER!

Ich werde einer von denen sein, die den ganzen Tag mit 'ner karierten Decke im Fenster hängen und die doofen, dicken Kinder der Nachbarn anschreien, dass sie in die Schule gehen und etwas lernen sollen. DAS wird ein Spaß!

Ich werde mit Campingstühlchen, kleinem Tischchen und 'ner Thermoskanne Fernet Branca bewaffnet auf der Autobahnbrücke sitzen und alle aufschreiben, die die linke Fahrbahn blockieren, viel zu langsam fahren oder ohne zu blinken einfach rausziehen. Zack. ANZEIGE! *ALLE!* Ich hab' ja Zeit! Das will ich schon seit ... immer machen.

Ich habe sogar schon eine Liste angefangen, auf der der eine oder andere Verkehrsteilnehmer bereits – Sie sind sicher nicht dabei, keine Sorge – von mir fein säuberlich vornotiert wurde. *Die Rache wird endlich mein sein!* Es sind schon dreihunderteinundsiebzig ... ha ha! *ANNNNZEIIIIIGÄÄÄÄ!*

ALLE! Alle diese Spezialisten kriegen von mir in fünfzig Jahren Post. Na, die werden sich wundern! Damit rechnet KEINER! Wozu habe ich denn Jahrzehnte meine Rechtsschutzversicherung bezahlt? Die wird dann mal schön ausgenutzt, bis die Richter mich duzen.

Wenn ich mal nicht schlafen kann, weil ich mich so über den einen oder anderen Doofkopp im Verkehr geärgert habe, dann denke ich an meine Liste, notiere ein weiteres Nummernschild, und sofort spüre ich eine tiefe, befriedigende Ruhe, die sich in mir ausbreitet. Danach schlafe ich wie das Sandmännchen höchstpersönlich.

Ich werde als Opa die eine oder andere »Ich-nix-Gehirnzelle-Trulla« am Drive-In bekloppt machen, weil ich mit meinem alten Opel Rekord aus der Steinzeit das kleine Ausgabefenster nicht treffe und immer zu weit vor- oder zurücksetze. Und wenn sie dann nach zehn Minuten einen Nervenzusammenbruch kriegt und den »alten Knacker« kreischend beschimpft, dann halte ich perfekt wie vorgesehen an der Markierung, verlange den Geschäftsführer und esse ein Jahr lang Burger auf Entschädigung. Dann bin ich King!

Wunderbar wird auch, dass ich meine Familie terrorisieren kann. Natürlich in vertretbarem Rahmen …

Selbstredend lasse ich mich zu Weihnachten von meinem Neffen oder meinen Enkeln abholen, pupse denen das Auto voll, dass die Hose wackelt, und tue so, als ob nichts wäre. Die Eigenen kann man ja gut ertragen, und die Verwandtschaft traut sich nicht etwas zu sagen. Ich übe schon fleißig!

Außerdem vergesse ich natürlich immer alle Namen, aber NUR von denen aus der Familie, die ich nicht leiden kann.

»Hör mal zu, Klaus …«

»Ich heiße Martin, Onkel Ralf.«

»Ich weiß, ich weiß … Rede nicht in diesem Ton mit mir! Hörst du!? So, und jetzt hör mir mal zu, Klaus …« Es wird ein Fest!

Was sich ja quasi von alleine anbietet und einem ins Auge sticht ist, dass ich bei der Beerdigung von ätzenden Verwandten, die endlich unter der Erde sind, diesen Altersschleimkloß im Hals habe, den ich einfach nicht los werde. Besonders an den ergreifendsten Stellen in der Rede des Pastors am Grab werde ich wohl leider *EXTREM LAUT* husten müssen. Alle werden das furchtbar finden, aber hey … ich bin alt und eh nicht mehr zurechnungsfähig. Vielleicht falle ich auch aus Versehen mit ins Loch.

Ich werde bei dieser hochnäsigen, arroganten Banktussi mit Schecks über Hunderte von Reichsmark vom Flohmarkt auftauchen und verlangen, dass die noch eingelöst werden. Einfach nur so, weil's Spaß macht und man Kaffee und Plätzchen umsonst kriegt, damit man nicht so ein Theater macht. Danach gehe ich ins Kino. Es wird eine herrliche Zeit …

Apropos Kino … ich gehe natürlich einfach durch und behaupte, dass mein kleiner Enkel die Karten hat und schon drinnen sitzt. Wenn die mir nicht glauben, dann erzähle ich denen von meinen nässenden Hämorrhoiden, meinem offenen Bein und bretthartem Stuhl in allen Einzelheiten. Dann bringen die mir sicher auch noch Popcorn, damit ich die Klappe halte.

Wenn ich im Restaurant etwas bestellt habe, was ich dann vielleicht doch nicht essen will, dann lasse ich diesen unverschämten Kellner kommen: »Hören Sie mal! Da ist ein Gebiss in meinem Essen« und kriege Rumpsteak mit Pommes aufs Haus.

Ich werde diese Handwerker mit Wucherrechnungen und ihrer »Datt wichd nisch billisch«-Mentalität bei mir den Lifta einbauen lassen und dann in der schlecht gesicherten Baustelle über einen Hammer fallen.

Tja, Verdacht auf Oberschenkelhalsbruch. Zack: Lifta gratis!

Die Kassiererin im Supermarkt, die immer »STORNO« brüllt, als ob der Dritte Weltkrieg ausgebrochen wär …, die treibe ich in den Wahnsinn, weil ich mindestens FÜNF STUNDEN in meinem Portemonnaie nach Kleingeld suche und mir auf keinen

Fall helfen lassen will. Danach können die den Laden zumachen.

Die restlichen Schaffner in Intercity-Zügen, die einem das Gefühl geben, dass man das Schild »Privatgrundstück« übersehen hat …, die mache ich fertig, weil ich armer, alter Mann doch mit den neuen Automaten nicht zurechtkomme und ich doch jetzt nicht vorbestraft bin, weil ich kein Ticket habe … ich habe mir doch in meinem ganzen Leben noch nichts zuschulden kommen lassen … ich habe dieses Land doch mit aufgebaut … das können die doch mit einem unschuldigen alten Rentner nicht machen … »Haben Sie mal ein Taschentuch?« … *Oh Gott, ich muss ins Gefängnis!*

Und dann erinnere ich mich plötzlich an das Ticket in meiner Jackentasche. DAS tut mir aber leid! Ich bin aber auch so verwirrt … MIT-TEL-FIN-GER!

Ein guter Plan. Ich werde der glücklichste Opa sein, den es gibt.

Wollen Sie mitmachen?

Tragen Sie sich ein!

Liste für lustige Senioren...

1. Ralf

2.

3.

4.

5.

6.

7.

8.

9.

10.

11.

12.

13.

14.

Mama wissenschaftlich

Muttertypen

Als Erstes eine Bitte: Sollten Sie mit dem Gedanken spielen, dieses Buch auch Ihrer Frau Mama einmal unter die Nase zu halten, dann reißen Sie die folgenden Seiten bitte vorher raus. Ich komme sonst in Teufels Küche.

Sollten Sie selbst eine Mutter sein, tja, dann ist das jetzt echt dumm für mich gelaufen …

Sicher, im Großen und Ganzen haben wir alle dieselbe Mutter. Früher wie heute.

Fast jede hat diesen gewissen … nennen wir ihn kleinen Nervfaktor, einen hübschen Kontrollwahn, zumindest eine Zeitlang, und fast jede muss versorgen, versorgen, versorgen. Auf die eine oder andere Art.

Last but not least: JEDE Mutter liebt ihre Kinder kaputt – bis auf Norma Bates – und kann nicht aus ihrer Haut. Klar. Verständlich!

Aber im Laufe der Zeit haben sich auch ein paar Dinge geändert. Während sich meine Mutter noch keine Gedanken über Helmpflicht, zu dicke Kinder und böse Onkels bei Facebook machen musste – weil die noch praktischerweise mit schwarzem, großem Wagen und Bonbons unterwegs waren –, müssen Mütter heutzutage mit Weichmachern in der Gummiente, der Pisa-Studie oder einer drohenden Entfremdung ihrer Nachkommen durch die medialen Netzwerke klarkommen.

Bei frischgebackenen Müttern von heute, die gerade mit Tonnen von Hormonen und einer gewaltigen, völlig neuen Aufgabe konfrontiert werden, lassen sich einige Gemeinsamkeiten feststellen. Neben all den neuen Anforderungen soll man nämlich als junge, dynamische Frau auch noch sexy, souverän und permanent gut drauf sein. Das musste Mama noch nicht. Dass das nicht immer gelingt, ja gelingen KANN, dafür sei ihnen größtes Verständnis sicher.

Ob diese Gemeinsamkeiten vielleicht sogar tiefgenetische Ursachen haben, mag schwer zu ergründen sein, aber dass es bestimmte Initialzündungen für das eine oder andere von der Natur vielleicht eingebaute Verhaltensmuster gibt, kann nach den folgenden Beobachtungen wohl kaum noch jemand bestreiten. Ob Mutter Natur die Intensität dieser Verhaltensmuster im Lauf der Evolution immer ideal angepasst hat, lässt sich hingegen … zumindest in Frage stellen.

Fangen wir also mit den Gemeinsamkeiten an. Ausnahmen bestätigen natürlich immer die Regel. Sollten Sie sich, sofern Sie eine Mutter sind, im Folgenden ein wenig auf den Schlips getreten fühlen, weil Sie ja überhaupt gar nicht so sind wie beschrieben, dann verzeihen Sie mir, lehnen Sie sich einfach entspannt zurück und amüsieren sich über die anderen 99%.

Mütter fahren dir an der Supermarktkasse mit dem Kinderwagen in die Hacken

… und gucken dich danach an, als hättest du ihr Kind abgestochen. Was man überhaupt nicht vorhatte. Wirklich! Dieser feindliche Ausdruck im Gesicht signalisiert einem aber ganz klar: »Komm! Einen Ton! Gib mir nur EINEN Ton und ich schlachte dich hier auf dem Transportband!« Was man dann natürlich tunlichst unterlässt.

Woher diese Feindseligkeit kommt, ist empirisch noch nicht so ganz bewiesen. Es gibt Stimmen, die behaupten, dass Müttern mit Kleinkindern zu selten geholfen wird. Dass sie ignoriert werden und in unserer hin und wieder nachwuchsfeindlichen Welt nicht genügend Unterstützung erfahren, was wiederum zu großer Frustration und Generalvorverurteilung aller Menschen – außer Müttern – führt. Ergebnis: Blutige Hacken und gegebenenfalls danach … Fleischwolf.

Ich persönlich stelle eigentlich immer fest, dass Frauen mit Kinderwagen zum Beispiel beim Ein- und Aussteigen in Bussen meistens geholfen wird, auch ohne dass sie danach fragen müssen. Aber das werde ich natürlich nicht offen sagen, sondern allerhöchstens hier in Sicherheit an meinem Schreibtisch aufschreiben. Und einkaufen gehe ich ab heute auch nicht mehr.

Da diese Theorie also nicht stichhaltig greift, kommt eine zweite These in Frage. Eine Mutter mit Kinderwagen ist für Männer unattraktiv geworden, wird also von normalen alltäglichen Flirt- und somit Bestätigungsspielereien ausgeschlossen. Keiner guckt sie mehr an, sie fühlen sich unsexy, sind vom Markt … ja, und so ist es ja auch.

EIN SCHERZ!

Jetzt gehe ich GAR nicht mehr raus.

Kommen wir zur nächsten Gemeinsamkeit.

Mütter parken ihre Kinderwagen mitten im Café wie Porschefahrer in der Fußgängerzone.

Und die Dinger sind mittlerweile so groß wie SUVs! Die Kinderwagen. Solche Mütter geben jedem anderen Gast das Gefühl, dass er Terroristen mit Atomwaffen beliefert, wenn er höflich danach fragt, den Wagen doch vielleicht ein wenig an die Seite zu stellen und nicht mitten in den Gang. Dank zuverlässiger, hormoneller Unterstützung wird sofort erkannt: JEDER, der DAS verlangt, MUSS ein Kinderhasser sein. Dabei geht es den meisten gar nicht um das Kind, sondern nur um den Wagen, um einen Gegenstand, um freie Wege zum Klo. Wenigstens ganz kurz?

Natürlich gibt es da draußen ein paar Leute, die Kinder nicht mögen und sich abweisend oder sogar danebenbenehmen. Allerdings habe ich das nur in den seltensten Fällen beobachten können. WAS ich schon oft gesehen habe, ist eine verängstigte Gruppe Gäste im hinteren Bereich des Cafés, die sich nicht mehr traut zu gehen, weil sie dann an der Wagenburg der ersten Kavallerie am vorderen Tisch vorbei müsste. Und wenn man ehrlich ist, dann ist das nichts anderes als eine Geiselnahme:

»Bleiben Sie, wo Sie sind, ich bin mit einem Baby bewaffnet! Wer sich auch nur EINEN Zentimeter bewegt, wird mit der Rassel erschlagen oder mit lauwarmem Fencheltee gefoltert. Ich will keinen Mucks hören, sonst ist es Essig mit der rosigen Zukunft, dann öffne ich eine Windel! Wenn Sie alle schön still halten, wird Ihnen nichts geschehen. Dann sind Sie heute Abend hier raus. NACHDEM meine Kollegin hier und ich zwei Dutzend Milchkaffee mit Karamellgeschmack getrunken, die Gala, die Bunte und die Frau im Spiegel durchdiskutiert und laut und ÜBERHAUPT NICHT befangen über Brustwarzenentzündungen, Ausfluss nach der Geburt und verstörend erotische Glücksgefühle beim Stillen gesprochen haben. HINSETZEN!!!«

Es gibt auch andere Mütter. Sicher.

Sollte Ihnen als Mutter das aber auch schon mal passiert sein und ich Sie in Zukunft frage, ob ich kurz vorbeidürfte, dann seien Sie mir bitte nicht böse. Ich muss nur Pipi.

Mütter killen dich, wenn du ungefragt mit ihren Kindern sprichst,

… auch wenn du KEIN »lieber Onkel« mit Schokolade und 'nem großen Auto bist. Die Skepsis und Vorsicht haben natürlich absolute Berechtigung! Das hat die Natur äußerst praktisch eingerichtet und jeder hat Verständnis dafür, dass alle Mütter ihre Kinder vor den Gefahren und erst recht so manchem Geisteskranken da draußen lieber einmal zu viel als zu wenig beschützen.

Ich habe aber mal einen alten Opa in der Fußgängerzone gesehen, der ein Bonbon aus der Tasche zog und es einem kleinen Mädchen schenken wollte. Das Mädchen freute sich, das Herz des alten Mannes freute sich, die Sonne schien.

Dass der Dreckskerl nicht in Handschellen abgeführt, ach, am besten noch an Ort und Stelle aufgeknüpft wurde, ist nur dem Zufall zu verdanken und mir auch absolut unerklärlich. Die betreffende Mutter hatte wohl einen dringenden Termin, da musste die Hinrichtung vorläufig ausfallen.

Wie eine entfesselte Abrissbirne schoss unsere Superheldin aus dem Nichts herbei und schlug ihrer Tochter das entsetzliche Gift dieses heimtückischen Verbrechers aus den Händen. Nachdem Supermother dem »alten Mann« – wer's glaubt – überdeutlich und so laut, dass er es auch ohne seine lächerliche Hörgerätattrappe verstanden hätte, erklärt hatte, dass das ja wohl absolut nicht ginge …, dass das Kind beim nächsten Mal von einem FALSCHEN Onkel etwas annehmen könnte …, dass sie ja jetzt auch nicht wüsste, wer er sei und was ER denn genau mit ihrer Tochter vorhätte …, dass nur SIE allein bestimme, wer mit ihrer Tochter sprechen darf und vor allem wer NICHT, gab sich das personifizierte Böse in teuflischer Verkleidung eines alten Mannes geschlagen.

Gut, auf den ersten Blick war seine Tarnung perfekt. Er ging an zwei Krücken, hatte wie gesagt ein Hörgerät und war ungefähr 85 Jahre alt. Alles nur Täuschung. Keine Frage: Wer, wenn nicht er, hätte das kleine Mädchen in Windeseile entführen sollen? Ihm musste aber nun klar sein, dass Supermother und NUR SIE die Macht hatte, die absolute und einzige Macht. Nicht nur über ihre Tochter, nein, auch über ihn, ach, die Menschheit, das Universum. Und wenn sich jemals wieder jemand erdreisten sollte, diese ihre Macht anzuzweifeln, dann würde sie denjenigen zerschmettern. Mochte er sich auch NOCH so unauffällig als gebrechlicher, alter Mann mit ein paar Bonbons heranschleichen.

Mütter sind stolz

… auf alles, was ihre Kinder machen.

Ich habe einen Neffen, der mittlerweile schon erwachsen ist. In seiner Kindheit hatte ich unzählige Möglichkeiten, diverse Fallstudien zu betreiben, und bin mitnichten – man beachte das kleine Wortspiel – jemand, der nur großspurigerweise behauptet, über solche Dinge Bescheid zu wissen. Nein, ich darf mit Fug und Recht behaupten, dass ich absolut im Bilde bin.

Jeder kennt die Abschlussfeierlichkeiten an den Schulen. Die Kinder tragen kleine Theaterstücke oder niedliche Lieder vor und die stolzen Eltern filmen und fotografieren, als wäre Michael Jackson wieder auferstanden. Soweit, so verständlich.

Unverständlich ist einem Außenstehenden dagegen oft, dass die jeweilig zugehörige Mama in schwelgerische Verzückung gerät, wenn ihre Tochterkreissäge dort oben auf der Bühne in bester 12-Ton-Dissonanz das Lied »Frère Jacques« in blutige Fetzen zerhäckselt. Allen außer Mama zerreißt es das Trommelfell. Selbst Papas Gesicht kann die krampfhaft lächelnde Fassade nur mühsam und unter Aufbringung aller Reserven aufrechterhalten. Mama aber empfindet ECHTEN Stolz im Angesicht dieses offensichtlich heimtückischen Angriffs auf die ganze Menschheit. Und so soll es ja auch sein!

Ich weiß nicht, WAS die Natur da für hammerharte, psychedelische Drogen zusammengemixt hat, aber sie müssen der ultimative Kick sein, viel heftiger noch als Koks, Speed oder Marihuana.

Hormone sind schon 'ne tolle Sache.

Die ganze Geschichte könnte gut ausgehen, wenn Mütter nicht denken würden, dass nur IHR süßer Schatz das beste Kind der Welt ist. Schon in der Schulaula müsste ihnen angesichts so vieler anderer Kinder und vor allem verzückter Gesichter JEDES stolzen Elternpaars klarwerden, dass diese Annahme einen Schönheitsfehler hat. Dem ist aber bedauerlicherweise nicht so.

Was glauben Sie, was passiert, wenn sich der eine Mamabär mit seiner Kamera vor den anderen Mamabär stellt, um das eigene Junge besser abfilmen zu können?

Richtig. Die Welt geht unter.

Wie KANN sie es wagen, dieses kleine, hässliche Zahnspangen tragende, in der Nase nach seltenen Bodenschätzen bohrende Monster ihrer kleinen Prinzessin vorzuziehen? Schön, es ist ihre Tochter. Na und!?

»Hey! Was soll denn das werden?« So ging's los.

»Ich filme meine Tochter, das sehen Sie doch. Sie haben jetzt ja lange genug den besten Platz blockiert und ihr pinkes Barbipüppchen aufnehmen dürfen.« GANZ falsche Antwort.

Ich habe es mit meinen eigenen Augen gesehen. Ich war Zeuge, als Mamabär Krause Mamabär Muhlinski einen Schubs gegeben hat, so dass dieser die Kamera aus den Händen glitt und zu Boden rauschte, was für solch empfindliche Geräte eher die suboptimale Handhabung darstellt.

Von dem geräuschvollen Aufprall ließ sich Vanessa auf der Bühne aber nicht beirren und zog die dritte Wiederholung von »Frère Jacques« tapfer, wenn auch NOCH einen Halbton zu hoch, durch.

Im Zuschauerraum – der dieser Bezeichnung nun in doppelter Hinsicht gerecht wurde, da sich die Aufmerksamkeit der anderen Eltern den beiden Mamabären zuwendete – entwickelte sich nun ein rasant eskalierender Streit. Mamabär Muhlinski schubste zurück, wodurch die andere auf ihren Stuhl zurück- plumpste. Das nicht auf sich sitzen lassen könnend, holte Kampfbärin Krause mit ihrer Tasche aus und knockte der Muhlinski dermaßen gekonnt eine ins Gesicht, dass deren Wange sofort rot anschwoll. Jetzt gab es kein Halten mehr … Gekreische, Schläge, Beschimpfungen hagelte es hin und her, als ob es darum ging, in der Wildnis den letzten Brocken Fleisch zu verteidigen.

Vanessa, ganz Profi, verhielt sich getreu dem Motto »The Show must go on« und sang gerade die fünfte Strophe von »Frère Jacques« in einer Tonart, die das menschliche Ohr nur noch zum Teil wahrnehmen kann. Ganz sicher ein Jahrhundert- talent, für das es sich zu kämpfen lohnt.

Wie die Geschichte ausging, können Sie sich denken. Die Kinder heulten, die Erwachsenen schämten sich, gaben es aber nicht zu, und beim nächsten Weihnachtsbasar ging der ganze Käse wieder von vorne los. Dann ging's nur um den besten Ku- chen.

Ach ja, Vanessa hat übrigens eine große Karriere gemacht. Als Hörgeräteakustikerin.

Die unterschiedlichen Mama-Modelle
Nun aber genug der Gemeinsamkeiten, kommen wir endlich zu den kleinen, aber feinen Unterschieden.

Ich habe in meinem Bekannten- und Freundeskreis folgende Mütter ausfindig machen können, und denke, dass das einen recht passablen Überblick liefert.

Die Glucke – eher die überängstliche, korpulente, rotwan- gige Versorgungsmaschine.
Die Perfekte – eigene Firma aufgebaut, ab dem dritten Tag

nach der Geburt gertenschlank, hysterisch ehrgeizig, hat alle
Breis im Haus, macht Yoga, hat den Kindergartenplatz schon
während der Befruchtung angemeldet UND schläft immer noch
JEDEN Tag mit ihrem Mann.

Die Antiautoritäre – füttert nach indianischem Vorbild nur
Baumrindenpüree, Distelkerngelee und Eichelbrei, das Spielzeug ist aus Ästen und Blättern selbst gebastelt, mindestens aber
aus Holz, die Kinder stechen die Katze ab, aber das macht nichts,
die Windeln sind aus Hanf und können nach Gebrauch geraucht werden.

Die Fröhliche – aus Versehen schwanger geworden, bisschen dusselig, stolpert immer über das Spielzeug, findet alles
aber nicht so schlimm, lässt das Kind auch schon mal fallen:
»Nix passiert, hi hi«.

Die Negative – wollte nie schwanger werden, Kinder nerven,
ihr Kronenchakra ist seit der Geburt gestört, der Weltuntergang
ist nah, ihre Brüste werden nie wieder, wie sie mal waren.

En Detail …

Die Glucke

Die Gluckenmutter zeichnet sich meistens durch das Ablegen
jedweder sexueller Identität aus. Sie hat zwar noch Brüste, diese
sind aber ausschließlich der Nahrungsmittelproduktion oder
den Schmusestunden vor dem Sandmännchen vorbehalten. Des
Nachwuchses! Ich weiß ja nicht, was Sie für Lieblingssendun-
gen haben.

Während es in Kleinkindertagen noch ganz erträglich erscheint,
wenn man ständig eine Mütze auf- und wieder abgesetzt, man
den ganzen Tag über ungefragt Apfel- oder Mandarinenstück-
chen in den Mund gestopft bekommt oder wenn man schon
halb eingenickt und todmüde von Mama ins Bett getragen wird,
so ist das als Erwachsener doch eher peinlich.

Man kann versuchen, hier rechtzeitig einen Riegel vorzuschieben, aber die Erfahrungen zeigen, dass das nur bedingt von Erfolg gekrönt ist. In den allermeisten Fällen bleibt es bei einer Sisyphusaufgabe, Mama immer wieder daran zu erinnern, dass man mittlerweile erwachsen und keine fünf mehr ist und natürlich KEINE Hilfe mehr mit der großen Spaghettischüssel braucht. Obwohl manche schon verdammt riesig sind.

Eine Gluckenmama erkennt man außerdem daran, dass sie viel zu vorsichtig, teilweise panisch alles Gefährliche aus dem Leben ihres Kindes versucht fernzuhalten und es vor jedweder, noch so kleinen Gefahr beschützen will. Das gelingt in einigen Fällen so gut, dass manche Söhne nach ihrem Auszug direkt vor die nächste Straßenbahn laufen, weil sie so etwas noch nie gesehen haben.

Jüngere Kinder einer Gluckenmutter erkennt man auf dem Schulhof leicht an der dickwolligen Bommelmütze mit Sichtfenster, einem drei Meter langen Schal, der erstickungsgefährlich um den Hals gewickelt wurde, und dem großvolumigen Daunenparka. Im Sommer! Diese Kinder können sich nicht mehr bewegen und sehen aus wie der Marshmallow-Mann.

Gluckenmamas emanzipieren sich meistens nie wieder von dieser Rolle. Wenn die Tochter oder der Sohn aus dem Haus ist, dann wird bei gelegentlichen Zusammenkünften versucht, noch den einen oder anderen Nudelsalat, den man so gerne isst, mitzubringen oder auch nach der schmutzigen Wäsche gefragt, aber das primäre Ziel der Versorgung ist den Gluckenmamas entglitten. Zeit, sich auf das sekundäre zu stürzen: Papa.

Ja, ganz bewusst habe ich das Wort »Papa« gewählt und nicht »Ehemann« oder »Gatte«, weil Gluckenmamas – ja, ja, Ausnahmen immer ausgeschlossen – schon in den ersten gemeinsamen Jahren dazu übergehen, ihren Mann »Papa« zu nennen. Und der kriegt jetzt die geballte Ladung.

Er muss alles essen, was Mama an früher erinnert. Er muss ständig Mützen auf- und abziehen. Er muss Apfelstückchen mümmeln. Er muss sich mit Spaghettischüsseln helfen lassen und sofort ins Bettchen gehen, wenn »der Papa« müde wird.

Irgendwo muss das Gelernte ja hin. Aufhören ist NIEMALS eine Option!

> **TIPP:** Für die Harten …
> Machen Sie alles, was Ihre Mutter schon immer gerne gehabt hätte: Gehen Sie jeden Tag mit ihr einkaufen. Begleiten Sie sie zum Kaffeekränzchen und witzeln Sie mit den Freundinnen über Babymode aus Ihrer Kindheit. Tragen Sie die »frechen« Hemden, die sie aussucht. Ziehen Sie nebenan in eine Wohnung, von der aus Sie ihr im Garten stündlich zuwinken können. Wenn Sie durchhalten, wird der Moment kommen, in dem es Ihrer Mama zu viel wird. Seien wir ehrlich … die Chancen stehen fifty-fifty.

Die Perfekte

Von allen anderen Müttern gehasst. Aber immer angelächelt!

Man kann einfach nicht verstehen, wie sie das macht. Sie hat zwei Kinder, einen Jungen, ein Mädchen – typisch, da läuft eben ALLES perfekt –, beide sind im Judo- beziehungsweise Leichtathletik-Verein, spielen Querflöte wie Mozart persönlich und werden natürlich jeden Tag mit dem 7er-BMW zur Schule gebracht. Sie hat einen humorvollen, gutaussehenden Mann, ein wunderschönes, stets blitzblankes Haus, ist schlank und durchtrainiert, immer perfekt geschminkt und backt AUCH NOCH DEN BESTEN KUCHEN FÜR DEN KIRCHENBASAR! Zum Kotzen!

Der typische Tag einer solchen Mutter beginnt ungefähr so:

Mit dem Weckerklingeln freudig aufspringen, dem Ehemann ein Küsschen geben, Marathon laufen, dann duschen, epilieren, eincremen, schminken, anziehen, Kinder wecken, Haare prinzessinenglänzend bürsten, Schulbrote mit Bärchenfleischwurst in die blaue und rosa Butterbrotdose packen, Mann liebevoll wecken, einen Schluck Kaffee trinken, Kinder im Bad antreiben, Milch für den Frühstückskakao aufsetzen, das Haus neu streichen, Mann zum Aufstehen bewegen, danach das Bett neu beziehen, Nägel der ersten Hand lackieren, Kinder aus dem Bad klopfen, Milch vom Herd nehmen, den kranken Hund am offenen Herzen operieren, Schuhe putzen, Milch in die Gläser, Kakao einrühren, den Flur fliesen, Nägel der anderen Hand lackieren, Mann aus dem Bad klopfen, dem Sohn mit dem T-Shirt helfen, beide Kinder an den Tisch holen, frischen Käse schnell aus Holland besorgen, wieder einen Schluck Kaffee trinken, Frühstück für alle mit Tomaten-Rührei, Speck und frisch gepresstem Orangensaft machen, den Mann an den Tisch bitten, Butterbrotdosen und zwei absolut druckstellenfreie Äpfel in die Schultaschen packen, Kinder antreiben, Mann antreiben, Koks-Line ziehen – nein, nein, wollte nur sehen, ob Sie aufpassen –, Kindern Schuhe anziehen, alle einpacken, anschnallen, überprüfen, mit einem Lied auf den Lippen losfahren …

… und das alles in zehn Minuten.

E-kel-haft.

Aber langsam … – sicher stellen wir uns das alles nur so vor. Hinter den Kulissen sieht es vielleicht ganz anders aus. Unsere Miss Perfect ist vielleicht gar nicht so perfekt, wie es den Anschein hat. Bei genauerem Hinsehen erkennt man wahrscheinlich, dass das alles nur Fassade ist, welche bereits zusammen mit dem Botox anfängt zu bröckeln und schon längst auf einem der berühmtesten Löcher, nämlich dem letzten, gepfiffen wird.

Bei Mama Henke, die wir ja schon kennengelernt haben, war das zumindest so. Sie war im Grunde das Paradebeispiel für die Spezies Mama Perfectus, aber dann vor einem Jahr ist irgendetwas gehörig schiefgelaufen. Der Tagesablauf geriet ein kleines bisschen durcheinander und sah folgendermaßen aus. Oder so ähnlich.

Den Wecker erschlagen, dem Hund ein Küsschen geben, die Treppe runterfallen, sich abtrocknen, epilieren, umziehen, duschen, Kinder lecken … äh, wecken, dann eincremen, Haare vergessen, Schulbrote mit Bärchenhausschuhen belegen, Mann aus dem Bad klopfen, dann wachrütteln, einen Schluck Slivovitz trinken, den Kindern Pullover anziehen, sie dann unter die Dusche stellen, das Haus des Nachbarn streichen, Milch für den Kakao aufsetzen, erstes Bein lackieren, Kinder aus dem Keller klopfen, Milch auf dem Herd überkochen lassen, den kranken Hund nicht mehr retten können, Schuhe mit Kakao einreiben und schwarze Putzcreme in die letzte Milch einrühren, das Dach fliesen und den Flur mit Käse bestreichen, anderes Bein lackieren, dem Mann das T-Shirt des Sohnes überziehen und ihn an den Puppentisch setzen, einen weiteren Schluck Slivovitz trinken, Rinderbraten mit Knödeln und frisch gepresstem Sauerkraut zum Frühstück machen, Käse aus dem Flur kratzen, auf die braunen Äpfel streichen und in die Aktentasche des Mannes packen, Mann mit den beiden Tornistern raustreiben, die Kinder anschreien, Tüte Koks inhalieren – wieder aufgepasst, sehr schön –, Kindern Pantoffel anziehen, selbst noch die Schuhe von gestern anhaben, alle einpacken, auch den toten Hund, sich anschnallen und ohne Kinder losfahren …

… und das alles in nur zwei Stunden.

Wollen Sie wissen, wie es HEUTE ist?

Die Antiautoritäre

Mein Vater war immer der Ansicht, dass Kinder Grenzen brauchen, innerhalb derer sie sich geschützt und frei entfalten können. Zu viel Verantwortung würde sie nur belasten. Soviel ich weiß, ist das, einmal oberflächlich betrachtet, auch heute noch oder wieder die gängige Einschätzung. Nun bin ich kein Experte und will mir auch kein endgültiges Urteil erlauben. Ich möchte aber wiedergeben, was ich zum Thema Antiautoritäre Erziehung beobachten konnte.

Eine eher alternativ eingestellte Mutter aus meinem Bekanntenkreis verpflichtete sich und damit auch ihr Kind zu einer antiautoritären Erziehung. Was ja eigentlich schon ein Widerspruch in sich ist, denn bei solch einer Methode soll ja NICHTS verpflichtend sein. Man, oder besser das Kind, darf alles machen, wie es gefällt.

»Dies wird im Zuge der freien Entfaltung als extrem wichtiges Element begriffen und darf auf keinen Fall angetastet werden.« Zumindest war das die feste Auffassung dieser ENTFERNT befreundeten jungen Mutter, nennen wir sie Christine, Spitzname Tine. Ganz zufällig.

Eine antiautoritär erziehende Mama hat es auf den ersten Blick leicht. Der ganze Stress, sich quälende Gedanken über die richtigen Entscheidungen zu machen, fällt größtenteils weg. Darf der Kleine mit dem Laubhäcksler spielen? Klar. Darf er auf dem rostigen Baukran ein bisschen herumkrabbeln? Natürlich. Soll ich ihm mit zwölf Jahren erlauben, morgens um sechs erst nach Hause zu kommen? Wie wäre es mit sieben?

Die überzeugte Antwort bei leichten Bedenken Außenstehender war stets, dass man durch schiefgegangene Versuche am besten lernt. Auch wieder wahr. Und wofür braucht man schon die rechte Hand, nachdem man beim Spielen mit der Motorsäge ein wenig stutzig geworden ist.

Tiefenentspannt und mit allem im Reinen bestellte Tine beim Universum permanent Glück, Zufriedenheit und einen neuen liebevollen Partner. Gut, die Bude sah verheerend aus und der DHL-Bote ist mit dem neuen Papa bis heute nicht aufgetaucht, aber was nicht ist, kann ja noch werden. Und Bestellungen können ja auch schon mal verlorengehen. Ob man da auch irgendwo die Bestellnummer eintragen und nachsehen kann, wo das Paket gerade steckt?

Tine gab alles. Sie zog die Nummer durch und verinnerlichte die Maxime auch für ihre eigenen Entscheidungen. Konsequent, das muss man ihr lassen. Und wenn man etwas macht, dann auch richtig. Aber nur, wenn man will. Wenn man nicht will, dann ist das irgendwie auch okay. Weil man ja dann etwas anderes will. Und das geht schon in Ordnung, ne? So, voll okay in Ordnung, ne?

Wenn man Tine fragte, ob sie noch eine Tasse Kaffee möchte, dann antwortete sie: »Ich weiß nich, möchtest *Du* denn, dass ich noch eine trinke?« Ich glaube, sie hat dann doch irgendwann den Zug nicht mehr gehört. Wenn man den anderen in seinen freien Entscheidungen nicht beeinflussen will und dadurch wirklich ALLE eigenen Entscheidungen hinten anstellt ... ja, dann stünden wir doch alle bald nur noch stumm, gelähmt und still auf der Straße, bewegten uns nicht mehr und warteten darauf, dass der andere etwas will.

Und die Kinder spielten, was sie wollen, und regierten die Welt.

Ist vielleicht doch keine so schlechte Theorie.

Man muss nur verstehen, was dahintersteckt.

Die Fröhliche

Alles ist okay. Alles wird schon. Und wenn nicht, dann trotzdem.

Die fröhliche Mama lacht eigentlich immer, backt zu Weihnachten lustige Zimtsterne mit roter Nase, bastelt für ihr Leben gern, singt in der Küche, ruft bei den Kartenlegern im Fernsehen an und glaubt den Quatsch, grinst sogar während des Beischlafs und schenkt zu Weihnachten Postkarten mit Musik.

Sie fällt über ihre eigenen Schuhe, steht im Kino an den Kassen immer in der schnellen Schlange, weil sie die Einzige ist, die nicht pokert, und schiebt ihren Kinderwagen munter schwatzend immer schon zur Hälfte auf die Straße, während sie mit ihrer besten Freundin an der Ampel steht und auf Grün wartet. »Wird schon gutgehen.« DER Leitspruch dieses Typs. Das Verrückte ist … es geht gut!

Sie hat immer einen Witz auf den Lippen, ist immer gutgelaunt. Immer gut drauf.

»Und gut drunter, hihi.«

Das Schlimme ist: Das Ganze hört nach den Kindertagen nicht auf. Bei der Beerdigung ihres Schwiegervaters verteilt sie Gutscheine fürs Sonnenstudio »Lass die Sonne mal wieder in dein Herz und tu dir was Gutes!«

Wenn Sie im Krankenhaus sind und Ihr Fuß in Gips liegt, dann kommt sie mit einem dieser Klinikclowns ins Zimmer, hat selbst eine rote Nase auf und haut mit einem kleinen Gummihammer immer auf die Unfallstelle. Was nur bedingt wehtut.

Sollten Sie mal Ihre Ruhe zum Nachdenken brauchen und Mama bitten, Sie alleine zu lassen, kommt sie durch die Hintertür wieder rein und zwingt Sie an ihren Monsterbusen, damit Sie sich mal so richtig ausweinen können.

»Na, und?«, werden Sie jetzt einwenden. Ein bisschen nervig hin und wieder, aber doch eigentlich ganz sympathisch, dieser Typ Mama.

Und damit hätten Sie ja auch recht. Wenn Sie mit Ihrer Einschätzung bis zum letzten Satz dieses Kapitels gewartet hätten.

Denn bei all dieser grenzenlosen Fröhlichkeit ist es genau

DIESE Mutter, die wahrscheinlich die Leiche ihrer Schwiegermutter in praktisch abgepackten Tupperdosen in der Kühltruhe im Keller versteckt hat.

Irgendwo muss die entspannte, positive Einstellung ja herkommen. Alles andere wäre nicht normal.

Nur zur Sicherheit: Das gerade war natürlich nur eine Annahme von mir. Einen Schwiegermuttermord habe ich selbstverständlich NICHT in meinem Bekanntenkreis beobachten können. Nicht, dass Sie die Polizei rufen und ich meine Freunde verrat … verleumden muss.

Die Negative
Alles ist schrecklich. Alles ist schlimm.

Fazit
Damit Sie über die diversen Unterschiede einen besseren Überblick haben, war ich so frei, eine Art Tabelle anzufertigen. Falls Sie mal nicht wissen sollten, welche Mutter Sie da zu Hause rumsitzen haben, dann werfen Sie einen kurzen Blick auf die folgende Liste, und schon können Sie die Situation besser einschätzen und (im Glücksfall) entspannen.

Situation	Die Glucke	Die Perfekte
Einkaufen mit Ihnen als Kind	Sie kriegen einen neuen Helm zum Spazierengehen, ebenso Protektoren für Knie und Ellbogen und Sagrotantücher für die Hände.	Sie kriegen nur das, was für Ihr Alter freigegeben wurde.
Restaurantbesuch	Sie gehen nicht essen. Mama will immer für Sie kochen. Außerdem könnten Sie sich an fremden Gläsern mit Keimen infizieren.	Bitte nur mit allen drei Michelinsternen, lactose- und glutenfrei, und dabei kann sie auch gleich ihren Nebenjob als Lebensmittel-Kontrolleurin wahrnehmen.
Spazieren gehen	Händchen in Händchen. Hoffentlich sieht das keiner. Es sieht IMMER einer!	Dafür muss sie sich die richtigen Schuhe anziehen. Kein Problem. Sie hat für jede Situation das passende Paar im Kofferraum.
Weihnachten	Geschenke, Weihnachtslieder, Gansbraten, Klöße, Rotkohl, Sauce, Käse, Eis, Schokoladensirup, Bratapfel mit Zimt, noch mehr Geschenke, Sekt, Wein, Sherry	Selbst die Pflastersteine in der Auffahrt riechen nach Spekulatius.
Sie stellen Ihre/n erste/n Freund/in vor	... wittert den Feind.	... weiß schon Bescheid und hat eine Gesundheitsbescheinigung, Zeugniskopien und 'ne Schufa-Auskunft eingeholt.
Sie heiraten	Sie versucht bis zur letzten Sekunde, Ihnen diese »Schnappsidee« auszureden. Dann muss sie den Altarbereich verlassen.	Kollabiert und muss ins Krankenhaus unters Sauerstoffzelt. Aber die Hochzeit ist die bestorganisierte und schönste der Welt. Dann kollabiert Ihr Vater wegen der Kosten.
Sie bekommen Nachwuchs	Sie schleppt alle Lätzchen, Höschen und Mützchen, die sie aus Ihrer Kindheit natürlich aufbewahrt hat, an. Auch wenn Sie eine Tochter bekommen haben. »In den ersten Monaten sieht man doch eh nicht, was es ist.«	Sie hat für Ihre Tochter bereits eine Lebensversicherung abgeschlossen, den richtigen Mann ausgesucht und eine Grabstelle reserviert.
Ihr Vater ist gestorben	Tertiäres Ziel anvisieren: DER HUND!	Wir haben die Beerdigung mit ihm schon hundertmal geprobt. Er kennt seine Positionen, es kann nichts schiefgehen.
Ihre Mutter ist leider verschieden – auf ihrem Grabstein steht:	Gott brauchte ihre Liebe!	Gott brauchte ihre Hilfe!

Die Antiautoritäre	Die Fröhliche	Die Negative
Sie kriegen alles, was sie wollen, und müssen auch keine Pullover anprobieren. Sie sind eh nackt, weil Sie nichts anziehen wollten.	Ein Eis. Und wenn Sie aus Köln kommen, Kamelle, ein Trömmelschen und Konfetti.	Na, raten Sie mal.
Sie sitzen unterm Tisch und schmeißen Essen an die Wand. Wie immer. Und Ihre Mutter findet das total okay.	Sie gehen zum »Ritter«, wo man mit den Fingern essen darf, und lachen sich beide kaputt. Ihre Mutter kriegt beim Anblick ihres blutigen Steaks plötzlich so einen seltsamen Gesichtsausdruck. Ich sage nur: Schwiegermutter in Dosen.	Schmeckt alles widerlich. Sie will gehen.
Sie laufen schon mal vor und sie geht woanders lang. Schließlich darf jeder machen, was er will.	Sie hört einfach nicht auf zu hüpfen.	Es regnet. Fällt aus.
Sie hauen mit Ihrer Mama auf alle Geschenke und machen sie kaputt. Es geht doch nichts über Traditionen.	… ist als Engelchen verkleidet. Ihr Vater als Knecht Ruprecht. Sie sitzen mit Rentiergeweih am Tisch und sind froh, dass Sie gerade keine Freundin haben.	Weihnachten fällt aus wegen »Is nich«.
… ist total enttäuscht, dass Sie nicht schwul/lesbisch sind und jetzt spießig werden.	… heult die ganze Zeit, vor Glück und Stolz, weil Sie schon so groß geworden sind.	… erschießt sich.
Sie heiraten Ihre Mutter in einem Land, wo das erlaubt ist. Niemand sonst ist bei Ihnen geblieben.	… heult noch immer.	Sie hat daneben geschossen. Gott sei Dank! Sie versucht es in der Kirche noch mal.
DAS ist jetzt wirklich ekelhaft.	Sie hat Ihre Tochter nur EINMAL fallen lassen. Hihi …	»Jetzt geht die ganze Scheiße wieder von vorne los.«
Das können Sie gar nicht wissen, denn es war künstliche Befruchtung.	»Sehr lustig! Toller Scherz! So, Schluss jetzt Klaus, komm aus dem Sarg raus und lass uns nach Hause gehen!«	»Noch mal? Ich hab' doch damals dreimal abgedrückt!«
Gottes Wille geschehe!	Gott hat Humor!	Gott sei Dank!

Liebe Leserin, lieber Leser.

Wenn ich jetzt am Schluss dieses Kapitels ganz ehrlich bin, dann muss ich Ihnen gestehen, dass ich in ALLEN gerade beschriebenen Typen ein bisschen meine eigene Mutter wiederfinde. Am Ende muss ich mir dann wohl doch eingestehen, dass es vielleicht gar keine Unterschiede gibt, sondern nur Anteile, Stadien oder Phasen. Einerseits beruhigt einen das, weil wir dann doch alle das gleiche Schicksal teilen. Andererseits macht es mir Angst, weil wir dann nicht wissen können, WELCHE PHASEN ICH VERGESSEN HABE!

Dennoch: Mütter sind auch nur Menschen. Die meisten. Die machen auch nur ihren Job. Und das in der Regel aufopferungsvoll und mit einem riesigen Herzen. Und das ist schließlich das Wichtigste. Es ist an uns, an den Kindern, uns eigenständig zu entwickeln und erwachsen zu werden. Vergessen Sie dabei jetzt mal kurz Mama Henke.

Eine Sache der Perspektive

Logischerweise ist dieses Buch zum absolut überwiegenden Teil aus meiner Sicht geschrieben. Aus der Sicht eines durchschnittlich malträtierten Sohnes. Da ich mir aber nicht nachsagen lassen will, dass hier nicht auch mal objektiv berichtet wurde, werde ich nun einfach die gleiche Geschichte sowohl aus meiner als auch aus Mamas Perspektive wiedergeben. Dieselbe Situation, das werden Sie feststellen, kann von verschiedenen Personen völlig unterschiedlich interpretiert werden. Vor allem, wenn eine der beiden Personen eine Mutter ist.

Ich musste mit Mama zum Einkaufen. Ich war ungefähr fünfzehn Jahre alt – so ganz genau weiß ich das leider nicht mehr – und brauchte angeblich unbedingt neue »Anziehsachen«. Ich war zwar komplett anderer Ansicht, aber das zählte nicht. Also machten wir uns eines Samstagnachmittags auf den Weg in die Stadt, Mama vergnügt und voller Vorfreude, ich nicht ganz so.

Zielsicher und ganz klar schon diverse Stilrichtungen im Visier enterten wir Zeh&Aah.[2]

Nun kamen natürlich mehrere Schwierigkeiten zusammen. Ich hatte eigentlich sowieso keine Lust – relativ häufiger Zustand in dem Alter –, dann gehörte ich meines Erachtens so was von überhaupt nicht mehr in diesen uniformierten Gleichmachertempel und außerdem drifteten Mamas Vorstellungen von angemessener Kleidung mit den meinen schon seit einiger Zeit weiter auseinander als vor kurzem noch die Kontinentalplatten.

Der Einfachheit halber können Sie ab hier den Verlauf dieses Einkaufs aus beiden Perspektiven parallel verfolgen.

---

2 *Namen bis zur Unkenntlichkeit aus Rechtsgründen geändert.*

Erlebniswelt Ralf	*Erlebniswelt Mama*
Gleich als wir die »Teenager-Abteilung« betreten hatten, rannte auch schon so eine aufdringliche und pseudofreundliche Bedienung auf uns zu.	Gleich als wir die richtige Abteilung für meinen Sohn erreicht hatten, eilte auch schon eine aufmerksame, zuvorkommende junge Dame auf uns zu.
Sie sagte: »Einen wunderschönen Guten Tag. Die Frau Mama mit ihrem Sohn, nehme ich an. Womit kann ich Ihnen dienen?«	Sie sagte: »Einen wunderschönen Guten Tag. Die Frau Mama mit ihrem Sohn, nehme ich an. Womit kann ich Ihnen dienen?
Ich hörte: »Hallo, ihr Trottel, habt euch auch in diesen Abzockerschuppen locken lassen, was? Na, dann wollen wir mal sehen. Mama Portemonnaie mit pubertierendem Null-Bock-Sohn. Was kann ich euch denn andrehen?«	Mama hörte: »Eure Durchlaucht, Euer Gnaden beehren unser bescheidenes, kleines Etablissement auch einmal wieder. Wir sind entzückt. Womit kann ich Euch gefällig sein? Was es auch sei, zögert nicht, es auszusprechen!«
Berge von unterschiedlichsten Klamotten hatte Mama mir in die Umkleidekabine geschaufelt und ich hasste alles davon … schon aus Prinzip.	Heute tue ich ihm mal was richtig Gutes. Die Sachen stehen ihm bestimmt toll. Er wird seiner treusorgenden Mutter sicher unglaublich dankbar sein.
Als Erstes steckte ich in einer ärztesöhnchenweißen Stoffhose und dazu in einem geleckten, kotzgrün-gelben Poloshirt. Nein, das war damals NICHT modern. Das wollte ich auf keinen Fall.	Gleich das erste Outfit ein Volltreffer! »Das packen Sie uns bitte schon mal ein.«
Als Nächstes klemmte ich mich in einen dunkelblauen Anzug. Viel zu eng, viel zu kurz – ja, das geht auch bei mir! – ich sah aus wie neun, und außerdem zwickte das Ding im Schritt.	Wie ein kleiner Prinz. DER gefällt ihm GANZ sicher. Da kann man ja nun wirklich nichts gegen haben. Und einen dunklen Anzug braucht man immer. Eintüten, nächstes Outfit.
Eine neue Badehose: Ich wollte eine weite sportliche Badeshorts in Schwarz, Rot oder Orange. Im Spiegel sah ich einen Kerl mit einer engen, knappen, knallblauen Kinderhose samt Kordel, mit dem Schnitt und dem Charme einer Medima-Feinripp-Unterhose.	Perfekt! Blau ist einfach seine Farbe.

Erlebniswelt Ralf	**Erlebniswelt Mama**
Nach der Einkaufs-Odyssee hatte Mama mich in ein Café geschleppt. Sie nahm ein Kännchen Filterhorror, ich ein Glas Cola. Die Zeit verging gefühlt in Tagen …	Hach, so ein gemeinsamer Einkaufs-bummel ist doch was Herrliches. Mutter und Sohn zusammen unterwegs, beiden macht es einen Heidenspaß und schon sitzen wir bei einer gemütlichen Tasse Kaffee. Die Kinder werden so schnell groß.
Mama laberte mir eine Frikadelle ans Ohr, wie süß ich früher war, dass die Zeit ja viel zu schnell vergeht und dass sie sich schon darauf freut, irgendwann Oma zu werden.	Wir können uns so toll unterhalten. Wir haben wirklich ein ganz besonderes Verhältnis.
Wie komme ich hier nur raus?	Der guckt so komisch. Muss er mal?
Nachdem ich auf der Toilette war, was ich natürlich nur vorgetäuscht hatte, machten wir uns auf den Weg. Ich hoffte sehr, dass mich keiner meiner Freunde zusammen mit Mami in der Fußgängerzone erwischen würde, und brachte so viel Abstand zwischen uns wie möglich.	Das sollten wir öfter machen. Aber ich glaube, der Junge wird krank. Der kann ja gar nicht mehr Schritt halten mit mir. Der brütet entweder eine Grippe aus oder ist unglücklich verliebt. Hach ja, die Jugend.
Zu Hause angekommen, schnappte ich mir meinen neuen Kommunionsanzug und rannte in mein Zimmer. Endlich allein.	Die Sachen müssen ihm wirklich gefallen, auch wenn er das in dem Alter nicht so zeigen kann. Aber wenn er alles so schnell noch mal anprobieren möchte …
Ich erzählte meinem Stiefvater von der Horrortour. Er hatte vollstes Verständnis.	Ich erzählte meinem Mann von dem Einkaufsbummel. Er meinte, dass man bis zum nächsten Mal vielleicht ein halbes Jahr warten sollte.
Nie wieder!	Morgen gehen wir schwimmen!

TIPP: Wenn Sie mal wieder dieses Gefühl haben, dass das doch alles nicht wahr sein kann, dann drohen Sie damit, beim zuständigen Standesamt nach der Geburtsurkunde zu fragen, und beobachten genau die Reaktion Ihrer »Mutter«.

Der Mama-Test

Was für ein Typ Sohn sind Sie?

Bitte liebe Leserinnen, verzeihen Sie mir, wenn ich diesen Test der Einfachheit halber in erster Linie für Söhne formuliert habe. Ich bin mir sicher, dass Sie trotzdem alles nachvollziehen und die Fragen ebenfalls beantworten können.

Kreuzen Sie nach Belieben an und lesen am Schluss, was für ein Typ in Ihnen schlummert. Viel Spaß!

1. Wenn Sie ihr zum Geburtstag etwas mitbringen wollen, was würden Sie besorgen?

a) Ich kaufe ihr schlimm verzierte Vasen aus dem Schwarzwald, eine neongelbe Sommerjacke und Porzellanpüppchen für die Fensterbank, die sie garantiert nicht mag, und frage bei jedem Besuch, ob sie noch mehr davon will.

b) Ich stricke ihr einen neuen mauvefarbenen Pullover. Der alte ist mir einfach nicht so gut gelungen. So gut wie Mama werde ich wohl nie.

c) Eine neue Spielzeug-Maus.

d) Neue Bücher. Die ist schon lange nicht mehr rausgekommen. Das Schloss im Keller verhakt sich dauernd.

2. Erinnern Sie sich an Ihren ersten Schultag. Es könnte sein, dass Mama …

a) … die Schultüte verlegt hatte, sie sie aber rechtzeitig gefunden haben und dann losfahren konnten.

b) … mir das hübsche, gepunktete Sommerkleidchen wieder ausgezogen hat, weil das die anderen Kinder sicher nicht verstanden hätten.

c) … noch gar nicht da war, weil wir sie ja viel später erst aus dem Heim geholt haben. An Ihrem Namen für das Tierchen sollten Sie übrigens noch mal arbeiten. Das klingt merkwürdig.

d) … mir eingeschärft hatte, dass jetzt der Ernst des Lebens beginnt und meine anderen Jobs darunter nicht leiden dürfen. Einer musste das Geld ja schließlich verdienen.

3. Sie fahren mit Mama in den Urlaub. Wo geht es hin?

a) Egal wohin. Ich habe sie lieb, kann nach der Lektüre dieses Buches besser mit allem umgehen und weiß, was ich an ihr habe.

b) In unseren gemeinsamen, kleinen Wohnwagen in Holland. Wie immer.

c) Wohin ist nicht so wichtig. Ich darf nur die Leine, die Impfung und das Körbchen nicht vergessen.

d) Sehr weit weg. Zwei Tickets hin, eins zurück.

4. Sie erinnern sich an alte Zeiten mit ihr. Was kommt Ihnen da als Erstes in den Sinn?

a) Mein erstes Mal Fahrradfahren ohne Stützräder, meine blaue Strumpfhose und meine Kommunion.

b) Unser erster gemeinsamer Tanz. Sie kann unglaublich gut führen.

c) Der Moment, als sie mir während eines Rendezvous in den Flur gekotzt hat.

d) Die Rute, die Abstellkammer und die Benjamin-Blümchen-Gummiunterlage in meinem Bett.

5. Sie sitzen bei Tisch und sie will Ihnen unbedingt ihre »Schampis« geben. Wie verhalten Sie sich?

a) Ich nicke nur, weil es eh keinen Sinn macht, denke an meine buddhistische Meditation und lass es geschehen.

b) Dafür kriegt sie meine Kartoffelstückchen.

c) Ich tue so, als würde ich mich wahnsinnig freuen. Das muss man machen, weil das ein großer Liebesbeweis ist. Gestern hat sie mir auch schon eine tote Ratte auf die Türschwelle gelegt.

d) Soll sie's nur versuchen. Soll sie's nur versuchen!!!

6. Sie kommen nach Hause und Ihr Herr Mümmelmann ist weg. Was tun Sie?

a) Ich fahre zur Rennbahn und hole ihn mir wieder.

b) Kann gar nicht sein. Ich räume meine Stofftiere in meinem Zimmer immer auf. Da kommt nichts weg.

c) Mit ihr schimpfen. Klar, es liegt in ihrer Natur, Beute zu machen und rohes Fleisch zu essen, aber DAS geht jetzt wirklich zu weit.

d) Ich werde nichts davon essen. Letzte Woche gab es schon Wuff-Auflauf und Piepmatz süß-sauer.

7. Sie kommt mit einem nassen Daumen auf Sie zu. Was bedeutet das?

a) Der Daumen des Grauens. Es gibt kein Entkommen.

b) Ich habe wohl etwas an der Wange. Gott sei Dank hat sie es gesehen und kann es schnell wegmachen.

c) Das bedeutet, dass sie sich gerade sauber gemacht hat. Die lecken sich ja überall. Verrückt, wie die sich verbiegen können.

d) Och, nee! Inkontinent?

8. Sie hat Ihnen in Erinnerung an früher eine neue, dunkelblaue Wollmütze mit Sichtfenster gestrickt. Was tun Sie?

a) Ich lache laut und bewahre sie auf für meinen potentiellen Sohn.

b) Passend zu meiner Jacke, den Ohrwärmern und den Stulpen??? Ich freue mich wie verrückt und behalte alles gleich an.

c) Diese putzigen Felltiere überraschen einen immer wieder.

d) Wenn ich die jetzt trage, dann erkennt mich doch keiner, oder? »Mama, geh doch schon mal vor und warte beim Bahnübergang auf mich. Ich zieh mir nur schnell was über.«

9. Sie haben sich gerade mit ihr gestritten und müssen danach eine wichtige Rede halten. Worauf müssen Sie achten?

a) Dass ich den Streit nicht mit in die neue Situation nehme.

b) Wir streiten uns nie. Und wenn doch, hat Mama bestimmt recht.

c) Dass sie mir nachts nicht ins Bett macht.

d) Ich muss darauf achten, dass man die roten Spritzer, äh … Ketchup auf meinem Hemd nicht sieht.

10. Sie vergisst schon mal das eine oder andere? Woran könnte das liegen?

a) Daran, dass sie eben älter wird und manche Dinge schon mal durchs Raster fallen.

b) Um Himmels willen, ist das so? Aber … was mache ich dann nur? Mama regelt doch alles. Muss ich dann selbst einkaufen, waschen und meine Versicherungen unterschreiben? Ich weiß doch gar nicht, wie das geht. Ich bin doch erst 48!

c) Die vergessen gar nichts. Die liegen immer nur auf ihrer Decke und tun so unbeteiligt, die kleinen Schlawiner.

d) An den Schlaftabletten in der warmen Milch vielleicht? Am Valium im Tee? Eventuell auch am Rohrreiniger in den Frühstücksflocken.

11. Sie hat das Internet gelöscht. Was wird nun passieren?

a) Gar nichts. Ich gebe einfach eine neue Adresse in die Suchzeile ein.

b) Die Welt geht unter! Wir rennen sofort in unseren Bunker im Keller und warten dreißig Jahre, ohne aufzumachen. Es ändert sich also nicht viel.

c) Das passiert immer wieder. Die läuft so gerne über die Tastatur, wenn ich arbeite, und hält mir ihren dicken Hintern ins Gesicht.

d) Die Welt geht unter. Endlich!

12. Sie bekommen eine kryptische SMS von ihr und verstehen kein Wort. Was ist jetzt zu tun?

a) Das ist bloß ein Trick, damit man sie anruft. Darauf falle ich nach dem, was ich in diesem Buch gelernt habe, nicht mehr rein.

b) Wieso sollte Mama mir eine SMS schicken? Wir sind doch niemals auch nur eine Minute getrennt.

c) Ich melde sie bei »Wetten, dass..!?« an.

d) Kann gar nicht sein. Im Keller ist kein Empfang.

13. Sie will Sie schon wieder küssen. Wie können Sie sich wehren?

a) Da habe ich schlechte Karten. Ich nehme es einfach gelassen hin.

b) Warum wehren? Wer soll mich denn sonst küssen?

c) Wenn sie gerade wieder Thunfisch gefressen hat, ist das wirklich eklig. Dann nehme ich sie einfach am Kragen und hebe sie schnell von der Couch runter.

d) Freie Auswahl: Pistole, Messer oder Taekwondo.

14. Sie hat Ihre Wohnung umdekoriert, als Sie geschlafen haben. Was hat sich verändert?

a) Wahrscheinlich habe ich jetzt neue Tapeten, ein omaweißes Teeservice und den alten Läufer aus ihrem Keller im Flur.

b) Hoffentlich nichts. Veränderungen machen mir Angst.

c) Hat sie etwa wieder an der Tapete gekratzt und in die Ecke gemacht? Dann gibt's aber Schimpfe!

d) Vielleicht hat sie die Bretter vor den Fenstern abgemacht und die gesplitterten Fußboden-Dielen abgehobelt? Oder sie hat die Wasserleitung repariert, damit wir mal wieder duschen können? Jedenfalls alles überflüssiger Schnickschnack.

15. Sie hat mal wieder ein neues Rezept ausprobiert. Sie denken …

a) …, dass ich ganz schnell eine Erkältung kriegen muss oder im Urlaub bin.

b) …, dass sie mir das unbedingt bald beibringen muss.

c) …, dass ich Hühnchen mit Hühnchen aus dem Aluschälchen nicht so gerne mag.

d) …, dass ich doch jetzt wohl nicht anfange, zu flennen!? Mama hat noch nie für mich gekocht. Nach so vielen Jahren endlich? Ist sicher alles vergiftet.

16. Sie haben versprochen, mit ihr einkaufen zu gehen. Was könnte bei Ihrem Bummel geschehen?

a) Wir treffen eine Freundin von ihr und ich bin plötzlich unsichtbar. Ich muss mir aber keine Gedanken machen, denn ich bin sofort wieder da, wenn die Freundin wieder weg ist.

b) Dass wir aus Versehen dieselben Klamotten kaufen. Passiert immer wieder. Wir haben manchmal auch den gleichen Trainingsanzug an, abends vor dem Fernseher.

c) Dass sie sich bei einem lauten Geräusch so sehr erschreckt, dass sie unter dem Auto nicht mehr herauskommen will. Ich nehme besser ihr Geschirr mit.

d) Dummerweise könnten wir uns verlieren und ich müsste sie dann als vermisst melden. So nach ein paar Wochen. Oder Monaten. Vielleicht auch Jahren.

17. Wenn Sie nicht verstehen, was sie sagt, dann liegt das an Folgendem:

a) Dann hat Mama entweder auf Mamasisch gesprochen, die Wechstaben verbuchselt oder die eigene Schlumpfsprache weiterentwickelt.

b) Es kann nur an mir liegen. Ohren verstopft? Macht nichts, Wünsche lese ich ihr sowieso von den Augen ab.

c) Dass ich die Gesten und Hinweise noch nicht so drauf habe, mit denen die kleinen Racker sich uns mitteilen. Köpfchen reiben und mit hochgerecktem Popo in die Küche rennen, verstehe ich aber schon.

d) Dass der neue Schallschutz in ihrem Zimmer eine gute Investition war.

18. Es klingelt, Sie nehmen ab und sie ist in der Leitung. Wie immer, wenn Sie eigentlich nicht drangehen wollten. Wie reagieren Sie?

a) Ich schelle irgendwann bei mir selbst an der Tür, wie Ralf Schmitz es mir geraten hat, staune erfreut über den Erfolg und dass ich es dann doch noch zu meiner Verabredung schaffe.

b) Sollten wir wirklich mal getrennt sein, dann kann das Gespräch doch gar nicht lange genug dauern. Ich vermisse Mutti immer so schnell.

c) Am Telefon? Da muss sie aus Versehen mit den Pfoten an die Direktwahltasten gekommen sein.

d) Ich nehme ihr das Telefon natürlich sofort wieder ab. Das darf sie doch gar nicht anfassen. So wie ich früher. Bis zu meinem 21. Lebensjahr.

19. Sie haben heimlich geheiratet und wollen es vor ihr noch eine Weile verheimlichen. Wird Ihnen das gelingen?

a) Auf keinen Fall, denn Mamas merken alles.

b) Es bleibt keine lange genug. Mama schläft immer zwischen uns.

c) Nein. Sie wird mit Kratzen, Beißen und Spucken versuchen klarzumachen, wer die Frau im Haus ist.

d) Natürlich. Sie hat ja immer gesagt: »Du und heiraten? Nur über meine Leiche!«

20. Wenn Sie sie umbringen dürf… müssten, wie würden Sie das anstellen?

a) Ich telefoniere sie in Grund und Boden und höre einfach nicht mehr auf, bis sie verdurstet ist.

b) Um Himmels willen. Ich warte natürlich, bis sie eines natürlichen Todes gestorben ist und gehe dann vielleicht mal aus. Heißt das eigentlich immer noch Tanztee?

c) Tja, wenn es unbedingt sein muss, dann würde ich ihr das zu essen geben, was sie am liebsten hat, und dann mit ihr zum Tierarzt fahren. Das geht am schnellsten. Davon merkt sie dann gar nichts.

d) Ich gehe sofort in die Gartenabteilung im Baumarkt und lade Mutti anschließend auf eine lustige Spritzfahrt ins Grüne ein.

Auflösung – Was für ein Typ Sohn sind Sie denn nun?

Vorwiegend a)

Sie haben sich ausgiebig mit diesem Buch beschäftigt, es vielleicht sogar mehrfach gelesen und alles auswendig gelernt. Das kann jeder. Sie wollten wahrscheinlich um jeden Preis vermeiden, dass Sie als Muttersöhnchen enttarnt werden, und haben alles angekreuzt, was Sie für klug gehalten haben. Sie sind aufgeflogen und ganz sicher Mamas kleiner Liebling. Machen Sie sich nichts draus und stehen Sie endlich dazu. Die muss es ja auch geben.

Vorwiegend b)

Sie halten den ausgeflippten Rebellensohn, den Macho, den Latin Lover einfach unglaublich hartnäckig und wahrscheinlich ohne es zu wissen zurück. In Ihnen schlummert eine vor Selbstbewusstsein strotzende Testosteron-Maschine, die nur das erste Mal gestartet werden muss. Ich bin mir sicher, dass Sie bald wie der Sexgott persönlich über die Damenwelt herfallen und in wenigen Tagen alles nachholen, was sich in den letzten Jahrzehnten aufgestaut hat.

Außerdem verkaufen Sie das alte Haus Ihrer Familie, legen sich eine Harley zu und cruisen die Route 66 in Amerika runter. Die Welt gehört Ihnen. Sie coole Sau!

Vorwiegend c)
Sie sind ein schrecklicher Sohn. Aber ein toller Katzenbesitzer! Sie haben nur einfach aus Versehen danebengegriffen und das falsche Buch gekauft. Eigentlich hätte Ihnen das schon viel früher auffallen sollen, aber nun haben Sie es eben doch ganz durchgelesen. Macht ja nix. Kaufen Sie sich jetzt aber »Schmitz' Katze« und machen Sie da den Test. Da werden Sie sicher besser abschneiden.

Vorwiegend d)
Sie sind der wohl emanzipierteste Sohn, den man sich vorstellen kann. Sie haben sich todsicher abgenabelt. Aber sie tun mir natürlich auch furchtbar leid, weil Ihre Kindheit sicher nicht rosig gewesen ist. Trotzdem hätte ich gerne Ihre vollständige Adresse.

Machen Sie sich keine Sorgen. Es wird zu ihrem eigenen Besten sein, wenn da bald Menschen in schicken, weißen Jacken an Ihrer Türe klingeln und Sie an einen Ort bringen, wo Mama Ihnen nichts mehr tun kann. Und Sie ihr auch nicht.

Sie haben auf eine sehr extreme Art zwar eine absolut nachvollziehbare Haltung zum Thema Mutter, aber wenn das alles erlaubt wäre, was Sie hier angekreuzt haben …

dann hätte ich das selbst schon mal versucht.

DAS WAR EIN SCHERZ!
Irgendwie …

Schlusswort

So, nun sind wir am Ende des Buches angekommen. Was noch fehlt? Schon klar. Sie wollen einen Beweis, dass es diese Mama, von der ich die ganze Zeit geschrieben habe, auch wirklich gibt. Und wahrscheinlich wollen Sie auch wissen, ob sie nach den vielen »Enthüllungen« überhaupt noch mit mir spricht.

Und ob sie das tut. Meine kleine, liebe Mutter hat nämlich mindestens so viel Humor wie es andere nicht für möglich halten. Und das ist toll! Sie kann über sich selbst lachen, was eine der schönsten ihrer zahlreichen Qualitäten ist.

Ich danke meiner Mama, dass sie mir ein so positives Gemüt geschenkt hat. Anders hätte ich das alles ja auch nicht ertragen. Verzeihung.

Ich bin wirklich sehr glücklich, dass sie immer darauf geachtet hat, dass ich zu einem eigenständig denkenden Menschen heranwachse. Sie hat immer aufgepasst, dass Werte, Liebe und Aufrichtigkeit vermittelt werden, war bis zum heutigen Tag immer für mich da, wenn ich sie brauchte. Manchmal auch, wenn ich sie nicht brauchte.

Bei all dem wirklich Wichtigen, was sie mir mitgegeben hat und wofür ich ihr ewig dankbar sein werde … wer braucht da noch perfekte Königsberger Klopse?

Und auch wenn sie vielleicht nie über dieses eigene, kleine

Manko hinwegkommen wird, auch wenn sie mich noch hoffentlich viele, viele Jahre furchtbar nerven wird, mit Fragen, die keiner beantworten kann, oder Telefonanrufen, die im Nirgendwo enden, so danke ich ihr aus tiefstem Herzen, dass sie so ist, wie sie eben ist.

Ich will keine andere. Ich will genau diese Mama mit all ihren Verrücktheiten und kleinen Fehlern.

Alles andere wäre doch langweilig …

Ich habe Mama mal angekreuzt, damit Sie sie auch gleich finden.

Dankeschön

Es gibt viele, bei denen ich mich bedanken möchte. Fast meine ganze Familie hat mir – meist eher unfreiwillig – die wunderbaren Vorlagen für die Geschichten in diesem Buch geliefert. Einige Sachen sind genau so passiert, andere, nun ja, zumindest FAST so.

Ich danke jedenfalls allen von Herzen, die sich in den vergangenen Zeilen wiedergefunden haben. Getreu meinem Motto: »Familie ist, wenn man trotzdem lacht« hat mich beim Schreiben sehr froh und glücklich gemacht, das alles noch mal neu zu erleben. Ich habe mich durch die Arbeit an dem Buch an so vieles erinnert, das mich stolz macht, mit so einem verrückten und wahnsinnig liebenswerten »Haufen« verwandt zu sein. Ich hätte noch so vieles hinzufügen können …, aber was nicht ist, kann ja noch werden.

Mein größter, herzlichster und innigster Dank geht natürlich an die Person, die mir erlaubt hat, dieses Buch überhaupt zu schreiben und ohne die ich in vielerlei Hinsicht das alles gar nicht hätte wiedergeben können:

Mama

Klitzekleines Fotoalbum
zu guter Letzt

Keine Sorge, keine Angst, liebe Leserin, lieber Leser. Ich werde Sie nicht mit immer und überall gleichen, belanglosen Familienfotos aus Papas Dia-Vorträgen langweilen. Ein paar wenige Fotos sind mir aber unter die Finger gekommen, die ich einfach nicht wieder zurücklegen konnte.

Viel Spaß!

Das Foto ist mit drin, damit Sie mir nicht vorwerfen können, ich hätte mich nichts getraut.

Das war ich in der Schule.
NEEEEINNN!!! Das war ein
Scherz. Hier haben wir den Film
»Breakfast Club« auf die Bühne
gebracht und ich habe den Streber
gespielt. Obwohl ich nicht
leugnen kann, dass ich auch mal
eine eher »uncoole« Zeit hatte.
Aber SO schlimm wie auf dem
Bild war es nicht!

Oma früher.

Oma heute.
Man beachte das
Buch! Sie wollte
wahrscheinlich nur
noch mal nachlesen,
ob sie den Job auch
richtig macht.

*Hammer, oder?
Meine Großmutter
war die ganz rechte
in dem weißen Kleid.
Und das in der Mitte
Kaiser Wilhelm.*

*Das vorne rechts waren meine Ur-Großeltern.
Das dahinter meine Großtante mit ihrem Mann. Und mit dem Mann
ganz links wollen wir heute nichts mehr zu tun haben. Der kam,
glaube ich, aus Österreich ... NEIN! Ein Spaß! Das war mein absolut
liebenswerter, herzensguter Ur-Großvater. Er wird mir von »da
oben« sicher verzeihen. Sein Ur-Enkel ist eben Komiker geworden.*